2022 年文化和旅游宏观决策课题成果汇编

中国旅游研究院（文化和旅游部数据中心）编

中国旅游出版社

责任编辑：刘志龙
责任印制：闫立中
封面设计：中文天地

图书在版编目（CIP）数据

2022年文化和旅游宏观决策课题成果汇编 ／ 中国旅
游研究院（文化和旅游部数据中心）编 ．-- 北京 ：中国
旅游出版社，2023.3

ISBN 978-7-5032-6680-5

Ⅰ．①2… Ⅱ．①中… Ⅲ．①文化发展－宏观决策－
研究报告－中国－2022 ②旅游业发展－宏观决策－研究报
告－中国－2022 Ⅳ．① G120 ② F592.3

中国国家版本馆 CIP 数据核字（2023）第 039054 号

书　　名：2022年文化和旅游宏观决策课题成果汇编

作　　者：中国旅游研究院（文化和旅游部数据中心）　编
出版发行：中国旅游出版社
　　　　　（北京静安东里6号　邮编：100028）
　　　　　http://www.cttp.net.cn　E-mail:cttp@mct.gov.cn
　　　　　营销中心电话：010-57377103，010-57377106
　　　　　读者服务部电话：010-57377107
排　　版：北京旅教文化传播有限公司
经　　销：全国各地新华书店
印　　刷：三河市灵山芝兰印刷有限公司
版　　次：2023年3月第1版　2023年3月第1次印刷
开　　本：787毫米×1092毫米　1/16
印　　张：13.25
字　　数：240千
定　　价：56.00元
ISBN　978-7-5032-6680-5

编写说明

经文化和旅游部批准，原国家旅游局科研立项课题调整为文化和旅游宏观决策课题，由中国旅游研究院（文化和旅游部数据中心）组织实施，旨在调动全国各方面研究力量服务文化和旅游宏观决策。

文化和旅游宏观决策课题分为重点课题和一般课题两类。2022 年课题指南包括 50 条选题，其中，重点课题选题 15 条，一般课题选题 35 条。2022 年文化和旅游宏观决策课题共 30 项课题立项，其中，重点课题 10 项，一般课题 20 项。

本成果汇编收录了 2022 年立项并通过结项鉴定的全部 30 项课题研究报告摘要。

目 录

2022 年文化和旅游宏观决策课题——重点课题

世界级旅游景区的要素识别与建设标准研究 ………………………… 白 凯 / 3

京津冀协同发展视域下京张体育文化旅游带治理逻辑与机制创新研究 …… 崔丽丽 / 9

旅游业高质量发展的内涵、指标与动能研究 …………………… 郭 强 / 15

从晚明游记看绿色旅游的内涵及实现路径 …………………… 刘志刚 / 24

跨境旅游合作下国家文化安全风险评估及治理研究 …………… 田 里 / 30

共同富裕视域下乡村旅游高质量发展路径研究 ………………… 徐 虹 / 37

科技赋能大运河文旅产业提振路径研究 ………………… 徐 宁 / 43

世界级旅游目的地的组织形态及建设路径研究 ………………… 杨 勇 / 50

基于文化形象传播的国家旅游国际话语权提升研究 …………… 应天煜 / 57

新文旅战略型人才培养体系创新与模式探索 …………………… 韵 江 / 63

2022 年文化和旅游宏观决策课题——一般课题

海南养老旅居业态与发展模式研究 …………………… 陈 才 / 73

遗产沟通视域下城市建筑遗产旅游场所感生成机制研究 …………… 陈享尔 / 79

旅游休闲街区消费活力统计监测体系研究 …………………… 戴慧慧 / 86

乡村性价值测算及其参与社区共同富裕型分配的制度安排 ………… 管婧婧 / 97

湘鄂川黔苏区长征沿线红色旅游文化资源的传承活化与育人路径研究 ····· 韩慧莉 / 103

无接触文化和旅游服务模式与管理对策研究 …………………… 李明龙 / 109

文化交流视域下的粤港澳大湾区城市记忆表征与传播研究 …………………廖珍杰 / 114

共创还是共毁？数字化背景下老年人旅游体验与服务提升研究 …………吕佳颖 / 120

新发展阶段智慧旅游的理论重构与建设路径研究 ……………………………乔向杰 / 125

我国旅游住宿业发展现状及优化路径研究 ……………………………………秦　宇 / 131

国家文化公园系列纪录片打造文旅品牌和推动文旅发展的效能研究

　　——以纪录片《长城之歌》为例 ……………………………………史哲宇 / 137

黄河口国家级文化生态保护区建设研究 ………………………………………孙　磊 / 143

"双碳"目标对旅游业高质量发展的赋能机制与实现路径研究 …………童　昀 / 150

文旅融合背景下我国中医药健康旅游产品发展成效评估与推进机制研究…王国为 / 158

共同富裕视域下民族地区红色旅游高质量发展研究 …………………………王金伟 / 164

共同富裕视角下文旅融合发展的模式与路径研究 ……………………………徐　彤 / 171

节假日高聚集游客群的风险防范与智能化安全管控研究 ……………………殷　杰 / 177

短视频助力乡村旅游发展与人才培养研究 ……………………………………张佳仪 / 187

后冬奥时期我国滑雪场空间布局优化路径研究 ………………………………张　竞 / 194

乡村振兴战略视角下文化和旅游公共服务融合发展成效评估及驱动机制

　　研究………………………………………………………………………张新成 / 200

2022 年文化和旅游宏观决策课题

——重点课题

世界级旅游景区的要素识别与建设标准研究

负 责 人：白　凯
依托单位：陕西师范大学
起止时间：2022 年 4—10 月

一、研究的目的和意义

《中共中央关于制定国民经济和社会发展第十四个五年规划和二〇三五年远景目标的建议》和《"十四五"旅游业发展规划》中多次提到要"建设一批富有文化底蕴的世界级旅游景区和度假区"。在文化和旅游深度融合、旅游业高质量发展、旅游业供给侧结构性改革的宏观背景下，"建设世界级旅游景区和度假区"既是"十四五"时期我国旅游业目标实现的行动方向，也是 2035 年我国建成世界旅游强国的重要支撑。

随着建设世界级旅游景区被纳入国家顶层战略规划，全面、深入、创新地认识世界级旅游景区势在必行。世界级旅游景区是"十四五"时期支撑我国文化和旅游融合发展、旅游业高质量发展的优质旅游供给。契合这一背景，建设世界级旅游景区既是我国建设现代化旅游业体系的行动需要，也是打造中国的世界级精品旅游的任务构成，对展示新时代国家形象、促进文化和旅游深度融合与高质量发展、助推区域经济协调发展与产业结构优化升级具有重大意义。

基于此，本课题希望从理论上准确把握世界级旅游景区的全新内涵及核心要素构成，从实践上提出世界级旅游景区的建设标准指导规范，为我国建设世界级旅游景区提供科学的理论与实践指导。

二、主要内容、重要观点、对策建议

面对我国旅游景区建设现存的问题与挑战，本课题按照理论探析和实践需要相结合的思路，以世界遗产地、国家公园、国家文化公园、国家 5A 级旅游景区为基础，一方面，从理论层面凝练世界级旅游景区的内涵、外延和构成，另一方面，多角度、多学科、多视角考察建设世界级旅游景区所面临的实际需要，提出科学的世界级旅游景区建设标准与评分依据，为世界级旅游景区建设工作提供基础理论和实践参考。

本课题的主要内容、重要观点和对策建议主要包括以下五个方面。

（1）世界级旅游景区的核心内涵主要体现在"四个世界级"，即世界级资源禀赋、世界级产品供给、世界级市场影响和世界级配套服务。

①世界级资源禀赋。指旅游景区具有世界级的文化与自然资源，如拥有世界一流的气候、风光和生态环境资源，具备鲜明地域特色、有世界级影响力的历史文化底蕴，能够为景区提供永葆魅力和持续生长创新的源泉。

②世界级产品供给。指旅游景区通过文旅深度融合，打造有鲜明地方文化特质、有国际辨识度的文旅 IP，将地域性资源转化为文化内涵丰富的旅游吸引物，具象化为可消费的高品质产品，同时确保其具有世界级的品牌吸引力。

③世界级市场影响。指旅游景区在旅游供给市场运行成熟，在旅游需求市场得到广泛认可，其客源结构多元，对世界范围内的游客均具有一定的吸引力。除了能促进区域社会经济高质量发展以外，还应该为地区社会、生态事业进步做出贡献，实现综合效益的最大化。

④世界级配套服务。指旅游景区拥有健全的政策支持与保障机制，拥有成熟的市场监督与反馈机制，拥有针对性的宣传推广营销机制，拥有完备的旅游交通设施与旅游服务设施。旅游景区高度注重旅游从业人员、旅游设施环境的国际化水准，能够提供让人欣喜的旅游服务、让人心安的旅游环境。

（2）遴选世界级旅游景区的核心构成要素需要坚持以下三项基本原则。

①突出资源典型性，有效彰显资源在世界级旅游景区中的基础性地位。基于旅游资源的高体验性价值要求，遴选世界级景区的构成要素应当充分考虑其资源本身的物理属性和文化意涵。基于旅游资源的象征性价值要求，世界级旅游景区作为向全世界讲述中国故事，传递中国声音，展示东方文化的重要名片，应当能够充分体现区域乃至国家的形象。

②凸显开发系统性，重点呈现产品在世界级旅游景区中的整体性功能。世界级旅

游景区的单项产品与服务需具备极高的专业水准和显著的创新元素，既要扎根于本土资源优势塑造景区特色，也要主动推动景区的开发和管理活动向国际水准靠拢。

③强调市场培育度，注重展现市场在世界级旅游景区中的决定性作用。一个旅游景区是否受到旅游者的青睐，是否拥有足够庞大、广阔且稳定的消费市场，是判断其能否成为世界级旅游景区的重要经济标准。一般来说，考察某个旅游景区是否具有强大的市场影响力，主要可以从市场规模与辐射力和市场综合效益两个方面予以解读。

（3）对接世界级旅游景区的核心内涵与要素遴选标准，世界级旅游景区的构成要素应当以世界级资源禀赋、世界级市场影响、世界级产品供给和世界级配套设施为核心进行遴选。

在世界级资源禀赋构成方面，重点考虑资源吸引力、资源完整度、规模与丰度、资源文化内涵三个要素。

①资源吸引力。用于表示景区中核心旅游资源与其他地方旅游资源之间的差异。吸引力极高的旅游资源应当在同类型资源中占据垄断性地位，具备极为鲜明的资源特质。

②资源完整度、规模与丰度。资源完整度是指旅游景区中归属于同一类目下不同资源的数量和种类。资源规模主要用于描述旅游资源的数量、体积和占地面积等情况，数量越多、体积越大、占地面积越广的旅游资源往往具备强大的吸引力。资源丰度是指旅游景区中归属于不同类目的旅游资源种类和数量。同时，也须审视旅游资源在空间上的组合分布，资源在空间上的集聚有助于激发旅游资源吸引力的叠加效应。

③资源文化内涵。不同类型旅游资源通过各式各样的方式而被社会赋予了或多或少的文化内涵，并借此对旅游者产生独特且复杂的吸引力。

在世界级产品供给方面，重点考虑产品品质和品牌价值两个要素。

①产品品质。旅游产品品质这一概念可以从供需两个角度予以解读。从供给方面，产品品质可采用技术分析方法，从体量与规模、特色与创意、标准化与个性化等方面上予以细化分析。从需求方面，产品品质是旅游者对旅游产品质量的各个属性进行综合权衡比较后获得的质量感知，是旅游者亲身体验之后品评旅游景区质量与等级的重要依据。

②品牌价值。一方面，旅游品牌价值能够为旅游景区产品提供质量背书，帮助旅游消费者降低决策风险。另一方面，旅游品牌价值能强化旅游者对于景区的地方认同，进而唤起旅游者故地重游和后续消费等行为。

在世界级市场影响方面，重点考虑市场规模与辐射力和市场综合效益两个要素。

①市场规模与辐射力。旅游市场规模是指世界级旅游景区能够吸引的旅游者群体的体量，最直接的表现形式是旅游接待人数。市场辐射力是指世界级旅游景区的吸引力能够辐射地域的广度，即游客来源地所覆盖的地区广度。市场辐射力是衡量旅游景区在国际市场上的影响力的重要指标。

②市场综合效益。在旅游市场中的供需关系作用下，世界级旅游景区的开发、管理、销售和反馈等环节得以有序展开，与此相关的各类效益也受市场的作用而得以释放，其中最主要的效益包括经济效益、社会文化效益和生态效益三种类型。

在世界级配套服务方面，重点考虑服务质量和设施条件两个要素。

①服务质量。旅游服务质量是指旅游服务活动能够满足旅游者需求的能力与效果，被称为旅游产品的"灵魂"。如果景区能够提供游客满意的旅游服务，往往能够起到意想不到的效果，使旅游者达成高质量的旅游体验。

②设施条件。世界级旅游景区中的设施可以分为保障性设施和提升性设施。提升性设施的质量对游客具有更强的吸引力，质量上乘且富有创意的提升性设施对优化游客的游览体验具有不可忽视的作用。

（4）在世界级旅游景区建设标准体系构建中，需要遵循客观科学性原则、全面系统性原则、可操作性原则、多样性原则以及可持续性原则五项基本原则。构建世界级旅游景区建设标准体系的具体操作环节如下。

在标准因子遴选方面：①邀请长期关注旅游景区建设和发展的专家学者（教授和副教授）、政府工作人员、旅游景区开发商及游客等不同群体组成 8 人焦点讨论小组，采用专家访谈的形式，初步筛选确定标准因子构成，建立标准因子的初选库。②运用初步筛选出的标准因子，以"是否为世界级旅游景区建设的必要指标""是否能够体现世界级旅游景区的特色""是否能够科学评价世界级旅游景区""是否具有世界级旅游景区建设的可操作性"作为基本标准，由研究小组成员对国内高 A 级旅游景区进行综合评估。③经过多次综合论证，初步确定的世界级旅游景区建设标准包括世界级资源禀赋、世界级产品供给、世界级市场影响和世界级配套服务 4 大系统层、9 项基准层和 30 项标准因子。在标准因子修正与剔除方面，邀请国内不同地区、长期关注旅游景区建设及发展的 15 位专家学者（其中教授 8 位、副教授 7 位）进行两轮的专家意见咨询。最终，从世界级资源禀赋、世界级产品供给、世界级市场影响和世界级配套服务 4 项系统层出发，构建了包括 9 项基准层和 25 项标准因子的世界级旅游景区建设标准。在标准因子权重设定方面，综合采取 AHP 层次分析法和因子分析法，细化制定各标准因子的权重以及各自对应基准层的权重，并进一步确定四大系统层的权重。在 4 大核心要素构成中，"世界级资源禀赋"要素的权重30%、"世界级产品供给"要素和"世界级市场影响"要素的权重均为25%，总占比达到80%，"世界级配套服务"要素的权重为20%。最后，在确定系统层、基准层和标准因子权重的基础上建立标准体系，将世界级旅游景区的总分值设定为1000分，按照权重的分布分别赋予相应的分值，即可得到世界级旅游景区建设的标准。在评选过程中，得分达到800分及以上即可获得参评世界级旅游景区的资格。

（5）建设世界级旅游景区的六大政策建议。

①明确世界级旅游景区的战略定位。首先要深刻认识到建设世界级旅游景区是贯彻新发展理念，推动我国文化和旅游高质量发展的有力抓手。其次要积极发挥世界级旅游景区的媒介作用，使之成为宣传中华文明和中国现代化建设成就的重要窗口。最后要努力利用世界级旅游景区建设的契机，推动完善我国旅游产品供给体系和旅游景区管理体系。

②提供高质量的产品供给。首先要强化文化赋能世界级旅游景区建设，拓宽、深化旅游产品供给体系。其次要重视数字化、科技化助力世界级旅游景区产品优化升级。最后要关注世界级旅游景区服务的个性化和品质化。

③强化市场的主导作用。首先要了解世界级旅游景区潜在的旅游市场，明确潜在的旅游需求。其次要科学选择目标市场，明确市场定位。最后要采取多样化的市场营销策略，提高市场占有率。

④打造世界级的旅游景区品牌。首先要从区域特质出发，打造特色鲜明的品牌形象。其次要兼顾国内国际市场，因时因地展开品牌营销。最后要完善品牌管理体系，建设多方反馈机制。

⑤构建世界级的旅游景区管理体系。首先要建立游客参与的旅游景区管理体系。其次要完善科技赋能的旅游景区监督管理体系。最后要提高旅游景区应急管理能力，保障游客人身安全。

⑥建设世界级的旅游景区配套设施。首先要坚持"保护第一，开发第二"的原则，合理建设、持续保护景区配套设施。其次要营造新基建在世界级旅游景区中的应用场景，满足游客的多样化需求。最后要在旅游景区配套设施设计与建设过程中兼顾审美性和实用性。

三、学术价值、应用价值及社会影响和效益

本课题以"世界级旅游景区"为研究对象，在深入反思通用近 20 年的《旅游景区质量等级的划分与评定》（GB/T 17775—2003）基础上，结合国家顶层发展需要，重点从理论上给出世界级旅游景区的内涵、外延及构成，从实践上提出世界级旅游景区的建设标准指导规范。本课题的学术价值和应用价值，以及社会影响和效益表现如下。

学术价值与应用价值方面：本课题从完善理论发展和解决实践需求相结合的视角出发，明确了世界级旅游景区的核心内涵，提出了世界级旅游景区的核心构成要素包括世界级资源禀赋、世界级产品供给、世界级市场影响和世界级配套服务四大方面。在明确世界级旅游景区核心构成要素的基础上，运用德尔菲法、层次分析法、因子分析法等研究方法，从世界级资源禀赋、世界级产品供给、世界级市场影响和世界级配套服务 4 项系统层出发，构建了包括 9 项基准层和 25 项标准因子的世界级旅游景区建设标准与评分依据，为全面评价世界级旅游景区的价值内涵提供了重要理论参考。

社会影响和效益方面：本课题的核心观点认为以世界级旅游景区建设为抓手，契合了全面小康时代丰富优质旅游产品供给、打造品质旅游新标杆的要求，有助于推动我国文化和旅游高质量发展。本课题在深入总结我国旅游景区发展面临的现实问题与挑战基础上，提出建设世界级旅游景区一要明确世界级旅游景区的战略定位，二要提供高质量的产品供给，三要强化市场的主导作用，四要打造世界级的旅游景区品牌，五要构建世界级的旅游景区管理体系，六要建设世界级的旅游景区配套设施，为建设世界级旅游景区提供了可落地的政策建议。

京津冀协同发展视域下京张体育文化旅游带治理逻辑与机制创新研究

负 责 人：崔丽丽
依托单位：山东大学
起止时间：2022 年 4—10 月

一、研究的目的和意义

（一）研究目的

2021 年 1 月，习近平总书记首次提出"建设京张体育文化旅游带"。2022 年 1 月，国家体育总局与文化和旅游部联合下发《京张体育文化旅游带建设规划》，为促进京张文体旅产业的融合发展路径注入新动能。目前，京张体育文化旅游带建设面临区域发展不平衡、跨区域共建共享机制缺位、基础设施亟待完善、场馆赛后综合利用规划有待出台等问题，其建设路径需要创新治理逻辑与机制设计。因此，在系统梳理已有学术研究成果的基础上，本课题将对京津冀协同发展、冬奥会对京张文体旅带动力机制、经典体育文化旅游带建设、京张体育文化旅游带治理逻辑进行深入细致研究，为促进京津冀协同发展视域下京张体育文化旅游带建设发展现实路径提供决策与建议。

（二）研究意义

京张体育文化旅游带是在京津冀协同发展战略和北京 2022 年冬奥会举办的双重契机下孕育而生，具有明显的时代特征与使命。通过本课题研究，结合当下政策背景，能够引起社会各界对京张体育旅游文化带发展的关注，吸引更多的学者参与体育文化旅游产业带的应用研究。将京津冀协同发展与京张体育文化旅游带相结合，助力京张地区可持续发展，形成区域经济标杆地区，同时，通过探索京张体育文化旅游带的治理逻辑与机制创新，有利于探索构建京张体育文化旅游带的区域协同发展理论，推动文化、体育、旅游三种产业相互促进、协同共生、向高附加值动态推升，丰富京张体育文化旅游带的发展路径。

二、主要内容、重要观点、对策建议

1. 京张体育文化旅游带发展现状

京张地区历史悠久，旅游资源丰富，北京与张家口地区一脉相承，相近的人文地理条件是建设京张体育文化旅游带的重要基础。据统计，区域内共计 6 项世界文化遗产、136 个全国重点文物保护单位、61 项国家级非物质文化遗产代表性项目、3 个国家公共文化服务体系示范区、56 个高等旅游景区、2 个国家级滑雪旅游度假地、1 个国家级旅游度假区、2 个国家全域旅游示范区、11 个全国乡村旅游重点村镇，体育文化旅游资源较为富集。但同时也要清晰地认识到，目前，京张体育文化旅游带建设在治理主体、权责分工、治理内容和治理政策等方面存在明显碎片化治理特征，成为阻滞其高质量发展的掣肘。

2. 经验借鉴：以体育为契机的地区转型升级的经典案例

都灵、巴塞罗那和悉尼在奥运会结束后仍拥有高知名度的城市品牌，从它们的发展过程来看，定期进行品牌重塑和重新定位以持续保持城市品牌是它们重要的发展起点，对于各个领域的动员也是非常充分，无论是文化宣传还是物质基础建设，这些奥运城市都在根据自身特点进行有意识的改变。可以看出，这些城市通过大部分市民的积极参与，并以此为基础，将市民的想法积极反映到城市品牌化中，使创意交流活跃起来，创意与文化才能真正成为城市发展的立市之本。

3. 京张体育文化旅游带治理逻辑的梳理与选择

（1）方法论逻辑：以解决实际问题为出发点

整体性治理追求是政府治理过程的整体高效能，坚持以解决实际问题为主要出发点。京张体育文化旅游带的治理需要将多元利益主体的独有特质和比较优势加以整合，形成拓扑结构，政府是协调、整合与形成信任的关键节点，需要正确灵活的适应自身角色和治理方式的改变，要坚持解决实际问题为核心，通过广泛的沟通交流形成价值认同与行动方案，从之前的分工合作转变为合作分工，形成利益趋同。

（2）价值逻辑：以人民需求为导向

以人民需求为导向是政府公共治理的核心理念，而整体治理在治理理念上回归公共性，注重政府社会管理和公共服务职能的发挥。京张体育文化旅游带的整体治理要将人民对幸福美好生活的迫切需求作为最高价值追求，彰显党"以人民为中心"的执政理念。京张体育文化旅游带建设要密切关心人民群众日益增长的冰雪旅游、休闲娱乐、旅游观光等生活新需求，在政策对接与项目对接的过程中，尤其是涉及人民群众切身利益，遇到战略对接不畅的问题时，政府需要加强各主体、各部门之间的协同合作。

（3）组织逻辑：政府治理的内部协同与外部合作

从政府内部来讲，由于京张体育文化旅游带建设涉及多层级多部门的政府机构，为防止出现"功能性裂解"，其整体性治理需要明确组织逻辑。从政府外部来讲，京张体育文化旅游带的可持续发展需要建立协调整合机制，需要吸纳多元主体共同发力，绝不能成为政府的"独舞"，政府的权威应发挥引领聚合效应，建立信息共享机制与信任机制，增进不同利益主体的团结协作，在囊括企业、资金、技术、人力、科研等多元行为主体的过程中要形成资源集群和智慧集群，推动良性的生态体系的构建。

4. 京津冀协同发展视域下京张体育文化旅游带的创新路径研究

（1）建立专家咨询机制，实现科学发展

京张体育文化旅游带涉及面广，涉及利益群体复杂，需要科学谋划，有条不紊地开展实践。因此，京张体育文化旅游带要积极构建建设咨询机制，在涉及京张体育文化旅游带建设的专业性技术问题或者复杂问题时，提供咨询论证和理论指导、技术支持。推进智库建设，筹集科研基金，将不同行业和领域的专家有效组织起来，充分发挥不同领域专家的专业优势，为京张体育文化旅游带的发展规划进行项目论证和市场调研提供智力支撑。相关主管部门要出台《京张体育文化旅游带专家咨询工作办法》，将智库建设规范化，对专家的选聘条件、推荐方式、产生程序、基本职责、权利、义务、参与立法活动的内容及方式、联系部门及职责等方面作出规范。在智库的日常管理中，积极开展专题讲座，参与相关领域问题专项监督治理工作等，最大限度地激发专家咨询机制运转效能。同时也要强化保密制度，参加专家咨询会议的人员必须严格遵守相关保密规定，不得私自留存、处理与咨询案件有关的核心材料。

（2）构建协同发展机制，实现高效发展

在京津冀协同发展领导小组下设置京张体育文化旅游带建设协调小组。将河北与北京相关直属部门、张家口各有关县市以及北京有关区域的主要领导同志纳入其中，定期召开会议，研究部署重大活动和工作措施，制订整体和阶段性工作计划和具体措施，建立相应的工作推进机制，加强上下和左右协调联动，形成工作合力，全面领导北京与河北各地方之间的信息、资源、政策、项目等方面的整体发展。积极探索专项工作协调机制，针对京张体育文化旅游带建设的重大项目实行专项协调，纳入多元利益主体作为协调小组成员单位，制定发展重点任务分解表，统筹规划重点工作，分解重点任务，进行时间进度安排，明确牵头单位与责任部门落实责任机制、激励机制、合作机制、协调机制，明确责任，确保任务落实，建立协调协同机制，制订工作计划、工作措施，加强督促检查，确保各项工作任务按时高质量完成，保证项目有序开展。

（3）探索执行监督工作机制，实现长效发展

具体来讲，探索协同信任工作机制。重视整体工作文化的建设，坚决摒弃本位主义思想，打破行政壁垒与区域壁垒，建立工作清单制度，搭建综合信息系统，将工作任务可视化，明确工作任务与工作效果，推动资源要素的充分流转。建立项目评估机制，京张体育文化旅游带建设刚刚起步，发展过程中的诸多问题仍未浮出水面，需要及时预警，科学评估。建立工作督导机制，在项目建设过程中及时跟进督导，组织开展暗访督导和巡回督导，起草《京张体育文化旅游带建设督导问责办法》，严肃工作纪律。建立京张体育文化旅游带建设"黑名单"制度，从项目招标、行为"红线"、监督检查、处罚制度等方面作出规定，对各市场主体实行信用积分，推动信用管理对市场主体的引导作用。建立工作反馈机制，通过综合信息系统的构建，建立企业和群众的信息反馈通道，进一步拓展公众有序沟通渠道，收集来自人民群众的意见，使相关工作直达基层、更接地气、更好地体现民意。积极完善落实日报告、半月报及通报反馈工作制度，接受群众监督。

（4）破除政策间的矛盾与冲突，积极完善京张体育文化旅游带的政策体系

京张体育文化旅游带真正涉及河北—北京、张家口—延庆的政府间的直接对接，也是河北相对落后地区与北京的直接对接，将为京津冀协同发展提供重要的参考借鉴与助推作用，同时也是积极对接首都"两区"建设、可再生能源示范区建设、县域经济发展、体育强国等发展战略的重要渠道，因此对于关于京张体育文化旅游带建设的中央部委与省级政策制定的政策文件，要加强实事求是与科学论证，切实同国土空间规划、"十四五"规划、协同发展体系平台建设、全域旅游服务保障体系建设等结合起来，进一步提升政策规划的科学性、战略性、前瞻性、实效性。对于市县级落实性政策文件，按照《京张体育文化旅游带建设规划》《京张体育文化旅游带（张家口）建设规划》《河北省体育局关于推进京张体育文化旅游带建设实施方案》等指导性文件的有

关要求，结合张家口与北京市在地方基础条件不尽相同的实际情况，编制文体旅产业融合发展专项规划或行动计划，鼓励国家级体育旅游示范基地和体育旅游精品项目申报，组织专家评估编制《市级体育文旅重点项目名录》，充分发挥重大体育文旅项目的引领带动作用。

（5）建立多主体联合供给模式，实现资源要素的高效配置

京张体育文化旅游带拥有丰富的文体旅资源，可以开展形式多样的旅游业态，可以重点突出地区民族文化、冰雪文化、红色文化、乡村风貌、农业文明、长城文化、工业遗址、奥运文化等，同时要融入现代文明，开展音乐艺术节、大型体育赛事、户外野营、汽车拉力等活动，给予游客"重温历史、体验新奇、拥抱自然"的旅游感受，诚然，这些文化形式与类别需要以精品旅游线路、旅游套餐的形式大力宣传，打造知名度，制定精品文化旅游项目名录。与此同时，以京张旅游文化带为契机，可以积极开展特色会展、学术论坛等活动，积极寻求与广播、影视、广告、婚庆、直播、新闻出版、艺术等领域的合作，形成"显性＋隐性"的宣传策略。而上述工作的开展，需要政府、企业、社会组织等多个治理主体共同参与统一谋划。在协同治理过程中，由于资金、信息等资源禀赋的不同，各主体之间的组织地位和作用不一定完全平等，因此，需要政府以经济手段进行协调，如成立京张体育文化旅游带发展基金，在充分衡量当地投资、就业、经营周期等现实因素的情况下，通过融资来平衡各治理主体间的利益分配。与此同时，积极开展平台化建设，打造科技创新平台，以政府、企业为核心，通过科技支撑京张体育文化旅游带的高质量发展，弥补中小型企业的技术采集能力弱的弱点。

（6）加强信息技术应用与优化，科技助力高质量发展

在京张体育文化旅游带的信息化建设的具体实践方面：第一，整合京张体育文化旅游带建设数据信息平台，统一数据接口，以大数据、云计算等技术变革带动资源共享和协同整合，实现对政府数据、企业数据、技术数据、项目数据、调研数据等多类型数字信息的采集，形成政府—企业—高校—社会组织—个人等不同主体间的"无缝隙"信息共享数据库，发挥大数据统计在产业发展规划、评估、统计、监督领域的独特作用。第二，打开对接全社会的信息交流窗口，实现多元治理主体利益诉求的充分表达，做到有效信息的传递、共享与公开。第三，将京张体育文化旅游带推广出去，信息技术必须承担主要责任，通过线上实时向外界传输京张体育文化旅游带的景色、文化、特色。第四，以延庆体育科技产业园为平台，研究 5G、物联网、人工智能、大数据、区块链等新技术与京张体育文化旅游带产业融合的发展路径，重点发展高端运

动装备、智慧场馆服务、运动医疗、智能服务、电子竞技、大数据研究、科学训练等新业态。

三、学术价值、应用价值及社会影响和效益

（一）学术价值

夯实京张体育文化旅游带建设的理论基础。本课题研究结合当下政策和相关领域研究文献，提出京津冀协同发展视域下京张体育文化旅游带建设的理论构想，为接下来京张体育文化旅游带可持续发展，带动区域经济转型升级提供理论支撑。

（二）应用价值

优化京张体育文化旅游带治理的路径逻辑。为京张体育文化旅游带建设提供具有针对性的治理逻辑，进而提出相关管理机制的系统优化，丰富京张文体旅产业高质量发展的路径研究内容体系。

（三）社会影响和效益

通过本课题的系统性分析，揭示利益关联方在推动京张体育旅游文化带建设的合力与张力，探索京津冀协同发展框架下京张体育旅游文化带的治理机制。坚持"一盘棋"思维，助力优势互补、资源共享、合作共赢的区域协同发展格局的形成。

旅游业高质量发展的内涵、指标与动能研究

负 责 人：郭　强
依托单位：海南大学
起止时间：2022 年 4—10 月

一、研究的目的和意义

（一）研究目的

本课题旨在为旅游业高质量发展揭示内涵构成、构建评价指标体系，对各省区市旅游业高质量发展水平进行测度，并剖析促进旅游业高质量发展的动能，以指导旅游业实现高质量发展。

（二）研究意义

1. 理论意义

一是拓宽了高质量发展的研究视野。本课题有效地将经济高质量发展领域的重要成果衔接到旅游业，进而为推动旅游业高质量发展提供理论依据和科学支撑。

二是丰富旅游业高质量发展学术体系。有利于深化旅游业高质量发展现有的相关学术研究，推动旅游业高质量发展相关研究的接续发展，完善旅游业高质量发展理论体系。

2. 实践意义

一是旅游业高质量发展作为一种发展模式，本课题解析的其内涵对区域旅游业实现高质量发展具有指导作用。

二是可通过构建的旅游业高质量发展指标体系，实现对各区域旅游业高质量发展

水平的测度、监测等功能。

三是根据构建的旅游业高质量发展动能框架，为政府决策部门提供政策制定的有章可循的框架。

二、主要内容、重要观点、对策建议

（一）主要内容

1. 旅游业高质量发展内涵解析

本课题在考虑经济高质量发展的内涵与特征基础上，充分结合旅游业的经济、产业的特有属性以及发展现状，对旅游业高质量发展的内涵进行深度解析，其内涵包括：一是供给质量提升促进供需协调；二是供给质量提升推动结构升级；三是供给质量提升引发效率跃升；四是创新驱动赋能发展模式；五是绿色发展贯穿生产、消费；六是助力实现共同富裕为目标。

2. 旅游业高质量发展指标体系构建

本课题尝试性从旅游业高质量发展的特征视角展开评价，在依据现有研究基础上，借鉴国内外有关同类评价指标体系，并遵循规则依赖性、可测量性、可分解性、可比性以及数据可获性等原则，构建了包括旅游业"质量追赶""结构升级""创新驱动""共同富裕""绿色发展"五个维度的指标评价体系。

3. 旅游业高质量发展水平的测度

本课题采用主观、客观相结合的综合赋权方法，对 30 个省区市旅游业高质量发展水平展开评价，并将其可视化。结果表明，2012—2019 年全国各省区市旅游业高质量发展水平总体上显著增强，各省区市之间的差距不断缩小，区域格局经历了较大重构。旅游业高质量发展从全国平均得分 0.2392 增长至 0.3879，增幅 62.17%；全国层面变异系数下降 35.88%；2012 年除北京、上海、浙江领先外，其他省份旅游业高质量发展水平均处于较低水平；2015 年形成了北京、浙江、江苏、广东领先全国，东、中部地区领先于西部地区和东北地区的发展格局；2019 年，各省市区旅游业高质量发展水平均有显著跃升，形成了京津冀、长三角、珠三角发展成效突出，东部沿海到内陆逐渐递减的发展格局。总体上，旅游业高质量发展和经济高质量发展的区域格局相似。

4. 旅游业高质量发展的动能研究

基于全要素生产率，并依据现有研究，对促进旅游业高质量发展的影响因素进行系统性梳理，构建了包括"创新动能""需求动能""要素动能""制度动能"的旅游业高质量发展动能框架。

（二）重要观点

1. 大众旅游时代，旅游业亟须转向高质量发展

由于我国旅游业发展空间受限、资源驱动型发展模式落后等无法适应旅游业良性发展、陈旧的旅游话语体系无法支撑旅游大国地位等原因。传统的旅游发展模式及其相适应的旅游发展理论，以及资源规划、发展动能和组织方式，已不再适用。旅游业亟须转向高质量发展。

2. 针对旅游业高质量发展的内涵解析，应从多角度解构

高质量发展是经济领域的发展理论，旅游业是产业范畴，若单从新发展理念的角度解构，存在内涵抽象的缺陷。由此针对旅游业高质量发展的内涵解析，应从多角度解构，不仅要符合新发展理念，还要结合高质量发展的主要特征，更要体现旅游业特殊性。

3. 旅游业高质量发展指标体系应从高质量发展特征角度构建

由于旅游业高质量发展内涵复杂，尚未有统一权威论断，导致由内涵所归纳的维度缺乏系统性、权威性。且旅游业高质量发展反映的是一个发展过程，现行的旅游统计指标体系主要侧重于总体规模指标，缺乏与过程型指标相匹配的数据。因此，从内涵角度对旅游业高质量发展的评估难度大。基于以上，本课题尝试从旅游业高质量发展结果的特征视角展开评价，在现有研究基础上，借鉴国内外有关同类评价指标体系，并遵循规则依赖性、可测量性、可分解性、可比性以及数据可获性等原则，构建了包括旅游业"质量追赶""结构升级""创新驱动""共同富裕""绿色发展"五个维度的评价指标体系。

4. 对旅游业高质量发展的评价，需要多元数据相匹配

旅游业高质量发展是个复杂问题，目前评价的最大问题是数据的可获性。主要缺乏与指标体系相匹配的过程型指标数据与反映旅游业部门的数据。针对该问题，应采用多元化的数据，如官方统计数据、相关数据库检索数据以及经过计算剥离出旅游业数据等。

5. 旅游业高质量发展的动能包括创新动能、需求动能、要素动能、制度动能

高质量发展的核心是提高全要素生产率。本课题借鉴相关研究，基于全要素生产率将经济动能分解为创新动能、要素动能和制度动能。旅游业是现代服务性产业，不

同于其他产业，它体现了游客与目的地之间一种特殊的人地关系，因此加入反映游客的"需求动能"，旅游业高质量发展的动能框架包括"创新动能""要素动能""需求动能""制度动能"。

（三）对策建议

1. 促进旅游需求提质升级

（1）构建制度支持，扩大旅游需求

从支出和时间两方面，扩大旅游消费需求。首先，应加快完善社会保障制度，扩大中等收入群体比重，增加低收入群体收入，筑牢旅游消费的经济物质基础，增强旅游消费意愿，引导居民旅游消费，使旅游成为人们休闲度假的一种时尚首选。其次，完善带薪年休假制度，进一步明确带薪年休假制度覆盖人群，明确职工享受年休假的条件，完善年休假具体安排的规则，提高劳动者在年休假具体安排上的话语权；强化用人单位违反年休假制度的责任，加强劳动监察机关的职责，对于年休假天数应根据我国国情并借鉴国外经验，不断调整完善。

（2）释放旅游优惠，提振消费市场

探索实施门票减免、免费开放等惠民消费政策，举办旅游消费季、消费月等惠民活动，完善常态化旅游消费促进机制，营造良好消费氛围。培育网络消费、定制消费、智能消费、体验消费、互动消费等新型消费模式。充分运用大数据、短视频、直播、虚拟现实等手段，创新旅游消费场景，培育壮大云旅游、云娱乐等新型消费形态。在具备条件的地区发展夜间经济，鼓励各地打造夜间消费示范街区、创建夜间旅游消费集聚区。鼓励建设特色书店、小剧场、文化娱乐场所等多种业态消费集聚地，营造更优质的消费环境。支持有条件的旅游景区、网红打卡地等开放夜间游览或延长观光时间。

2. 打造高端产品与优质服务供给体系

（1）实施旅游产品质量提升工程

瞄准现阶段市场需求和未来市场需求，挖掘打造优势资源，坚持世界眼光、地方特色，优化旅游产品组合，构筑旅游产品支撑体系，全面提升竞争力。进一步整合自然资源，深度挖掘文化资源，把为游客提供精品旅游产品和优质旅游服务放在首位，强化科学规划引导，实施旅游精品工程，对标国际一流，建设一批大型旅游融合综合体，提升和新建一批世界级旅游景区和度假区，打造一批具有标志性、引领性、带动性的国际旅游品牌。

（2）提升和完善旅游公共服务体系

对标国内一流、国际先进标准，加快建立和完善旅游要素体系、交通体系、集散体系，提升智慧旅游水平，建成功能完善、集散舒适便捷、环境安全友好的旅游公共服务体系。加大旅游基础设施建设力度，盘活存量、做大总量、做优增量，建成覆盖城乡、全民共享、实用便捷、富有特色的旅游基础设施网络。优化旅游公共设施布局，依托综合客运枢纽和道路客运站点，完善三级旅游集散体系。加强游客服务中心、咨询中心、标志体系建设。加强旅游交通设施建设，合理设置观景台、停车点、自驾游驿站和营地，科学规划建设景区停车场、内部交通、便民设施和标志标牌，合理配置厕所、垃圾桶，进一步巩固旅游厕所革命建设成果。

3. 坚持创新为第一驱动力

（1）加强顶层设计

各省区市政府有关部门要贯彻创新发展理念，加大对旅游业发展理论创新、科技创新、制度创新的支持力度，旅游部门要加强与科技部门的对接，强化"科技＋旅游"顶层设计，推动现代科技在旅游行业中的广泛应用，积极探索体验式、参与式旅游模式，使科技创新成为旅游产业转型升级的重要驱动力。

（2）加快建设智慧旅游体系

推进旅游业与互联网融合深度发展，充分利用大数据、区块链、人工智能等现代信息技术，加快智慧旅游建设。建成以大数据、云计算为支撑，集旅游产品网络化定制、旅游商品全渠道营销、旅游服务在线预售预订、旅游管理在线实时监控等功能于一体，覆盖全域的泛在、集约智慧旅游体系。大力推进旅游电商发展，建立互联网、微博、微信等新媒体宣传营销新模式，构建旅游管理部门和旅游景区、旅游企业纵向一体、横向协作的智慧旅游管理服务营销平台。加快文旅信息基础设施建设，支持各类涉旅市场主体进行信息化改造升级，实现全市旅游集散中心、机场、车站、码头、景区景点、宾馆饭店、民宿客栈、旅游乡村等重点涉旅场所的免费 Wi-Fi、5G 移动通信网络全覆盖。

（3）完善科技创新体制机制

坚持目标导向和需求导向，建立强有力的科技创新统筹协调机制和决策高效、响应快速的扁平化管理机制，增强旅游领域科技创新体制机制应变能力。优化整合科技创新资源，发挥科研机构、高校及社会研究力量，积极参与国家文化和旅游科技创新工程项目，支持申报、建设文化和旅游重点试验室，培育一批旅游行业科技创新领军专家，认定、申报一批旅游科技示范园区，形成以企业为主体、市场为导向、产学研相结合、上中下游相衔接的旅游科技创新体系。强化旅游企业与知名科技园区、企业总部、高等院校、科研院所等合作，共建旅游科技成果转化项目库和成果孵化基地，提高科技成果在旅游业孵化转化成效。加强旅游研究科研规划和指导，完善科研项目资助体系，保障公益性智慧旅游服务等重点项目建设，加强智慧旅游标准制定、技术应用和推广，积极开展智慧旅游专业培训，鼓励开展多样化的智慧旅游交流活动，增强旅游科技支撑力。

4.强化产业融合发展

（1）以文塑旅，推进文旅深度融合

加快推动文化创意与设计服务行业发展，通过鼓励引进和设立创意工作室、设计企业、策划机构，尽快培育引进创意主体、集聚先进创意人才、壮大行业规模；出台支持文化创意和设计行业的专项政策或行动方案；创新对历史名人、民俗风情、文化遗产等各种文化元素的包装、策划；打造知名文化品牌，推动文化创意和设计服务走向旅游市场、文化市场，促进文化和旅游产业深度融合。积极建设文旅小镇、影视基地、主题乐园、文旅融媒体运营中心；小微业态方面，鼓励各地开展文化类旅游节庆活动，建设文化主题酒店、民宿、特色餐馆、餐饮品牌；加快开发国家公园、博物馆、非物质文化遗产传承展示中心的旅游产业功能，大力推广文化遗产旅游、红色旅游，鼓励各类文化惠民演出向游客常态化开放。

（2）积极培育"旅游+""+旅游"新业态发展

以旅游产业为核心，通过资源、产品、市场有效整合，使旅游产业及其他相关产业彼此衔接，打破各自为战状态，形成业态创新的基础。全面推进"旅游+"多产业的高质量融合发展，建设完善旅游全产业链发展体系，推动旅游产业集群化、集聚化发展。旅游新业态往往涉及多领域、多层面、多主体的交叉融合，需要持续创新，深挖不同场景之间的内在联系，开发具有时代精神和内涵丰富的旅游产品，延长整个旅游的产业链和价值链，提升旅游产品的附加值，最大限度地满足游客出行新需求。贯彻落实"旅游+""+旅游"战略，积极发展红色教育游、民俗体验游、康养保健游、研学探索游、工业展览游、体育特色游等新兴旅游业态，开发参与性、体验性较强的旅游项目，推出既有文化内涵又适应市场需求的优质旅游新业态产品。其次，延伸延长产业链，积极推进旅游新业态在交通住宿、餐饮消费、文创产品、娱乐休闲、网络游戏等多领域的渗透，促进创新链同政策链、产业链、人才链、资金链的深度融合，提升旅游新业态产业附加值。

（3）加强文旅人才培育，筑牢要素保障

人才是产业发展的基础工程，围绕文化和旅游业转型升级、高质量发展的目标，以创新人才机制为动力，提升素质能力为核心，不断加强文化和旅游人才队伍建设，构建特色鲜明、管理有序、体系完善、富有活力的本土文化人才队伍，多措并举激发各类文化和旅游人才的创新活力和潜力。同时，有针对性地培养和引进一批高层次专业人才队伍，引领和带动文化旅游领域人才队伍建设，建立人才培育机制。建立"产学研"合作实训方案，建立健全行业培训，通过举办各类专题培训班、业务技能大赛等方式，统筹抓好文化旅游行政管理、企业经营管理、创新创业的人才培育工作。大力发展旅游职业教育，与相关院校合作，扩大旅游职业教育规模，提升旅游职业教育水平，推进旅游教育培训基地建设。夯实产业发展的人才要素保障。

5. 提升旅游治理现代化水平

（1）构建旅游治理合作机制

加快制度创新，构建多部门治理合作机制。一是多部门合作有利于确定各治理主体权力与责任，杜绝相互推诿失责现象，充分发挥政府在旅游治理中的主导作用，搭建文化旅游、医疗卫生、财政税收等多部门联动，行业协会、旅游企业、居民游客等各利益主体广泛参与的合作机制。二是创新旅游治理模式，以现代化、信息化手段作为重要支撑，通过数字赋能、科技驱动，健全旅游市场监管机制，建立旅游市场数据体系，形成更完善的旅游法治体系和旅游营商环境。

（2）完善旅游发展考核机制

破除唯"总人数""总收入"的落后考核体系，既要注重旅游业发展数量，更要注重旅游业发展质量，还要注重旅游业的生态文明建设。应结合地方实际，以差异化考核引导旅游高质量发展，推进旅游综合治理现代化。建立旅游市场动态监督问责机制，要加强旅游企业风险排查，推进旅游文明行为标准化管理，实现事前预警预防、事中控制化解和事后追查修复，使旅游企业文明行为制度化、规范化；要依托智慧旅游建设，发布旅游"红黑榜"，让文明旅游形成社会共识，合力营造健康的旅游环境和社会秩序，有效增强国家文化软实力。

（3）切实保障游客权益

将游客放在服务的第一位，切实保障游客权益，尤其是游客的生命财产安全，这是必须坚守的底线。在当前复工复业的关键时期，各级主管部门应安排部署科学精准落实"熔断"措施，紧盯重点地区、重点人群、重点领域和关键环节，不折不扣落实好常态化疫情防控措施。同时，需要做好市场恢复和产业振兴的准备工作，以重塑旅游业整体形象为重点，分阶段推进旅游业恢复与振兴，并持续完善旅游安全和应急管理体系。要积极探索游客权益保障的体制机制，加强行政部门合作治理，形成游客权益保障的合力。建立第三方调查评价机制，可通过第三方机构或在旅游团指定若干名游客进行服务质量监督和评价。

6. 践行绿色低碳发展理念

（1）建立健全生态保护制度体系

坚持绿色发展的原则和理念，处理好"绿水青山"同"金山银山"间的关系。坚持构建人与自然生命共同体，树立生态治理的大局观、全局观。在旅游业发展过程中做到节能减排、降低污染，构建长期有效的旅游地生态保护责任体系，将环境质量指标纳入旅游业发展质量评估中。坚持环境友好型、资源节约型的发展路径。出台并实施生态环境保护工作责任规定、生态文明建设领域监督执纪问责等工作制度，创新建立环境资源法庭、生态检察等司法制度，一体化构建执行、监督、检查、问责制度体系，严格管控生态红线。

（2）建立旅游企业碳排放监督检查机制

政府部门应制定量化、细节化的旅游业碳减排标准，如在星级饭店的评定标准中加入相关碳排放指标等。同时对旅游业的碳排放量进行统计核算，以实施相对应的奖惩机制。在税收方面，可以为低碳旅游企业提供税收减免优惠，并对"三高"企业征收额外税费；在融资方面，通过优惠政策鼓励旅游企业的低碳发展，从而促使"三高"企业逐步转型。

（3）开发多样性低碳旅游项目

低碳旅游的建设离不开创新，需要丰富其低碳旅游产品和服务，贯穿旅游出行、住宿、餐饮、游览、购物等各个环节，增强游客的低碳体验感。在交通方面，景区应尝试提供独特的旅游体验，如徒步、滑索等方式，实现节能减排的同时又突出了自身特色；在住宿方面，可通过推广野营帐篷等形式减少景区内住宿设施的建设；在餐饮方面，优先选择绿色有机食品，调整菜量避免食物浪费；在购物方面，设计符合低碳主题的旅游商品，如使用无污染的包装，就地取材等。

三、学术价值、应用价值及社会影响和效益

（一）学术价值

本课题对"高质量发展"在产业层面的内涵解析，尝试性地通过高质量发展的特征反映来构建旅游业高质量发展评价指标体系。结合内涵、指标与现有研究，从全要素生产率的视角，构建了旅游业高质量发展的动能框架。

（二）应用价值

可从全国省域层面进行旅游高质量发展水平评价、排名并对比，发现问题、识别动能并提出相应的政策建议，以指导地区旅游产业走向高质量发展的道路，具有一定的实际应用价值。

（三）社会影响和效益

在国内促进形成旅游业实现高质量发展的社会影响力。便于相关部门采用该指标体系进行区域旅游业高质量发展的测度，形成科学的决策依据。

从晚明游记看绿色旅游的内涵及实现路径

负 责 人：刘志刚
依托单位：常熟理工学院
起止时间：2022 年 4—10 月

一、研究的目的和意义

发展绿色旅游，既要强调其经济属性，也要关注其人文内涵。党的十八大以来，我国全面加强生态文明建设，为旅游实现绿色发展奠定了重要的资源基础，同时大力推进旅游业供给侧结构性改革，开发打造了包括乡村旅游、森林旅游、康养旅游等众多与绿色旅游概念关联密切的高质量、多样化的旅游产品，极大地满足了人民群众的旅游需求。但旅游业发展中背离绿色发展理念的传统旅游模式依然存在，旅游发展理念、方式及游客消费行为等方面也仍然存在着与生态文明理论和可持续发展目标不尽协同的现象。要解决这些问题，除了继续深化旅游供给侧结构性改革外，还应高度重视旅游者需求，从改善旅游消费体验、提升旅游消费质量入手，充分挖掘绿色旅游的人文内涵，做好旅游需求侧管理，在满足旅游者对高品质旅游体验和绿色健康生活环境的追求的同时，引导培养旅游者生态环保的消费理念，增强低碳环保意识，践行绿色低碳消费行为，让旅游者在旅游活动中真正形成绿色消费和健康生活方式。

国内目前对绿色旅游的内涵及实现路径的研究主要是在现代旅游业的发展框架内进行的，并不能全面反映旅游本质上作为一种人类活动现象的内涵所在。鉴于此，本课题以晚明游记为切入点并立足旅游者主体展开研究，意在通过考察晚明文人的旅游实践活动，揭示其中所蕴含的人与自然观，分析其与当下生态文明理论的理路关联，并据之探究绿色旅游的人文内涵，在补充现有相关研究不足的同时，进一步促进绿色旅游健康发展。

二、主要内容、重要观点、对策建议

（一）主要内容

本课题研究报告共包含六个部分：第一部分引言部分介绍了课题的研究背景、目的和意义、学术与应用价值、思路及方法；第二部分介绍课题组对晚明游记的文献统计情况，分析晚明游记的"书写转换"现象并探讨与其中的"人与自然观"的内在联系；第三部分从"平等观""主体观""审美观""生态观""开发观""教化观"六个方面对晚明游记中的"人与自然观"进行研究分析；第四部分在对晚明游记中的"人与自然观"研究分析的基础上探究提炼绿色旅游的内涵及实现路径；第五部分基于课题研究提出绿色旅游发展的对策建议；第六部分附录部分为晚明游记文献统计表格。

（二）重要观点

（1）相较以往历史时期的游记作品，晚明游记具有明显的"书写转换"特点，从题目命名到写作方式和内容都呈现出由"静态描写"向"动态描写"的普遍转向。这种"书写转换"现象的背后，体现了晚明文人旅游者群体关于旅游活动中人与自然关系的认知变化。在强烈的旅游审美意愿驱动下，晚明文人旅游者为了获取更好的审美体验，开始思考如何看待旅游者与旅游景观的关系、如何介入旅游景观并进行审美活动以及关注生态环境保护、资源开发、人文教化等一系列问题并付诸旅游实践，从而与旅游景观建立起相互融合、彼此影响的密切的互动关系，在促成游记"书写转换"的同时也形成了自己的"人与自然观"。关注晚明游记的"书写转换"现象，系统地分析并把握这一现象下所蕴含的"人与自然观"，是充分解读晚明游记并探究绿色旅游内涵以及探索相应实现路径的关键。

（2）晚明游记中的"人与自然观"包括两不相负的平等观、以境适情的主体观、情景交融的审美观、和谐共存的生态观、依循自然的开发观、澄心正志的教化观。"两不相负"的平等观是晚明文人旅游者关于人与自然关系的基础观点，奠定了晚明文人旅游者心目中人与自然之间的对等关系和情感联系。人与自然"两不相负"的情感认知促使晚明文人旅游者更加主动地融入自然景观之中，以"以境适情"的主体意识和"情景交融"的审美理念及顺应山形水态的审美方式，来充分把握山水本性并因此尽享山水自然之美。因为自身有着对山水本性的充分认知和崇尚自然之美的审美倾向，晚明文人旅游者认识到人与自然之间的和谐共生关系，因此反对各种自然景观资源破坏、污染及过度或不合理的旅游和开发行为，在自觉维护山水自然本性之美的旅游实践中，培育了人与自然"和谐共存"的生态观、"依循自然"的开发观，同时基于审美体验强化了自然景观给予旅游者"澄心正志"作用的教化功能认知。

（3）晚明游记中的"人与自然观"所蕴含的朴素的生态文明意识，以及同马克思生态自然观、习近平生态文明思想关于绿色发展、人与自然生命共同体的系列重要论述之间相同的逻辑理路，成为因之探究绿色旅游的人文内涵及实现路径的重要依据。在晚明游记研究基础上探究绿色旅游的内涵与实现路径，应立足晚明游记中"人与自然观"的六个方面进行：一是基于"两不相负"的平等观，明确旅游者与旅游景观之间彼此对等而非对立的相互关系以及情感联系；二是基于"以境适情"的主体观，突出旅游活动中旅游者的主体性作用及其能动效应；三是基于"情景交融"的审美观，倡导旅游者通过与旅游景观的密切互动以提升审美效果；四是基于"和谐共存"的生态观，确定旅游者与旅游景观之间和谐共生的依存关系并培育旅游者对旅游景观应有的保护态度；五是基于"依循自然"的开发观，坚持尊重、顺应自然景观本身面貌及其所属文化元素的基本开发原则；六是基于"澄心正志"的教化观，强化旅游活动之于旅游者人文教育功能的认知并积极推进实践。

（三）对策建议

本课题根据前述晚明游记研究对绿色旅游人文内涵的探讨，基于绿色旅游发展中应充分融入人文内涵各项元素的考虑，拟从绿色旅游理论建设、绿色共识宣传教育、绿色产业文化赋能、绿色教育功能强化四个方面提出对策建议。

1. 完善绿色旅游理论建设

发展绿色旅游，首先需要推动绿色旅游从概念到理论的先行转化。绿色旅游不能停留在口号式的概念层面，必须要构建自己的理论体系，避免陷入概念泛化、指向模糊的发展困境。新时代社会发展理念为绿色旅游发展提供了指导思想，目前绿色旅游以生态文明思想为价值基础与根本导向，同时还应确立以旅游者与旅游景观平等关系、和谐共生关系、审美互动关系等为核心的基本内涵，在此基础上形成兼顾旅游历史文化传承与旅游现代产业发展的框架设计并拥有明确的发展内容和内在逻辑。

绿色旅游的理论建设应该建立在强大的科学研究基础上，需要兼顾旅游发展史研究和现代旅游学研究，不能简单地以旅游产业研究取代人类旅游活动研究，否则将割裂旅游从古代到现代发展过程中的前后传承关系，也将掩盖、忽视漫长的旅游发展历史中所积淀的众多优秀经验成果。鉴于目前相关研究工作偏重于旅游产业研究，建议各级文旅部门、地方科研机构在进行文化和旅游相关科研课题选题立项设计时，相应提高旅游史研究项目比例，引导开展旅游史研究工作。研究内容方面，目前主要有旅游通史、旅游地理史以及部分旅游历史人物研究，相对单一而且未能深入，建议在此基础上进一步引导拓展，深入挖掘历代游记等文献资料，从旅游思想史、旅游美学史、旅游教育史、旅游法制史、旅游资源开发史、旅游管理史等与现代旅游业发展密切相关的多个层面展开研究，各级地方政府及科研机构也可引导开展本地旅游历史人物、旅游历史资源等研究，全面丰富旅游史研究工作。在以上研究基础上，可进一步考虑推进旅游史学科建设工作。

2. 加强绿色共识宣传培育

绿色旅游的顺利推进落实，需要在全社会范围内尤其是针对旅游者强化绿色教育，培育绿色共识，只有全社会成员增强自身的绿色旅游意识，才能促进大众旅游向着绿色旅游的方式转型，推动绿色旅游健康发展。旅游绿色共识的培育应以对绿色旅游人文内涵的宣传推广为核心，使旅游者与旅游景观之间的平等关系、和谐共生关系、审美互动关系以及生态环境保护意识、资源开发原则、旅游教育功能等绿色旅游的内涵要义深入旅游活动参与者内心，形成内化认知并自觉以之指导绿色旅游实践。

绿色旅游内涵宣传应发动多方面力量统筹进行。国家及各级地方政府应发挥政策引导作用，制定出台并不断完善有关旅游生态保护、资源开发的政策文件，行文表述中充分体现绿色旅游人文内涵诸元素，以及在编制文旅产业绿色发展相关规划中也积极融纳体现绿色旅游人文内涵的相关设计内容。各类旅游市场主体一方面可通过加强绿色低碳生产、管理（如景区、酒店等旅游行业倡导使用清洁能源和材料及减少一次性用品提供等）来潜移默化引导旅游者形成绿色低碳消费意识；一方面在利用多种媒体进行旅游景区介绍、环境标识设计时，增加绿色旅游人文内涵的宣传内容并加强宣传力度，倡导文明、节约、环保的绿色旅游活动行为和绿色消费方式。此外，地方各级政府、文旅部门、旅游企业举办诸如"中国旅游日""北京国际旅游节""上海旅游节"等旅游节庆活动时，在活动主题设计上可突显人与自然平等关系、互动关系等绿色旅游人文内涵元素，以及通过加强文旅融合，围绕绿色旅游人文内涵诸元素，在活动内容中设计增加具有本地旅游历史文化特色的项目环节等。

3. 创新绿色产业文化赋能

旅游产业的绿色发展是绿色旅游的目标主体之一。近年来，随着我国全面加强生态文明建设，红色旅游、乡村旅游、森林旅游、冰雪旅游、康养旅游等一系列高质量、多样化的绿色旅游产品的推出，加快了旅游产业绿色发展的步伐，文旅融合的持续加强则更激发了旅游产业绿色发展的新活力。在此基础上，通过挖掘富有绿色旅游人文内涵的历史文化资源，加强对旅游产业的文化赋能，将进一步促进绿色产业的创新发展。

具体实践运作层面，各地方政府、文旅部门可联合党史和地方志办公室等部门，利用历代文人游记作品以及史传、方志等综合性、地方性文献等，深入挖掘当地的历史文化资源，遵循"依循自然"的绿色开发原则，为地方上规划开发新的旅游景观区域以及在已有景区进行新的景观开发建设提供参考与依据，同时也可培育"绿色"开发思路，杜绝盲目开发、过滥开发现象发生；各旅游景区可联合地方文旅部门、宣传部门等，挖掘历代地方文人游记作品等进行文化宣传产品打造，并设计推出如相关游记诗文解读以及游记写作征文等活动，加强旅游者与旅游景区的互动，在增加游客黏性的同时又强化旅游市场活力；各旅游产品可立足所在地域的本地资源，以及产品本身所依托的旅游资源类型如乡村资源、森林资源、冰雪资源等，深入挖掘地方文献或与资源类型相关的各种文献中蕴含绿色旅游人文内涵的历史文化资源，同时结合产品本身特点进行融合设计开发，包括建设开发丰富多彩的人文小景观以及推出新的旅游产品等，持续保持创新活力。

4. 深化绿色教育功能应用

旅游对人的"教化"作用意义深远。习近平总书记指出，旅游是综合性产业，是拉动经济发展的重要动力。旅游是修身养性之道，中华民族自古就把旅游和读书结合在一起，崇尚"读万卷书，行万里路"。因此发展绿色旅游，应充分关注旅游"教化"作用相对于旅游产业绿色发展的内涵融入，做好对旅游"教化"内涵的历史传承与时代创新，使绿色发展与教化育人相结合，深化旅游绿色教育的功能应用。

加强绿色教育可从两方面着手推进。一是改进优化旅游从业人才培养的课程体系建设。目前高校及高职院校旅游管理类、文化产业管理类等相关专业中，在对学生进行旅游史、旅游文化的教育培养方面相对重视不足，特别是相关教材内容仍存在泛而不精且与旅游发展现状相对游离等问题。建议各高校专业课程组根据绿色旅游发展的人文内涵需求，调整完善教材建设，如可通过旅游人物专题类、旅游活动案例类等相关形式与内容设计，分类并集中突显绿色旅游的各项内涵要素，有效提升教材使用效率，增强学生旅游课程学习的"内涵"认知。

二是重视发挥研学旅游的绿色教育功能。当前研学旅游发展呈蓬勃之势，在文旅融合、"研学＋"的发展理念下，未来大有可为。"体验感"是研学旅游历史传承以来的精华要义，可结合绿色旅游各项人文内涵的特点，从形式到内容加强"体验感"的设计开发，提升研学参与者的学习认知。研学旅游"体验感"设计要关注"研学＋"的主题，充分体现研学活动给予人的绿色教育内容；也要关注"研学＋"的应用形式，充分保障研学过程的绿色低碳。打造研学旅游产品，需要避免"重游轻学"而沦为古人所轻视的"冶游""浪游"，也要避免"重学轻游"而使研学旅游活动程式化、课程化，应始终关注"研"与"旅"的平衡，给予旅游者适当的体验空间和时间，让他们在体验中真正收获绿色教育功效。

三、学术价值、应用价值及社会影响和效益

（1）本课题选择晚明游记为研究对象，并将之与现代旅游业可持续发展理论相结合，以当代生态文明思想审视历史时期的人类旅游活动实践成果，拓展了绿色旅游内涵的研究视角，有益于促进绿色旅游的理论建设，突出其对于现代旅游业发展的指导意义。

（2）沈祖祥于 1990 年提出旅游史学科建设构想，将旅游史研究内容分解为十二个方面，游记作为旅游活动全部成果的集中体现而被列为其中一项重点内容。本课题首度提出晚明游记"书写转换"概念并在此之下展开研究，对于完善旅游史学科建设并丰富其研究内容有着一定的学术价值。

（3）本课题研究基于旅游者需求探讨绿色旅游的人文内涵及实现路径，相关研究成果可转化应用于加强旅游需求侧管理，指导旅游者增强对"绿色旅游"的认识和理解，强化生态环境保护意识，促进旅游消费绿色转型，提升旅游消费体验并培育形成绿色健康生活方式。

跨境旅游合作下国家文化安全
风险评估及治理研究

负 责 人：田　里
依托单位：云南大学
起止时间：2022 年 4—10 月

一、研究的目的和意义

（一）研究目的

本研究旨在对跨境旅游合作下国家文化安全风险形势进行研判的基础上，分析跨境旅游合作基本构成及可能风险，构建跨境旅游合作下国家文化安全风险形成机制，从定性、定量两个角度识别和评估跨境旅游合作下国家文化安全风险，提出跨境旅游合作下国家文化安全风险治理建议。

（二）研究意义

从现实层面来看，跨境旅游合作是中国与周边国家共享经济社会发展成果的重要载体，也是中国边境地区兴边富民的重要抓手，但由于存在外部敌对势力介入的可能，也将会带来国家安全风险。加之文化安全威胁源存在不确定性和渗透渠道的隐蔽多元，以及边境地区处于相对弱势和易受冲击的地位，故研究跨境旅游合作下国家文化安全风险，具有较高的现实意义。从理论层面来看，将跨境旅游合作与国家文化安全结合起来，采用政治学、地理学、旅游学、管理学等相关理论，在分析跨境旅游合作下国家文化安全风险形成机制的基础上，形成了完整的治理框架，具有一定的理论意义。

二、主要内容、重要观点、对策建议

（一）主要内容

1. 跨境旅游合作的基本构成及可能风险

跨境旅游合作是指陆地相邻国家之间为发展旅游而共同从事的协作活动。首先，跨境旅游合作的合作主体为陆地相邻国家，合作目标为实现旅游发展，合作路径为相邻国家协调与配合；其次，跨境旅游合作具有开放性、明确性、脆弱性和融合性 4 个基本特征；最后，跨境旅游合作可以依据合作主体、合作范围、合作动机、合作程度、合作难度划分成不同类型。

跨境旅游合作包含三大基本构成。跨境旅游合作包括旅游障碍合作、旅游中转合作和旅游资源合作。其中，旅游障碍合作是指陆地相邻国家围绕减少跨境旅游者障碍而开展的合作，主要内容是减少跨越国（边）境所需的手续和时间；旅游中转合作是指陆地相邻国家围绕促进跨境旅游业发展而开展的合作，主要内容是拓展中转业务的领域和空间；旅游资源合作是指陆地相邻国家围绕提升跨境旅游地吸引力而开展的合作，主要内容是旅游资源的转化和建设。

跨境旅游合作存在三大可能风险。跨境旅游合作包括集聚风险、扩散风险、挤出风险三大可能风险。其中，集聚风险是由于旅游集聚效应带来的安全问题集中现象，主要表现为恐怖主义活动、犯罪活动和不良文化传播活动等集聚；扩散风险是由于旅游扩散效应带来的安全问题扩散现象，主要表现为传染性疾病、宗教信仰和有害生物等扩散；挤出风险是由于旅游挤出效应带来的其他要素挤出现象，主要表现为粮食生产、原生文化、原住民等挤出。

2. 跨境旅游合作下国家文化安全风险形成机制

跨境旅游合作下国家文化安全风险形成包含三大主体。三大主体分别是合作权力方、合作运作方、合作相关方。其中，合作权力方是指跨境旅游合作过程中决定开展、中止、扩大等权力的主体，通常是主权国家及其所属职能部门；合作运作方是指跨境旅游合作过程中承担具体执行、运营、保障责任的主体，通常是地方政府、陆路口岸及相关企业；合作运作方是指跨境旅游合作过程中没有具体权力但与之密切相关的主体，通常是本地居民及社区。

跨境旅游合作下国家文化安全风险形成包含三大因素。三大因素分别是国家权力让渡、边境地区开放和两侧界限模糊。其中，国家权力让渡是指国家将部分权力让渡其他国家或国际组织，是跨境旅游合作开展必然要经历的过程，包括边境检查权、跨境经营权和领土管辖权的让渡；边境地区开放是指由于国家权力让渡程度使边境地区开放程度发生变化，主要包括去边界化、去边缘化和去国家化；两侧界限模糊是指边境地区开放程度使国界两侧界限模糊程度发生变化，主要包括管理界限模糊、空间界限模糊和身份界限模糊。

跨境旅游合作下国家文化安全风险包含三种主要类型。三种主要类型包括文化资源安全风险、文化生态安全风险和文化主权安全风险。其中，文化资源安全风险是指由于跨国文化交流带来的文化资源流失现象，文化生态安全风险是指由于跨国文化交流带来的文化生态破坏现象，文化主权安全风险是指由于跨国文化交流带来的文化主权丧失现象。

3. 跨境旅游合作下国家文化安全风险总体情况

中国边境地区应该划分为三大边境地区。三大边境地区包括东北边境地区、西部边境地区和西南边境地区。东北边境地区包括辽宁、吉林、黑龙江、内蒙古 4 省区，文化资源安全风险水平较高；西部边境地区包括新疆、西藏 2 个自治区，文化主权安全风险水平较高；西南边境地区包括云南、广西 2 个省区，文化生态安全风险水平较高。

东北边境地区主要存在文化资源安全风险。其中，辽宁边境地区跨境旅游合作主要集中于丹东口岸，主要的文化安全风险是文化淡化问题；吉林边境地区跨境旅游合作主要集中于珲春口岸、图们口岸等，主要的文化安全风险是版权流失问题；黑龙江边境地区跨境旅游合作主要集中于绥芬河口岸、黑河口岸，主要的文化安全风险是文化同化问题；内蒙古边境地区跨境旅游合作主要集中于满洲里口岸、二连浩特口岸，主要的文化安全风险为文化走私问题。

西部边境地区主要存在文化主权安全风险。其中，新疆边境地区跨境旅游合作主要集中于霍尔果斯口岸、吉木乃口岸，主要的文化安全风险为民族分裂主义问题；西藏边境地区跨境旅游合作主要集中于吉隆口岸、亚东口岸、普兰口岸，主要的文化安全风险为宗教分裂主义问题。

西南边境地区主要存在文化生态安全风险。其中，云南边境地区跨境旅游合作主要集中于瑞丽口岸、磨憨口岸、河口口岸，主要的文化安全风险为文化异变问题；广西边境地区跨境旅游合作主要集中于东兴口岸、友谊关口岸、硕龙口岸等，主要的文化安全风险为文化同化问题。

（二）重要观点

通过研究国内外文化安全治理案例，提出建设沿边文化走廊、建设跨国文化公园、建设文化创新平台三个举措。

1. 建设沿边遗产廊道

边境地区少数民族分布存在"多、散、杂"的特点，某一地方难以实现发展突破，应该结合目前的沿边公路或高速公路建设，建设沿边遗产廊道。依照罗伯特·希尔茨（Robert M. Searns）在《绿道》一书中定义："遗产廊道是拥有特殊文化资源集合的线性景观，通常带有明显的经济中心，蓬勃发展的旅游、老建筑的适应性再利用娱乐及环境改善。"沿边遗产廊道可以化分散居住的劣势为优势，为旅游者提供一种新产品，提升边境地区文化发展活力。

2. 建设跨国文化公园

边境地区有很多跨境历史记忆，如万里茶道、丝绸之路、茶马古道等。文化线路发起于欧洲，被欧洲文化合作委员会定义为"以某一欧洲历史、文化或社会热点为主题而组织的跨越一个或多个国家及地区的线路，这些线路要么在地理位置上属于欧洲，要么是其性质、范围及重要性等方面是典型的欧洲问题"。可依托西南边境地区建设茶马古道跨国文化线路，依托东北边境地区建设万里茶道跨国文化线路，依托西部边境地区建设丝绸之路跨国文化线路。

3. 建设国际民族公园

边境地区有很多跨境民族，如佤族、傣族、朝鲜族等，可以参照国际和平公园，建设国际文化公园。国际和平公园（International Peace Park，IPP）是指基于共同保护和管理生物多样性及自然、文化资源并致力于促进、庆祝和 / 或纪念和平与合作，由两个或更多国家联合设立的跨界保护区。可以依托边境地区跨境民族，建设国际民族公园，不仅可以增强边境地区的旅游吸引力，也可以推动跨境民族地区共同开发。

（三）对策建议

按照"标本兼治"的思路，从风险本身和风险根源两个角度，结合中国边境地区发展的实际情况，提出跨境旅游合作下国家文化安全风险治理建议。其中，"治标"是从风险本身角度，分别提出文化资源安全风险、文化生态安全风险、文化主权安全风险的治理建议，重在管控风险；"治本"是从风险根源角度，分别提出文化自身安全能力、文化共同安全能力的提升建议，重在提升能力。

1. 文化资源安全风险治理对策

（1）建立旅游障碍合作预警机制。首先，构建游客数字档案，以保证跨境游客相关信息可追溯；其次，共建跨境文化区域，以加强不同文化间的尊重、理解；最后，形成服务过程记录，监测为跨境游客服务过程中出现的文化资源安全风险。

（2）建立陆地国界智能监控系统。首先，构建电子反偷渡系统，遏制反动文化的传播；其次，建设智能反走私系统，遏制文化遗产的出境；最后，建设黄赌毒监测系统，遏制不良文化的污染。

（3）建立文化知识产权维权机制。首先，健全跨境文化知识产权保护制度，以解决跨境文化知识产权保护；其次，建立文化知识产权保护执行机制，以便保证企业层面对边境地区文化知识产权保护的顺利执行；最后，健全文化知识产权公益诉讼制度，为边境地区提供法律援助。

2. 文化生态安全风险治理对策

（1）建立旅游中转合作预警机制。首先，共创跨境旅游产品，构建电子信息平台；其次，联合打造一体运营，形成运营监督平台；最后，共建跨境旅游资金，筹建跨境数字银行。

（2）建立文化生态智能监控系统。首先，建立实时核辐射监测系统，遏制不良产品的传播；其次，构建出入境信息档案，进行文化安全的测评；最后，加大出入境组织审查，遏制不良经营的传播。

（3）建立文化市场共管惩奖机制。首先，建立文化市场主体经营清单，以规范市场秩序；其次，监测文化市场主体违规行为，以维持文化生态平衡；最后，公布文化市场主体违规名单，以震慑文化违法行为。

3. 文化主权安全风险治理对策

（1）建立旅游资源合作预警机制。首先，联合统一规划开发，形成动态数字监测；其次，联动一体营销推广，构建三段一体监测；最后，多方共治协同管理，形成轮值管理机构。

（2）建立文化资源智能安防系统。首先，建设社区监测系统，遏制不良建筑的出现；其次，建立居民监测系统，遏制不良活动的传播；最后，建立机构监测系统，遏制违法处理的行为。

（3）建立文化资源共同开发机制。首先，编制文化资源共同开发规划，为旅游资源合作提供方向指导；其次，制订文化资源开发执行方案，以推动规划执行；最后，监测文化资源共同开发效果，以控制执行效果。

4. 文化自身安全能力提升对策

（1）支持文化资源活化利用。首先，构建多元化文化资源活化利用主体，以提升文化传播辐射面；其次，拓展多样性文化资源活化利用功能，拉近游客与产品的距离；最后，打造产业化文化资源活化利用途径，延长文化产业链。

（2）支持文化产业做强做大。支持文化产业做强做大是能力提升的关键，必须抓好创新这个"牛鼻子"，以创新促发展，不断提升文化自身安全能力。首先，建设沿边遗产廊道，以抱团求发展；其次，建设跨国文化线路，以合作促发展；最后，建设文化创新平台，以平台吸人才。

（3）加强文化基础设施建设。首先，推进跨国文化主题基础设施建设，增强对不同国家文化的理解；其次，推进民族文化主题基础设施建设，增强对中华民族命运共同体的理解；最后，推进戍边文化主题基础设施建设，增强国防意识。

5. 文化共同安全能力提升对策

（1）以边境自由贸易区探索跨国文化贸易管理。目前已在崇左、红河、德宏、黑河、绥芬河等多个边境地区设置了自由贸易区，为文化贸易规则建立提供了良好机遇。首先，编制边境自由贸易区文化发展协定，明确文化贸易规则；其次，形成文化贸易与网络相结合的业态，推动文化贸易创新；最后，构建区域统一的转移支付方式，助推文化贸易升级。

（2）以跨境经济合作区探索跨国文化市场管理。一方面，加强与邻国文化市场管理的立法沟通，编制跨境经济合作区文化市场管理规定；另一方面，加强与邻国文化市场管理的执法沟通，构建跨境经济合作区文化市场红黑榜单。

（3）以跨境旅游合作区探索跨国文化共同开发。首先，形成跨境旅游合作区发展协定，明确文化共同开发规则；其次，构建区域内轮值一体文化监管机构，明确文化共同开发主体；最后，打造区域内多元一体文化发展模式，鼓励文化创新。

三、学术价值、应用价值及社会影响和效益

（一）学术价值

建立了跨境旅游合作下国家文化安全风险评估及治理研究框架。将分散的跨境旅游合作研究整合到系统的跨境旅游合作研究框架，从文化安全视角来探讨跨境旅游合作研究，提高对跨境旅游合作下国家文化安全风险的认识，提升跨境旅游合作服务于

边境地区兴边富民以及中国与周边国家交流的诉求。

（二）应用价值、社会影响和效益

（1）为国家决策部门提供研究报告。

（2）向云南省委、省政府提供咨询意见。

（3）在主要核心期刊发表学术论文。

共同富裕视域下乡村旅游高质量发展路径研究

负 责 人：徐 虹
依托单位：南开大学
起止时间：2022 年 4—10 月

一、研究的目的和意义

（一）研究目的

本课题旨在明晰共同富裕视域下乡村旅游高质量发展的逻辑理路，在此基础上充分对乡村旅游案例地进行调研分析并总结经验启示，指出共同富裕视域下乡村旅游高质量发展的实现路径。

（二）研究意义

1. 理论意义

（1）通过总结和探索共同富裕视域下乡村旅游高质量发展的核心内涵，揭示乡村旅游高质量发展的逻辑理路，可拓展乡村发展理论的研究视角和研究内容。

（2）通过共同富裕的理念视角，尝试构建乡村旅游高质量发展的评价指标体系，利于精准量化研究的深化。

（3）结合多案例分析，探索共同富裕视域下乡村旅游高质量发展的实现路径，可提升乡村旅游研究的深度，将乡村旅游由一种特定的旅游类型升格为乡村振兴和全体致富的方略。

2. 实践意义

（1）通过研究探索共同富裕视域下乡村旅游高质量发展的实现路径，有效落实乡村振兴战略，满足人民群众美好生活的新需求，有望加快实现全体人民共同富裕的步伐。

（2）根据本课题评价指标体系的建立，围绕共同富裕视域下乡村旅游高质量发展的影响因素，结合前文典型案例的经验启示，针对关键问题探索路径与提供政策建议，能够为我国乡村地区通过乡村旅游高质量发展助推共同富裕的实践提供参考。

二、主要内容、重要观点、对策建议

（一）主要内容

乡村旅游高质量发展是新时期巩固脱贫攻坚成果，促进乡村振兴，最终实现农民农村共同富裕的重要抓手之一。基于此，本课题主要围绕以下四方面内容开展相关研究。

（1）共同富裕视域下乡村旅游高质量发展的逻辑理路。该部分从缩小收入差距、缩小区域差距、缩小城乡差距三方面分析了共同富裕视域下乡村旅游高质量发展的理论逻辑；从供需匹配、因地制宜、产业高效发展三方面分析了共同富裕视域下乡村旅游高质量发展的实践逻辑。

（2）共同富裕视域下乡村旅游高质量发展的评价。该部分从宏观区域尺度与微观个体尺度分析了共同富裕视域下乡村旅游高质量发展的成效。在宏观区域尺度方面，从中国省级尺度分析农村共同富裕与乡村旅游发展的耦合协调关系。在微观个体尺度方面，从"共同"与"富裕"两个维度，构建共同富裕视域下乡村旅游高质量发展绩效评价指标体系，针对乡村旅游地居民发放并回收有效问卷 328 份，探讨参与旅游业与否带来的绩效差异及其障碍因素。

（3）共同富裕视域下乡村旅游高质量发展的典型案例与经验启示。选取以产业致富为特征的青海卡阳村、以文化创富为特征的贵州岜沙村、以生态促富为特征的贵州纳孔村、以党建领富为特征的陕西袁家村，梳理其乡村旅游促进农民农村共同富裕的发展成效，并从增强乡村产业融合发展动能、整合与挖掘地方特色文化资源、构建多元主体协同治理体系、切实保障农民主体地位、加大政策支持与制度创新五方面总结典型案例的经验启示。

（4）共同富裕视域下乡村旅游高质量发展路径。从缩小区域贫富差距、培育致富带头人、富裕物质生活、富裕精神生活、建设宜居宜业环境、确保公平有序发展六方面提出共同富裕视域下乡村旅游高质量发展路径。

（二）重要观点

（1）基于共同富裕导向，乡村旅游高质量发展的内涵是指把促进农民持续增收作为重要任务，共创共建共享乡村旅游发展成果，满足人民群众对美好生活的需要，实现人民物质生活和精神生活的全面富裕。可以认为，没有农民农村的共同富裕就不可能有全体人民的共同富裕，而促进农民农村共同富裕过程中，乡村旅游的高质量发展则成为重要的途径与抓手。

（2）农村共同富裕与乡村旅游发展的耦合协调与相对发展关系中，我国大部分省份的耦合协调度处于基本协调水平，相对发展度皆处于较为良好的状态，中西部的多数省（自治区、直辖市）则呈现出农村共同富裕滞后于乡村旅游的发展状态，亟须以高质量的乡村旅游发展加快推动农村共同富裕。

（3）基于村民主体构建共同富裕视域下乡村旅游高质量发展的绩效评价指标体系，必须兼顾"共同"与"富裕"两个核心维度的有机统一。乡村旅游的高质量发展受富裕差异大小、富裕共享效果、物质生活是否富裕、精神生活是否富足、生活环境是否宜居等因素共同影响。

（4）乡村振兴是共同富裕的重要基础。积极推进产业振兴、人才振兴、文化振兴、生态振兴、组织振兴，助力乡村旅游高质量发展，可以为实现共同富裕提供多方面的基础支撑，是实现共同富裕的必经之路。

（三）对策建议

1. 推动城乡互动与融合，缩小区域贫富差距

一是推动城乡基础设施建设互联互通。将乡村旅游基础设施建设纳入区域性公共设施整体规划与旅游发展规划中，大力推进乡村医疗、教育、康养、娱乐、信息化等公共服务配套设施建设，加快构建城乡互联互通的基础设施网络。二是建立乡村旅游公共服务长效管理机制。推动城市公共服务管理方式融入乡村旅游地，提高生活垃圾收集处置、农路管养、河道管理、绿化管护、公共设施维护方面的专业化和市场化水平。三是要深化农村土地制度改革。加快建立城乡统一的旅游土地市场，完善土地使用权的转让、出租、抵押、入股规则，盘活农村闲置宅基地与废弃工矿用地，通过土地要素优化配置促进城乡市场联系。四是调整城乡产业和要素配置结构。通过 5G 等新兴数字技术改善乡村旅游现代化进程滞后的局面，促进各类要素在城乡之间双向循环

流动，尤其是引导资源要素回流农村。

2. 打造乡村旅游特色人才队伍，培育致富带头人

一是打造"乡村旅游产业领军人才"队伍。各地可依据现实情况制定乡村旅游产业领军人才分类认定目录，对应所在城市不同层次人才享受子女入学、购房、医疗保健、配偶就业等优惠服务。二是建设"乡村旅游专项科技特派员"制度。围绕农村特色主导产业与乡村旅游发展需求，拓宽选派渠道，加大市、县两级乡村旅游专项科技特派员选派规模和力度，力争做到每个旅游行政村科技特派员全覆盖。三是构建乡村旅游新型"创客"队伍。组织引导大学生、城市白领、文化艺术人才、专业技术人员、青年创业团队等各类"创客"投身乡村旅游发展，各地区可对创业项目的规模与创新性进行评级，并给予相应的资金与政策支持。四是培育本土"新型旅游职业农民"。依据突出业绩贡献和经营管理能力，探索制定新型旅游职业农民评价管理办法；对新型旅游职业农民进行技能等级分类，支持符合条件并取得中、高级证书的新型旅游职业农民参加城镇职工基本养老保险。

3. 构建新型乡村旅游产业格局，富裕物质生活

一是提升乡村旅游的产业联动效应。推动旅游为特色农副产品、手工艺产品提供销售通道，扩大乡村旅游产业融合与拉动覆盖面。二是发挥乡村旅游产业的比较优势。采取科学化和差异化的发展思路，打造一批"乡村旅游致富示范村"，促进旅游产业"扩链增效"，切实带动农民增收致富。三是促进乡村旅游经营服务的智慧化。推动舆情信息监测、卫生环境监测、智能销售技术在乡村旅游经营中的集成应用，推出一批示范性的智慧休闲田园、智慧农家乐、智慧民宿，提升乡村旅游的经营发展效率与服务品质。四是实现"旅游＋农产品电商"的融合发展模式。依托乡村旅游发展形成的品牌效应，打造农产品电商销售平台，推动一批农民专业合作社、种养殖大户、家庭农场等新型农业经营主体通过网络销售地方特色农产品。

4. 积极营造乡风文明的旅游氛围，丰富精神生活

一是打造特色的乡村文化旅游场所。加强乡村电影院、戏剧舞台、文化礼堂、农家书屋等突显乡村本土文化特色的休闲娱乐场所建设，推动"文创活村"，打造"旅游社区＋艺术家"模式的创客工坊以及"旅游社区＋高校"模式的艺术写生与实践基地。二是注重优秀乡村传统文化思想的传承与弘扬。结合线上线下方式挖掘和弘扬乡村文化中和谐、互信、睦邻、诚信、仁义等优秀道德品质，释放血缘亲情和地缘人情的道德引导与伦理规范作用，培育文明乡风，营造和谐稳定的旅游环境。三是加强乡土文化资源的数字化保护。在区域范围内开展乡土文化资源的普查工作，建设一批"乡土文化旅游资源信息系统"与"数字乡村博物馆",用数字化手段保护文化遗产等的乡土记忆。四是注重乡土特色文化的传播。创新文化艺术形式,通过旅游表演推动乡土文化的艺术化与舞台化,并且定期开展与乡土文化相关的旅游节庆、乡村春晚、夜游集市等活动,激发乡土文化活力,实现有效传播。

5. 改善乡村生产生活条件,建设宜居宜业环境

一是完善乡村旅游基础设施建设。加快建设旅游综合服务区停车场、智慧旅游系统、有线监控、旅游公路、游步道、旅游公厕等一批旅游基础设施建设;设立乡村公共服务建设的专项扶持资金,全面落实推进村庄清洁行动、生活污水治理等重点任务,扩大数字技术在乡村旅游地生活中的应用场景,保障移动通信的城乡全覆盖,实现 5G基站的逐步推广。二是强化宣传教育。加大乡村环境卫生政策宣传力度,在乡村社区中设立环境卫生奖惩制度,约束农民做好环境卫生工作,创建绿色美丽村容村貌。三是做好"产业与生态"的有机融合。通过发展生态旅游业、生态农业等特色产业,在不破坏生态环境的前提下,盘活乡村自然资源,有效处理好"绿水青山"与"金山银山"的关系。四是完善生态补偿激励机制。建立各类生态产品价值评价标准体系,开展实物补偿、资金补充等市场化、多元化补偿实践,实现农民可持续生计与生态保护的良性互动。五是着力培育"生态公民"意识。采用广播、宣传栏、农民夜校等方式强化农民对于生态常识、生态经济、生态法治等内容的学习与了解,并适时开展相关的生态知识有奖竞赛,激发农民的主动学习意识,树立绿色生态的发展理念。

6. 提升乡村基层治理效能,确保公平有序发展

一是要强化党建示范引领。充分发挥村党支部的引领作用和党员的模范带头作用,组建"乡村旅游办公室"与"乡村旅游特色党支部",实现基层党建和乡村旅游发展的同频共振;支持在乡村旅游发展与乡村振兴过程中贡献突出的优秀村党组织书记参与乡镇领导干部选拔、乡镇机关公务员与乡镇事业编制人员考录。二是创新乡村旅游发展模式。在政府引导下,采用"公司＋合作社＋村集体＋农户"的乡村旅游发展模式,促进资源变资产、资金变股金、农民变股民,切实保障农民的知情权、参与权、发展权、财产权、经营权、决策权等各项权利,完善多元主体利益联结机制。三是建立健全动态返贫监测预警机制。支持村两委、合作组织与旅游公司联合开设乡村旅游专业指导小组,充分利用大数据智能分析技术,一户一档监测脱贫户生计情况,对贫困人员、低收入群体开展的乡村旅游经营活动进行全程跟踪指导服务;若发现潜在风险,及时给予有效的干预与扶持。

三、学术价值、应用价值及社会影响和效益

（一）学术价值和应用价值

（1）在研究视角上，将共同富裕与乡村振兴这两大时代关键命题，结合至乡村旅游的发展中，这不仅可以从理论上丰富乡村旅游的发展内涵，也可以从实践上为政府的乡村旅游政策制定提供良好的参考价值与启示作用。

（2）在研究内容上，通过构建共同富裕视域下乡村旅游高质量发展的水平评价指标体系，并分析典型的乡村旅游高质量发展模式，来拓展现有的理论体系，为探索共同富裕下的乡村旅游新路径提供对策建议。

（二）社会影响和效益

（1）课题论文等理论性成果可为农民农村共同富裕与乡村旅游相关研究提供理论性指导和新视角。课题论文《新发展阶段农民农村迈向共同富裕的困境、案例分析及实践启示》于 2022 年 7 月发表在 CSSCI 期刊《西南民族大学学报（人文社会科学版）》，截至 2022 年 10 月 25 日，CNKI 下载量 1527。课题论文《新型村集体经济何以带动乡村共同富裕——基于 ANT 视角的分析》于 2022 年 10 月发表在 CSSCI 期刊《西北农林科技大学学报（社会科学版）》。

（2）课题对策建议等实践性成果可为乡村旅游地巩固脱贫攻坚成果提供有效路径，为乡村旅游促进农民农村共同富裕提供策略保障，为农民广泛参与乡村旅游业发展提供智力支持。

（3）课题负责人基于多年研究成果和本课题研究收获，积极参与社会服务工作，特别在院校和实业界进行了多场相关讲座和培训以及开发咨询服务，体现了"知中国服务中国"的教育理念。

科技赋能大运河文旅产业提振路径研究

负 责 人：徐　宁

依托单位：江苏省文化投资管理集团有限公司

起止时间：2022 年 4—10 月

一、研究的目的和意义

大运河传承着中华悠久历史文明，积淀着中华民族深层次精神追求和文化基因。习近平总书记曾多次作出重要指示，要求保护好、传承好、利用好大运河这一祖先留给我们的宝贵遗产。多个国家级政策规划均强调要加快发展大运河数字文旅、加强科技赋能大运河文旅发展。

随着新冠肺炎疫情的常态化，大运河文旅产业发生着翻天覆地的变化，文旅界不得不突破传统，寻求新的发展路径。包括互联网、大数据、云计算、人工智能、区块链等在内的科技手段正在不断发展完善，科技赋能下的大运河文旅产业，可有效实现营建新生态、精细管理、改变消费模式、创造新业态、提升效率等。但是科技在赋能大运河文旅的发展中还处于初级阶段，面临着不少瓶颈性问题。

本课题以大运河文旅产业为研究对象，立足于国家战略和文旅发展新趋势，基于科技、文旅发展的规律，运用多学科交叉的新型学科运河学理论实现大运河文旅产业与科技手段结合的深度分析，系统回答在新环境下科技赋能大运河文旅产业发展的具体提振路径，实现科技与大运河文旅发展的高水平发展和方法创新，推动我国大运河文旅产业发展，也为文旅界乃至其他产业界提供方法与路径参考。

二、主要内容、重要观点、对策建议

（一）主要内容

研究报告分为五个部分：第一部分通过分析当前的政治、经济、文化方面的发展背景，并梳理现有的相关文献，为课题研究开展提供背景参考；第二部分对大运河文旅产业、科技等相关概念进行定义界定，并引入具体的研究方法；第三部分对科技赋能大运河文旅产业开展现状分析，主要通过国内外科技赋能文旅产业发展主要内容、科技赋能大运河文旅产业发展历程与现状、科技赋能大运河文旅产业发展主要瓶颈与原因三个方面进行分析；第四部分重点通过 SPS 案例分析法系统化分析大运河国家文化公园数字云平台项目，并进行案例梳理总结；第五部分通过总结前文的具体分析，探索得出科技赋能大运河文旅产业提振路径，从顶层谋划、国际经验借鉴、内容技术融合、发展模式、人才培养等角度提出具体提振路径和方法，为科技在大运河文旅产业的竞争力提升赋能发展提供参考。

（二）重要观点

1. 公共文化机构文化内容呈数据孤岛

2019 年 8 月，文化和旅游部等六部委发布的《关于促进文化和科技深度融合的指导意见》将"加强文化大数据体系建设"列为促进文化和科技深度融合的重点任务之一。我国拥有悠久的历史，文化内容数量巨大、品质也很高，文化机构基本属于事业单位，归属政府部门管理，目前各个文化机构虽然正在不断地开放文化资源内容，也在积极建设文化数据库，但面向公众开放的文化内容程度有限、趣味性欠佳，面向企业端开放文化数据合作内容更是动力不足，文化数据库目前状态是各建各的、品类繁多却难以互通。

科技赋能大运河文旅产业需要更多的文化内容为市场所用，因此一方面需要各类公共文化机构开放文化内容的应用，与社会各界积极形成合作，另一方面也需要在建设文化数据库的过程中形成互联互通。

2. 文化内容活化利用的供需矛盾较大

中央宣传部文化体制改革和发展办公室原副主任高书生将文化数字化分为"两侧"，"两侧"是指供给侧和需求侧，其中供给侧主要是指提供文化数字资源的资源端和进行文化资源再生产的生产端，如文化专网服务中心、文化科技企业等；需求端主要是指需要进行文化数字化的线上线下场馆，如博物馆、美术馆、城市广场等。

供给端可以提供的主要是文化内容和文化再生产后的产品，供给端内部本身也存在一定的矛盾，主要是文化内容在再生产成为产品的过程中遇到内容和技术之间的匹配实现问题；需求端需要更加符合公众预期的产品，更加符合实际需求、更具趣味性、更具吸引力。矛盾主要存在于一方面供给端提供的文化输出和产品应用无法满足需求端的市场需求，另一方面则是真正的市场需求无法被供给端真正获取。

3. 科技产业与文旅产业的融合力度不足

自 2018 年 4 月文化和旅游部正式挂牌成立以来，文旅融合就在不断前行，在此过程中，科技的力量也在不断赋能其中，但文化、旅游和科技三方的融合却有待进一步加强。目前主要存在以下四种情况：科技机构懂技术和实现，但内容生产匮乏；文化机构有文化内容和原始素材，但文化加工能力欠缺；文旅策划机构有创意思路，但文化来源不充分、科技应用能力欠佳；传统旅游类机构只在市场端运作，缺乏文化的深度介入和科技力量的加持。

虽然随着科技企业对文化的关注、文化机构对科技利用的重视、旅游企业在疫情影响下的应时而动，科技文旅类的企业在近些年不断发展壮大，但目前仍处于初步融合阶段。

（三）对策建议

通过对当前宏观背景、现有研究的分析，文旅行业目前仍处在传统行业发展阶段，产业的集成度、融合度较差。大运河文旅产业虽有其明确的主题文化 IP，更有国家战略加持，但是整体的产业发展较为无序而松散，科技手段的融合可以通过线上平台的打造完善、线下目的地的科技融入、线上线下产业链条的融合等方式进行创新整合与利用。

科技与大运河文旅产业的融合主要在三个方面：一是多种科技手段的融合，包括5G、云计算、物联网、大数据、人工智能、区块链、沉浸式营造技术等多种新型科技力量的使用，甚至发掘其他可利用的相关技术，赋能大运河文旅产业；二是全产业链的融合，包括 TOC（面向消费者）、TOB（面向企业）、TOG（面向政府）三个方向，从供给到需求的全方位的科技赋能；三是融合度的提升，文化和旅游的融合目前还处于初步探索期，存在较多的困难，科技、文化、旅游、大运河 IP 的融合更是一个难题，亟须探索更有效的融合方式。

1. 加强顶层谋划，逐步形成更加科学完善的管理体系

一是构建更加科学完善的政策体系。目前从国家级到省级、区域级的政策方向以"大运河""文化""旅游""数字化"为主要关键词，且基本各个要素分开制定政策，如《大运河文化保护传承利用规划纲要》《"十四五"旅游业发展规划》《江苏文化和旅游领域数字化建设实施方案》等，多是由文旅部门发布，且目前暂缺乏实施细则，对于云平台之类的国家级重点项目在落实过程中的全面引导力度还有待提高。由此可知，对于顶层政策制定而言，一方面建议大运河管理部门、文旅部门、科技部门联合制定大运河文旅产业与科技融合的发展规划和方案，另一方面则需要明确细则，让政策的引导更加准确、落实更加到位。

二是从顶层谋划落实打破区域壁垒、数据壁垒。由于大运河最丰富的遗存在江苏段，本课题主要研究江苏段大运河相关内容，但大运河流经了北京、天津、河北、山东、江苏、浙江 6 个省直辖市，其他省份也开展了政策制定工作，如天津的《天津大运河生态环境保护修复专项规划》，河北省的《河北省大运河文化保护传承利用实施规划》，浙江省杭州市的《杭州大运河国家文化公园规划》等，分别开展了国家对大运河战略的布局工作，且建立了运河工作领导小组，但是省份之间的互动较少、政策制定和具体工作无法形成顺畅联系。另外，江苏省内区域的沟通也较为困难，数据孤岛现象严重，在云平台建设过程中发现各地市的数据收集困难重重，一方面可触达性较低，另一方面数据统计口径不一，很难形成科学统计。因此，可以从顶层政策制定、互动工作机制确定、统一数据统计机制等角度深度开展谋划，逐步打通区域壁垒、数据壁垒。

三是利用科技赋能政府端顶层谋划，为管理端提供高效服务和精准建议。面对大运河文旅行业在政府端和企业管理端目前仍然较为传统的人工为主的管理方式，本课题提出针对管理方面科技赋能发展的相应方式：针对政府端，科技可帮助大运河文旅产业形成一套体系化的政府所需平台，协助政府部门更高效地了解大运河实时发展变化、大运河文旅的发展状态。针对企业端，科技可以协助企业更有效地了解市场，获得发展的精准建议；对于大运河相关文旅类的企业，科技可以让文旅信息的触达更高效、让现有文旅内容更有趣，对于科技类企业，科技可以协助匹配相应的文旅企业，拓展市场发展，更可以促进技术发展的完善度。

2. 学习国际经验，坚持政府主导并重视多方合作的作用

随着新冠肺炎疫情的常态化发展，国内外都更加重视科技赋能文旅的发展，如上文梳理，国际上有较多可以参考学习的发展案例，不仅可以学习借鉴技术手段，也可

以学习推进路径。

在技术使用方面，国内大运河文旅的科技赋能路径方面目前在元宇宙技术、人工智能技术等领域相对于国际而言稍显落后。大运河文旅的发展可在科技领域习人所长，将更前沿的科技引入我国并实际应用。

在推进路径方面，通过研究国内外案例可见，基本均为政府主导推进，制定相应的扶持政策，注重资金扶持与战略方向引导，并联合其他各类单位，如高校等科研类机构、通信大数据等技术类机构等，且允许试错成本的存在。

3. 坚持内容为魂，合理利用技术手段打磨精致活力项目

科技赋能但文旅仍然为魂，大运河文旅产业的发展必须坚定文化内容第一的地位。技术仅为手段，需要合理融合并考虑市场接受度，保证发展活力。

一是坚持文化内容为魂。中国大运河的历史悠久、文化深厚，科技能成为赋能加持的重要手段离不开其本身的文化背景。文化内容是否可溯源、是否具备吸引力是一个项目成功的关键。没有内容的科技手段只会打造出虚无的产品。

二是合理利用技术手段。大运河文化需要保护、传承、利用，除了传统的方式，更是离不开现代的技术手段，尤其在传承和利用的过程中需要依靠技术手段使其更受市场欢迎。但在技术利用的过程中更需要做到科学合理，一方面需要保证底线不被触碰，如区块链技术的使用在国内不可进行金融炒作，人工智能的使用需要考虑伦理与情感等，另一方面需要将科技利用到位，尽力提升精致化程度，满足游客求真求美的旅游心态。

三是文旅科技融合考虑，力争可持续发展。全方位推进科技手段与文旅产业融合，是升级大运河文旅产业链的重要方式。除了文化内容、技术手段的考虑外更要以旅游为可持续发展的载体，没有用户、没有游客欣赏的文旅项目是不可持续的。因此，需要主动积极思考市场化需求，了解需求后提供更匹配的供给。例如，云平台的运河星球线下展示部分经过实践的检验发现四格漫画体感互动设备在线下比较受欢迎，由此决定继续增加相关投入开展二期完善工程，通过考虑市场的实际需求做出的产品也将更有活力和竞争力。科技可以从提升内容体验度、增加消费点的角度着手，一方面利用科技手段让文化内容得以活化展现，另一方面以"＋旅游"的方式，让科技与文化结合的产物形成市场竞争力。

4. 创新发展模式，突破传统思路勇于创新开拓

以往第一、第二产业的发展往往是打造一款产品然后不断地复制，由于市场需求的趋同，复制也能收获较大的市场空间。但在强调差异性、否定标准化的体验经济时

代，文化旅游产业作为第三产业更加强调独特性、创新性，因此科技赋能大运河文旅产业的过程中更需要突破传统思路，而非简单复制。

一是关注内容创新，传统内容需要新创意。一方面要深度挖掘现有的大运河文化素材，寻觅到更多的原始素材，如案例中的云平台就通过知识图谱这个工具挖掘到了更多的文化内容，提供了更多可加工的深度素材；另一方面需要对现有的文化内容开展创意化的表达，用新创意将无趣的文化内容生动化呈现。

二是关注形式创新，原有模式需要新开拓。目前众多项目的开发有意无意地遵循着现有成功案例的模式，如最广泛使用的数字化应用是智慧文旅平台，但是随着诸如携程、同程、美团等互联网巨头的高速发展，新平台的发展空间很小。在科技赋能的过程中原有成功经验固然需要汲取，但在第三产业的红海市场中没有开拓创新就没有可持续的市场空间。比如，云平台建设的一代区块链平台运合始终链就遇到了数字藏品平台众多、发展空间受限的情况，由此开发的第二代美好始终链则致力于打造区别于现有平台的区块链电商平台。为目的地服务，并逐步构建文旅元宇宙世界。

5. 迭代人才培养，建立人才智库高效培养融合性人才

以往人才的培养更为强调专业度，如技术方面的人才只专注于技术能力，文化创意方面的人才只懂文化创意，旅游专业的人才只懂旅游发展。但在科技赋能大运河文旅产业的提振过程中，科技、文化和旅游融合发展方向的人才培养更加重要。专业性的人才培养不可丢失，但综合性的人才更需培养。针对目前的人才队伍情况，研究者提出以下几个方面的提升路径：

一是从市场发展角度而言，需加强人才联动与多方合作。注重构建多方合作的组织机构，如可以直接依托现有的科技学会、旅游学会等民间组织，通过定期举办研讨会、论坛等方式共同探讨学习，让文化、旅游、科技的力量相互碰撞，并积极构建专属的人才智库，最大化发挥人才效益。

二是从人才输送角度来看，需迭代人才培养的方式。培养高综合素质能力的人才，一方面高校应注重科技与文旅的综合性课程的开设、综合性人才的培养，如可以让主修旅游管理专业的学生学习了解人工智能方面的课程，让主修人工智能专业的学生学习了解文物考古相关的课程等，另一方面，政府部门、企事业单位则应关注综合性人才的培养与发展，在工作的过程中更加关注员工的综合成长，如文旅类的企业可以与人工智能企业形成人才共建机制和发展体系，寻觅可以共同培养人才的机会。拥有足够数量和质量的综合性人才和相关机构是科技赋能大运河文旅产业提振的动力源泉。

三、学术价值、应用价值及社会影响和效益

本课题从学术方面完善了运河学理论研究，为学术界提供方法与内容参考。为当前处于初级阶段的运河学理论研究提供了一个案例参考，并完善了从科技、文旅角度出发的运河学研究具体内容。为运河学、文化研究、旅游研究、科技研究等方面的学术界研究提供参考。

从应用方面可为政府以及其他大运河文旅企事业单位提供理论与实践参考，尤其在政策层面和管理层面。另外，由于江苏省文化投资管理集团有科技板块的项目布局，本课题所形成的部分成果将应用于实际企业工作实践中。

世界级旅游目的地的组织形态及建设路径研究

负 责 人：杨　勇
依托单位：华东师范大学
起止时间：2022 年 4—10 月

一、研究的目的和意义

　　近年来，中国各地掀起了打造"世界级旅游目的地"的热潮，世界级旅游目的地已成为多地旅游业发展的目标，但相关理论却落后于实践需要。从研究内容来看，以往关于"世界级旅游目的地"内涵及特征的研究和分析，多着眼于世界级旅游目的地的品牌形象、市场结构、业态产品、制度设施等外在维度，但是，关于世界级旅游目的地组织形态的分析明显不够，尚未建立旅游目的地组织形态的理论分析框架，缺乏对组织形态与世界级旅游目的地建设之间关系的深入探讨。这不仅不利于全面解析和理解世界级旅游目的地发展的内在机制、动力和路径，而且不利于探索世界级旅游目的地的发展路径。

　　从研究方法上来看，以往对于世界级旅游目的地的研究多以定性描述为主，缺乏系统可信的案例分析和比较研究。本课题结合典型实际案例，分析世界旅游目的地的组织形态演变与发展规律。借鉴国内外世界级旅游目的地的先进经验，重点研究世界级旅游目的地组织形态的理论和类型，探索世界级旅游目的地的建设路径，就如何建设世界级旅游目的地，提出相应的对策建议。

二、主要内容、重要观点、对策建议

（一）主要内容

本课题通过分析世界级旅游目的地的组织形态演变与发展规律，就如何建设世界旅游目的地，提出相应的对策建议。

1. 世界级旅游目的地组织形态演化动力

世界级旅游目的地组织形态是指世界级旅游目的地组织在时空中的形状与状态的表现，具体可表现为世界级旅游目的地的组织形式、存在状态和运行机制。世界级旅游目的地组织形态的形成及演化是一个动态复杂的过程，是资源引力、技术动力、市场压力和治理能力的合力作用的结果。

2. 世界级旅游目的地的组织形态类型及动力特征

根据权变理论，不存在一个固定不变的"最佳"世界级旅游目的地组织形态。从系统性、情境性和动态性三个方面出发，世界级旅游目的地的优势资源的扩张力、技术赋能的驱动力、旅游需求的拉动力、治理制度的推动力四种力量共同作用，共同促进世界级旅游目的地组织形态变革。据此，世界级旅游目的地组织形态大体划分为实体型组织、虚拟型组织、智慧型组织和共生型组织四大演进阶段和类型。

（1）实体型组织：传统世界级旅游目的地组织形态

实体型组织依赖世界级旅游目的地优势资源扩张带动，主要呈现出如下特征：一是呈现封闭式、有边界、纵向化、层级化等特点，资源内向式发展，组织形态呈现典型的"旅游生产商—旅游代理商—旅游消费者"的直线型单向式特征。二是技术变革扩大了世界级旅游目的地市场范畴，驱动世界级旅游目的地组织形态走向标准化。三是组织治理体系不断优化演进，组织形态逐渐突破封闭式体系，形成集群式结构。

（2）虚拟型组织：新型世界级旅游目的地组织形态

虚拟型组织依赖有效的治理推动质量提升，主要呈现出如下特征：一是产业生态圈内容愈益丰富多元，旅游产品类型由大众化、规模化、标准化向个性化、定制化和精细化转变。二是组织治理从因问题被迫治理的"他运转"转向为实现良性发展的主动"自运转"，网络式旅游平台企业成为世界级旅游目的地组织的核心主体。三是互联网正在用其底层技术重塑世界级旅游目的地组织形态，形成了围绕国内外游客多元需求为中心的网络化产业链模式。

（3）智慧型组织：现代世界级旅游目的地组织形态

智慧型组织需要技术持续赋能和需求的持续拉动，主要呈现出如下特征：一是价值创造来源被变革，强化了游客价值本位。二是价值创造主体被变革，组织整体成为价值创造主体。三是价值创造方式被变革，价值创造及实现转向共生演化，由以往强耦合关系保证下的"他组织"转变为弱耦合关系保障下的"自组织"。

（4）共生型组织：未来世界级旅游目的地组织形态

共生型组织是技术和需求的双重保障，主要呈现出如下特征：一是生态系统是未来世界级旅游目的地组织形态的基本取向，持续更迭的技术和旺盛的需求将是保持其世界级地位的重要力量，资源和治理作为基础要素保障共生型组织的生态系统良性运转。二是共生是未来世界级旅游目的地组织形态的核心本质。三是"整合＋扩容"是未来世界级旅游目的地组织形态的实现路径，组织形态发展为现代"自上而下"的"建构式"或"回应式"演进。

3. 世界级旅游目的地组织形态变革的对策建议

立足无边界组织理论，世界级旅游目的地组织形态变革要突破视野边界、时间边界、区域边界、管理边界，形成更具弹性更加高效的世界级旅游目的地组织形态。为此，要变革价值创造机制，提升多元客源结构服务能力。强化组织技术变革，实现数字引领产业高质量发展。打破组织内容藩篱，突破价值链发展"核心刚性"。推进组织结构系统性变革，强化"三链融合"与"多方参与"。促进产品结构转型升级，着力提高产业素质。提升品牌形象辨识度，构建开放式营销体系。优化组织治理机制，提升世界级旅游目的地管理水平。

（二）重要观点

一是以往研究多着眼于世界级旅游目的地的外在特征表现的分析，关于世界级旅游目的地组织形态的分析明显不够，这不仅不利于全面解析和理解世界级旅游目的地发展的内在机制、动力和路径，也不利于探索世界级旅游目的地的发展路径。

二是打造世界级旅游目的地，不仅要破解制约其发展的体制机制等宏观问题，还要破解制约其发展组织形态等微观机制问题。

三是资源扩张的带动、科技赋能的驱动、市场需求的拉动和治理面向的推动四大因素通过复杂的作用机制，不断地改变和重塑世界级旅游目的地组织形态的内涵与外延，共同促进了世界级旅游目的地组织形态变革。

四是根据权变理论，不存在一个固定不变的"最佳"世界级旅游目的地组织形态。

世界级旅游目的地组织形态可以划分为实体型组织、虚拟型组织、智慧型组织和共生型组织四大演进阶段和类型。

五是立足无边界组织理论,世界级旅游目的地组织形态变革要突破视野边界、时间边界、区域边界、管理边界,形成更具弹性更加高效的世界级旅游目的地组织形态。

(三)对策建议

1. 变革价值创造机制,提升多元客源结构服务能力

一是世界级旅游目的地要通过营造鼓励创新、宽容失败的创新文化氛围来提高创新能力和学习能力。打造"以旅游者为中心"的旅游业价值链,构造扁平化"网状"价值链及其治理模式管理,提升世界级旅游目的地旅游业发展的"柔性"能力,强化世界级旅游目的地旅游业满足国内外游客多元需求的速度和质量。

二是拓展客源市场,形成覆盖全球的多元市场结构。世界级旅游目的地要打好"组合拳",高效、精准对接优质国内外客源市场。整合优质文旅资源,结合泰国、韩国、新加坡、马来西亚等国客源市场特点,精准聚焦泰国、新加坡、韩国、马来西亚中高端客群。

三是着力提升世界级旅游目的地服务保障能力。畅通"迎客之道",推进旅游集散服务体系建设,科学布局好高铁站与世界级旅游目的地旅游接待中心和高速服务区的交通转换,加快形成"快进慢游"旅游交通大格局。讲究"待客之礼",着力构建多层次住宿体系,引进国际知名酒店品牌落户。精进"留客之法",积极丰富城区各大商业综合体、主要景区和特色场镇街区消费业态,拓展世界级旅游目的地游客消费新空间。提升"好客之品",加快世界级旅游目的地基础设施、服务设施、管理水平的升级换代,提升世界级旅游目的地环境品位。

2. 强化组织技术变革,实现数字引领产业高质量发展

一是把智能化作为世界级旅游目的地发展的战略制高点。以智能化推动世界级旅游目的地高质量发展,以智能化引领世界级旅游目的地现代化。

二是强化数据运用,实现数字助力。推动 5G+ 超高清、大数据、云计算、人工智能、物联网等新技术在世界级旅游目的地建设中的普及应用。发展世界级旅游目的地旅游服务数字化新模式,打造一批数字旅游骨干企业和产业集聚区,建设一批智慧景区、智慧剧院、智慧文博场馆。

三是实现数据整合,推动数据共享。建设世界级旅游目的地数字化资源平台,系统整合世界级旅游目的地数据资源,实现数据共享、信息互通、旅游联动。

3. 打破组织内容藩篱，突破价值链发展"核心刚性"

一是基于旅游业资源要素互补，促进旅游产业跨越行政地理边界。利用更为宽广行政地理空间范围的旅游业资源和元素，通过对优势资源的延展和其他地区旅游业互补资源的挖掘，构建世界级旅游目的地新的旅游业价值链竞争优势。

二是打通世界级旅游目的地旅游业价值链关键环节。世界级旅游目的地的旅游业应与更大范围的外部经济社会环境进行密切的交互，依托其强大的资源整合能力、现代化的传播能力与精准的预判分析能力，深度推进旅游业价值链重构。

三是面向未来，实现跨区域旅游业合作。世界级旅游目的地旅游业应该面向未来，在跨区域合作过程中着重关注旅游者的话语权，形成新的旅游业价值链运作模式。

4. 推进组织结构系统性变革，强化"三链融合"与"多方参与"

一是深入推进技术、产业、创新"三链融合"。以旅游产业链转型升级为导向，布局旅游产业链和创新链，促进创新旅游资源集成整合，以产业和技术发展的最新成果推动世界级旅游目的地组织结构流程再造，实现产业发展、科技创新的良性互动和多方共赢。

二是全面吸纳企业、旅游者、政府、社区"多方参与"。从企业、旅游者、政府、社区的多重身份和多元视角出发，构建各主体间的良性沟通协调机制。

5. 促进产品结构转型升级，着力提高产业素质

一是着力提高世界级旅游目的地旅游产业素质，提升旅游产业总体竞争力。突出"旅游+"和"+旅游"的产业发展模式，加快多产业融合，强力创新世界级旅游目的地发展业态。延伸世界级旅游目的地旅游产业链、拓宽产业面，打造以旅游业为重要功能的现代服务业集群，使旅游业的关联带动作用更加突出。

二是推动世界级旅游目的地旅游产品转型升级，突出中华文化体验。优化旅游产品结构，融合各地中华文化特色，个性化设计旅游产品，积极推进世界级旅游目的地旅游产品向体验旅游转型升级。

6. 提升品牌形象辨识度，构建开放式营销体系

一是充分依托优势资源，打造易辨识的目的地品牌形象。立足目的地优势资源，寻找具有目的地代表力、吸引力、竞争力的品牌要素。依托独特要素，对世界级旅游目的地独有元素特征（包括旅游资源、人文历史等）进行抽象化，实现符号化等价传播，塑造鲜明的世界级旅游目的地品牌形象。

二是动态管理目的地品牌，构建开放式营销体系。维持较高频率品牌动态管理，推动目的地品牌与时俱进。扩大品牌营销视野，建立效能强大的世界级旅游目的地品

牌传播媒体，积极利用活跃在国际各大社交媒体的"网红"，与影视、新媒体等产业展开深度合作，构建更为开放的目的地营销体系。

7. 优化组织治理机制，提升世界级旅游目的地管理水平

一是转变政府角色，确保各方有序参与。世界级旅游目的地要主动适应国内外旅游新形势、新变化，坚持"政府主导，社会参与，市场化运作，产业化经营"，加快建成世界级旅游目的地，彰显中国软实力。政府要逐渐退出主导地位，转而承担目的地组织系统中的协调者和服务者角色，确保各方利益相关主体的有序参与。

二是优化组织领导体制和工作机制。其一，加强制度、策略、方法、实施路径顶层设计和统筹推进，通过数字化改造，打破世界级旅游目的地内部各部门之间的边界藩篱，提升各部门之间的统筹协调能力和治理效能，实现世界级旅游目的地内部治理体系和治理能力的现代化。其二，探索旅游集团股权改革，研究以旅游企业为主体、股份为纽带、市场化运作的世界级旅游目的地产品开发服务保障体系的组建工作。其三，强化社会化治理，通过协会组织、俱乐部、志愿者等方式，鼓励居民、游客参与世界级旅游目的地评价与管理，形成多方参与的社会化治理机制。其四，充分利用数字治理等现代科学技术，提高世界级旅游目的地现代治理能力，探索世界级旅游目的地数字化治理中国经验，围绕管理体系运行效率提升、多维度深层次的评价标准变革等关键点，实现从适应服务转向支撑引领。

三是打造纵向到底、横向到边的组织网络。其一，以高质量发展为核心，优化行政管理职能运行体系，敢闯敢试，试点进行世界级旅游目的地旅游行政管理体制改革，探索成立"旅游委"，解决集中行政执法问题。其二，推进世界级旅游目的地内部体制综合改革，打破影响世界级旅游目的地发展的条块分割节点和管理制度桎梏，使世界级旅游目的地内部管理的系统驱动层次更加分明、运行更加顺畅、激励更加有效。其三，强化世界级旅游目的地数字化建设，提升相关数据的采集、处理、计算能力，建立一盘棋的协调机制，优化世界级旅游目的地决策流程和治理流程。

四是从政府层面、市场层面和行业层面进一步提升对外宣传的专业化和国际化水平。在政府层面，强化中国签证政策的宣传工作，高效、精准地吸引国际游客。在市场层面，依托跨国旅游企业，精准把握国际游客需求，有效宣传世界级旅游目的地旅游产品和服务。在行业层面，依靠旅游行业组织和企业的力量，以更加平民化、更加具体、更加生动的方式，宣传世界级旅游目的地的产品和服务，增强国内外游客的接受度。

三、学术价值、应用价值及社会影响和效益

世界级旅游目的地的建设要顺应人民对美好生活的新需求。后疫情背景下，国际旅游供应链受阻，旅游消费向国内回流，做好世界级旅游目的地建设，更能满足人民多样化、动态化的旅游需求。当前，国内外游客对旅游服务的关注已从"有没有"转向"好不好"，普遍呈现个性化、品质化的典型特征，更加希望通过快速敏捷地获取各类旅游服务来优化自身旅游体验的效用。然而，现实中许多世界级旅游目的地仍基于传统的目的地组织形态提供标准化的服务，这不仅加剧了世界级旅游目的地供给和游客需求间不相匹配的矛盾，也阻碍了世界级旅游目的地旅游业的转型升级，使之难以充分利用国内外市场的规模经济优势提升自身的竞争力。

打造世界级旅游目的地，不仅要破解制约发展的体制机制等宏观问题，而且要破解制约发展组织形态等微观机制问题。但是，以往研究对世界级旅游目的地的基础理论研究不充分，导致各地在建设世界级旅游目的地过程中缺乏有效的理论体系支撑，建设路径不够明确。本课题一方面通过构建世界级旅游目的地的组织形态分析框架，全面深化对世界级旅游目的地建设和发展规律的认识；另一方面，研究分析世界级旅游目的地的组织形态，不仅有助于制定行之有效的帮扶政策及时调整目的地的组织结构，实现目的地旅游发展的结构升级，而且有助于探索和明确世界级旅游目的地管理的可行性建设路径。

基于文化形象传播的国家旅游
国际话语权提升研究

负 责 人：应天煜
依托单位：浙江大学
起止时间：2022 年 4—10 月

一、研究的目的和意义

随着中国综合国力和国际地位不断提升，中国日益走近世界舞台的中央。立于世界民族之林，中华民族伟大复兴势不可当，因而加强国际传播能力建设，形成同我国综合国力和国际地位相匹配的国际话语权，已经成为摆在我们面前的一道"必答题"。增强更基本、更深沉、更持久的文化自信，提振民族复兴的精气神，繁荣文化事业和文化产业，在国际范围内巩固和发展最广泛的爱国统一战线，离不开中国话语和中国叙事的纵深构建，离不开中国故事和中国声音的广泛传播。

旅游一直是文化交流、文明互鉴的核心组件，一直是对外展示中国形象的重要窗口，一直是中国推动人类命运共同体的生动注脚。展现可信、可爱、可敬的中国形象，推动国际社会形成普遍共识，需要着重关注依托文化内核的旅游国际话语权塑造，需要广泛研判城市旅游国际形象构建，需要深刻探讨旅游国际传播的叙事策略与行动方案。

随着全球新冠肺炎疫情渐渐企稳，我国入境旅游预期在不久的将来能够逐步放开。但也要看到，进入后疫情时代，我国的入境旅游发展在如何重塑国家和目的地文化形象、旅游产品开发和我国旅游国际话语权提升等方面仍面临一系列新的挑战与机遇。首先，入境旅游市场营销与推广的实施主体、内容形式和传播渠道长期相对单一，对国际旅游市场差异化需求的有效响应不足，影响了国际游客对我国目的地形象的感知与认同；其次，入境旅游吸引物依旧以传统的自然山水和历史人文资源为主，大量的潜在优势资源尚未得到充分挖掘，造成旅游产品同质化严重，旅游消费水平低且结构单一；最后，过去近三年的新冠肺炎疫情防控给我国的国家和目的地文化形象以及入境旅游发展带来了巨大冲击，今后一段时间仍将面临消除疫情负面影响，促进入境旅游市场尽早复苏的挑战。

本课题旨在探究关键目的地文化形象元素的多维度、场景化编码，系统化表征以及跨文化传播的方式和路径，为发展入境旅游、提升国家旅游国际话语权提供理论视角和实操对策。

二、主要内容、重要观点、对策建议

（一）主要内容

本课题通过三个子研究设计，分别从传播主体、传播内容、传播受众以及传播渠道这几个角度切入，对我国主要入境旅游目的地的海外传播能力、中国文化传播者和传播内容影响力以及中国文化内容传播的有效方式进行了系统分析和案例研究。从研究方法上来讲，主要包括基于大数据的传播力指数模型构建与应用分析以及代表性海外文化传播策略的深度案例分析两大部分。依托跨平台的数字媒体舆情数据与鲜活案例，本课题从城市层面构建了多维度、多视角的中国城市目的地形象国际传播指数体系，从主体层面洞悉了中国文化顶层传播者的内容生产与传播效能，从标杆个体层面剖析了受众情感倾向于叙事偏好，以期深刻认识新形势下加强和改进国际传播工作的现状与困境，探讨科学决策、协同强化国际传播能力建设的解决方案，为形成同我国综合国力和国际地位相匹配的国际话语权作出积极贡献。

（二）重要观点

研究发现，此前西方国家主导国际传播叙述格局没有根本性逆转。面对错综复杂的国际局势，我国的城市形象国际话语营造仍然缺乏对区域特色文化的关注，总体呈现"城市形象海外传播力冷热不均，国际话语体系结构性失衡"的局面。加快国际传播能力建设，全面提升国际传播效能，需要着重解决内容、渠道、受众、保障四个方面的结构性失衡问题。

1. 内容乏善可陈，文化融合不够深入

我国是拥有广阔疆域国土、悠久历史传统、深厚文化积淀的"文明型国家"，然而我国各个城市的海外形象传播内容上缺乏文化的有机融合，叙事方式上传统且单一，城市旅游国际话语和符号缺乏有效生产。官方和民间传播力量存在割裂的状况，出现了"官弱民强"的局面。此外，部分旅游热点城市的国际形象塑造认知不够高，缺乏广泛的地域合作，甚至在对外交流上鲜有涉入。

2. 渠道滞涩不畅，媒介互动仍欠优化

传播媒介是城市旅游国际话语权的核心，是世界了解城市、了解中国的桥梁。当前我国各重点旅游城市对海外传播渠道的建设处于割裂状态，各个平台的信息缺少联动与持续强化。此外，新兴传播渠道的建设相对滞后，尤其缺乏对短平快的视听属性的社交媒体的广泛关注。在推特传播能力正在不断减弱的背景下，对于海外粉丝吸引力更强的 TikTok 平台，我国仅 3 座城市创建了官方账号。

3. 受众难以共鸣，精细引导急需推动

受众是城市话语传播面向的直接对象，精细化受众管理是增强传播力的制胜绝招。然而，我国各个城市的官方媒体仍然以内宣的单一形式面向纷杂的世界舞台，谋求大而全的叙事方式而难以激发受众情绪共鸣，平铺直叙而忽略海外文化的特殊性导致文化交流不畅。缺乏舆情研判与受众监测导致抹黑言论甚嚣尘上，不仅在受众层面缺乏迭代演进的对话协同，甚至损害了城市旅游形象。

4. 保障制度缺位，人才供给亟待跟进

我国城市旅游国际形象与国际话语的构建仍然处于早期阶段，缺乏长效经验积累，缺乏完善保障体系与制度托底。城市国际旅游宣传平台缺乏经验，面对争议性话题的辐射连带效应，难以积极应对国外长期累积的话语霸权。缺乏中国特色情境与西方传播理论的有效结合，缺乏完善的制度与政策扶持。在人才层面忽视了个体内容创作者，缺乏对意见领袖的关注与培植。

（三）对策建议

基于研究，本课题围绕如何推动文化传播事业高质量发展，实现旅游国际话语权共促共建提出以下六个方面的对策建议。

1. 文化内核立本立真，熔铸中国特色

文化内核是国际传播力的源头活水，是信息发送内容的本质属性，是受众对话的坚实基础，讲好中国故事，传播好中国声音，需要充分挖掘优秀的传播文化与区域特

色文化，需要熔铸深刻的中国特色和中国精神。坚持以"中国梦"为核心的文化符号向世界传递中国价值，述说脱贫攻坚、共同富裕、乡村振兴等一批融通中外的新概念、新范畴、新表述，广泛宣介中国方案是贡献中国智慧力量、推动中国参与全球治理的应有之举。传统文化和区域特色文化是中国人民的劳动结晶，构建城市旅游国际话语需要坚持以文载道、以文传声、以文化人，既开放自信也谦逊谦和地向世界阐释推介更多具有中国特色、体现中国精神、蕴藏中国智慧的优秀文化。各地区、各部门应发挥各自特色，展示出丰富多彩、生动立体的城市形象，在地域联动上打造"东西携手，山海相扶"的传播互补模式，在城市区域上构建"优势突出，强强联合"的传播合作格局，在城乡区域上形成"生活即美，交映成趣"的传播东方美学。

2. 内容创作提质提效，讲好人民故事

城市国际话语传播既是面向世界的形象宣传，也是展现人民的精神力量。做好城市旅游国际形象构建，需要根植于人民的劳动实践，积极运用各种生动感人的事例，说明中国发展本身就是对世界的最大贡献、为解决人类问题贡献了智慧。坚持绿色发展的理念，通过充满温情和认同的表达让绿水青山走出国门，面向世界。国际话语的塑造过程中既要有事可述，也要有情可共。在内容生产上，坚持下沉一线，做好原创，与广大人民群众学在一起、想在一起、干在一起；在叙事形式上，主动融入世界多元文化，避免用"大而全"的内宣方式来开展国际传播，注重通过"小而美"的人和事作为切入口，让国际受众感受到温情和认同，发挥润物无声、积少成多的作用，用海外普通民众听得懂、易理解、能接受的"语言"讲好"中国故事"。同时，面对持续复杂的国外舆情局势，需要主动应对有色眼镜和话语霸权，以有风骨、敢亮剑、接地气的新语态持续引领国内外舆论场，坚决不被反华势力"牵着鼻子走"。

3. 业态嵌入拓宽拓深，创新多元叙事

在全球范围推动思想、文化、信息的传播、共享和激荡，互联网推动国际传播格局发生深刻变革，对我国城市旅游形象国际传播能力建设提出了新要求。避免路径依赖，城市形象的国际展示需要引入多元业态，讲好不同领域不同特色的传播故事，形成业态为传播提供特色内容，传播为业态培植国际声誉的良性互动。深刻把握茶文化、汉服、本地传统美食等新兴热点文化元素的挖掘，融入二次元、电竞等潮流圈层文化业态，做好组合创新，将组织优势、业态优势、人力优势转化为传播优势。拓宽传播平台，用好重大活动的群体带动效应，用好中华传统节日的重要载体，广泛调动体育赛事、文博场馆等特色文化流量入口，协同宣传共筑城市多元形象。强化各种形式的人文交流活动，把"自己讲"和"别人讲"结合起来，通过多种途径推进我国同各国

的人文交流和民心相通。依托云计算、大数据、人工智能等新技术快速发展的窗口，把握新应用和新业态，拓宽阵地、情感共振，形成全覆盖、全圈层的传播影响力生态体系。

4. 受众引导做精做细，激发情感共鸣

在网络传播的时代，用户是以数据形式存在的最重要的资源，因此用户研究和洞察是一切国际传播的出发点。展现国际知名的城市形象需要着重提升用户研究和洞察能力，发掘受众的关注点、兴趣点、对话点，尤其注重与受众的主动交流与积极对话。可持续的传播过程需要尤其关注年轻受众，联动各个职能部门，立足当下、放眼长远，引领年轻受众认知真实立体全面的中国，争取更多同行者、理解者和支持者。更好发挥高层次专家作用，利用重要国际会议论坛、外国主流媒体等平台和渠道发声。同时，视频化、社交化、场景化，更重视互动、服务和体验，重视用户黏性，圈层传播已经成为互联网社会中基本的传播形态和传播方式。"一篇通稿打天下"的传播实践早已无法适应当下的国际传播格局，推进受众导向的传播策略实施，需要完成从"统一策略"向"一国一策""一群一策"转变，打造分异化的受众互动社区。懂得传播对象群体的思维方式和价值观，采用贴近不同区域、不同国家、不同群体受众的精准传播方式，推进中国故事和中国声音的全球化、区域化、分众化表达，增强国际传播的亲和力和实效性。

5. 渠道融合互学互鉴，增强交流对话

渠道建设一方面要布局和联动多个外宣媒介平台，另一方面需要打通官方和非官方传播话语的壁垒，积极融合、协同建设全媒体、多主体的联合传播渠道生态体系。深刻把握信息时代国际传播规律，统筹内宣外宣，打通网上网下，推进国际传播工作构建新格局、开辟新境界、取得新成就。发挥好新兴媒体作用，增强对外话语的创造力、感召力、公信力，在借助主流平台发声的同时，也需要不断加强自有传播平台建设。要顺应信息化、数字化潮流，充分利用 Facebook、Twitter、Youtube、TikTok、Instgram 等海外社交媒体平台，及时发布文字、图片、视频等资讯信息，以寻求共识、展开对话、非正式的方式加强与粉丝的互动交流，增强与信息接收者的"黏合度"。拓宽传播渠道，既要强化官方对外传播主阵地建设，更要充分利用和培育海外社交媒体，加强国际传播的"副阵地"建设。广泛发动中外民间团体、新闻媒体、研究机构及公众人物的力量，以非官方、接地气的话语风格沟通传播。

6. 保障体系共建共享，提升治理效能

保障体系建设是一个持续跟进、迭代更新的长期过程，也是为城市旅游国际形象

传播保驾护航的核心工程，需要多个主体共同发力。制定和完善国际形象传播的促进政策、托底政策和监管政策，打造国际话语构建和传播效能的评价标准和体系。积极推进政企合作、深化产学研互动，完善教育、培训、就业等集成化、流程化人才培养体系，建设适应新时代国际传播需要的专门人才队伍。优化数字化、精细化社会服务供给，为对外传播提供坚实的物质基础保障。依托大数据舆情研判与协同治理，加强国际传播的理论研究，掌握国际传播的规律，构建对外话语体系，提高传播艺术。做好舆情危机检测工作，积极主动、及时有效、敢于亮剑地响应、对话受众意见，做好危机学习工作，持续完善舆情管理工作体系。

三、学术价值、应用价值及社会影响和效益

相对于现有的研究，本课题在学术、应用与社会层面都具有独到的价值和意义。在学术价值上，首先，本课题有利于改变目前从传播和外交视角研究国家文化形象和从旅游管理视角研究目的地形象两者相互独立的局面，真正实现传播和旅游两大领域的学科交叉融合与相互促进；其次，本课题有助于拓展国家和目的地文化形象建构与入境旅游消费研究的广度和深度，有利于解决国家文化形象建构过程中一直存在的矛盾和难题；最后，本课题有利于丰富"新公共外交"的研究视角和学理内涵，为多元文化背景下的国家文化形象治理、入境旅游发展以及旅游国际话语权提升提供理论依据和专业化工具。

在应用价值上，本课题有利于推进国家文化形象和目的地文化形象的多元协同治理与提升，解决目前国家文化形象建构存在一定程度的文化符号老化和文化形象单一的问题，为国家和城市目的地形象的塑造与传播策略的制定，提供国家行为和媒介议程之外的参考，服务国家"四个大国形象"战略，以提升国家软实力和文化影响力，最终实现文化强国的"中国梦"。

新文旅战略型人才培养体系创新与模式探索

负责人：韵　江
依托单位：东北财经大学
起止时间：2022 年 4—10 月

一、研究的目的和意义

（一）研究目的

"十四五"时期，文化和旅游发展面临重大机遇，推动文化和旅游高质量发展、深化供给侧结构性改革亟须新文旅战略型人才储备。本课题旨在明确文旅融合背景下产业、行业对人才培养提出的新要求，通过对新文旅、战略型人才内涵的剖析，厘清人才培养价值，重新定位新文旅战略性人才教育的培养目标，通过要素构建与体系创新探索可复制、可推广的新文旅战略型人才实践路径。

（二）研究意义

文化和旅游在展示国家形象、畅通国内大循环，满足人民日益增长的美好生活需要等方面发挥着重要作用。新文旅高质量发展必然需要高质量的新文旅战略型人才供给。在此背景下，本研究的开展具有理论与实践双重意义。

1. 理论层面

通过对新文旅内涵、战略型人才蕴含的挖掘明确新时代人才培养的目标，并基于教育学、管理学等跨学科理论的整合，构建新文旅战略型人才培养理论框架，丰富了现有文旅人才培养的研究成果，具有一定的理论意义。

2. 实践层面

调整旅游学科结构以适应新发展格局需要，将可复制、可操作的经验做法进行推广，以可持续高质量的新文旅战略性人才供给支撑文旅产业革新及转型，是紧盯国家战略需求、深度融入社会发展进程的主动作为，也是高校作为支撑产业发展人才高地"国之重器"的行动自觉。

二、主要内容、重要观点、对策建议

（一）主要内容

第一，新文旅战略型人才培养悖论识别。从宏观、中观、微观层面分析新文旅战略型人才的供需悖论，表现为高质量发展战略的人才供需悖论、行业高层次人才供需悖论、企业高效率发展的人才供需悖论三方面。

第二，新文旅战略型人才培养的价值厘定。本课题对于新文旅的科学内涵和战略型人才的特性进行深度解析，并强调了新文旅战略型人才培养的价值诉求，在人才培育过程中注重人的全面发展，还要切实关注人才培养与市场需求的适配性。

第三，新文旅战略型人才培养模式要素构建。在深入调研分析现有培养模式的问题、厘定新文旅战略型人才培养价值的基础上，开展新文旅战略型人才培养模式要素构建，这一过程包含人才培养目标确定、教学课程体系创新、教学师资完善、教学范式改革四部分内容。

第四，新文旅战略型人才体系创新。选择教育生态理论为指导理论，强调要协调育人体系中的各个利益相关者，使各项教学工作形成动态调整的生态系统。基于此，探索新文旅战略型人才培养体系的生态建设，致力于形成动态、良性、协同优化的教育生态。

（二）重要观点

第一，我国文旅人才数量和质量与现阶段产业发展需要不相符。经过实践研究发现，无论人才培养目标、人才培养模式等均与当下的文旅产业发展要求衔接不畅，未能结合战略特质培养出具有高素质的文旅人才，继而导致产业需求与人才供给不对等，无法实现产业高效率的发展目标。

第二，新文旅战略型人才应具备顺应新趋势、突破产业边界、富含多重价值的特质。新文旅战略型人才对新时代的发展具有较强的敏锐性，能够顺应国家战略的新趋势，在此基础上，可以突破产业边界限制，带动产业内外经济、社会效益的提高，在新业态不断涌现的过程中，抓住机遇，积极赋能文旅产业发展。

第三，新文旅战略型人才培养模式要素的构建应坚持"固本强基"与"融合创新"相结合。新文旅战略型人才的培养应将旅游基础理论教育和实践教育的融合与互通为基石，开展新文旅战略型人才培养模式要素构建。基于此，通过高效率的培养方法强化学生的理论知识和实践技能学习，全面提升新文旅战略型人才的科学研究能力与实践创新能力。

第四，新文旅战略人才培养体系的建设应致力于形成动态、良性、协同优化的教育生态。新文旅战略型人才培养体系的建设既需要教育系统内部各要素之间相互制约、相互作用、相互影响，还需要高度重视教育系统与其周围的生态系统进行能量、物质、信息互惠。

（三）对策建议

本课题结合"新文旅战略型人才培养悖论识别"和"新文旅战略型人才培养的价值厘定"分析结果，对新文旅战略型人才培养体系创新提供针对性对策，包含"新文旅战略型人才培养模式要素构建"以及"新文旅战略型人才体系创新"两个方面，具体内容如下。

1. 新文旅战略型人才培养模式要素构建（图 1）

图 1　新文旅战略型人才培养模式要素构建

（1）确定人才培养目标

本课题指出，高层次文旅战略型人才培养目标的确定要面向旅游行政管理、企业管理、专业技术、智库建设等多个领域，紧跟国家战略方向与市场发展方向，如针对全域旅游、文化旅游融合、旅游外交、旅游公共服务等新领域，冰雪旅游、研学旅游、医疗旅游等"旅游＋"融合新业态，云计算、物联网、大数据、5G 等科技"＋旅游"新应用等培养高层次人才。并且，需要各个高校从全国层面做好自身的学科定位，结合自身优势特点进行人才培养目标的制定，以达到拓宽人才培养出口、优化人才培养结构、错位满足市场人才需求的效果。另外，本课题还将"分类培养"的理念灌输到旅游专业人才培养路径中，这有助于整合资源带动优势学科和特色学科的发展，这有助于突破旅游人才同质化培养的局限，为优化现有旅游教育路径提供了方向。

（2）创新教学课程体系

本课题提出，高校需要通过优化、整合国内外优秀前沿课程和师资，以建构主义学习理论为指导，创新教学课程体系，全面提升战略型人才的科学研究能力与实践应用能力。具体表现为三方面：其一，应当围绕社会需求与个人发展开展课程设置。课程体系建设需要转向更多根据社会需要目标来设置课程，将学生高位就业与自我实现发展目标相结合，摒弃围绕专业知识建构课程体系的思路，转为以知识够用为原则，着重培养学生的家国情怀、人文素养与实践能力等。其二，以专业方向为单位，完善多维课程体系。在课程设置时要拓宽专业口径，既要在学科内纵向延伸，还要在学科间横向拓宽，在该过程中，需要根据国家文旅战略发展方向，准确研判文旅发展趋势，及时增加、调整专业方向。其三，推动优质课程资源共建共享。在国际层面，要提升国际化办学视野，不断吸取国际优秀经验，更新教学观念，积极推进国内高校与国际知名旅游院校的合作。在国内层面，开设旅游管理专业的高校之间要用好中国旅游研究院等学术平台、中国旅游科学年会等研究成果交流平台开展合作，形成国内旅游管理专业教育合力。在校内层面，要主动与"文化＋""旅游＋"相关学科与专业进行交流融合，积极开展校内跨学科课程资源共享，推动适应文旅产业发展新形势的跨学科教材建设和数字化课程资源共建共享。

（3）完善教学师资建设

高校应该围绕战略型人才培养目标，实施学术导师、实践导师、思政（行政）导师一体培养的多导师制，打造结构合理的高水平师资团队。这表现在四个层面：其一，高校可以通过柔性引进等方式，整合国内外高校的优秀教师资源；其二，应做好不同类型教师在人才培养当中的角色定位；其三，以成果为导向强化教师的参与感，鼓励高职称、高学历教师参与本科教学过程,推进教师实践、实训教学成果转化和认定的工作;其四,打造多元化、跨行业、跨圈层的实践共同体,以产教学研一体化提升教学共创效果。在该过程中,应注重教师培训,例如,鼓励教师参加国培、省培等专业通用知识性的培训班,甚至通过真实有效的项目培训帮助教师完成职业素养的提升,充分利用各类平台为旅游管理专业教师的成长注入动力。

(4)教学范式改革

本课题提出,应当以知识转移理论为指导,摒弃传统的"教师权威型"教学范式,以知识转移理论为方针,开展教学范式的哲学反思、方法改革和实践应用。具体表现为三种范式:其一,以互动为核心打造教学相依氛围;其二,通过实践教学培养学生的专业认同感与职业成就感,高校应充分认识实践教学对于学生成长与对口就业的重要性,将实践教学摆在与理论教学同等重要的地位,明晰实践教学目标,对文化旅游实践教学体系进行科学的统筹规划与设计安排;其三,通过深化创新创业教育提升学生的核心就业竞争力,在该过程中,高校主动与文旅龙头企业建立联系,建设产学研一体化平台,遴选优秀学生开展校企联合培养,以项目带动,重视学生理论学习向实践转化。另外,应该以学院文旅创新创业大赛为抓手,以赛促学,以赛促创,基于此,驱动旅游专业教学范式的深层次改革。

2.新文旅战略型人才体系创新(图2)

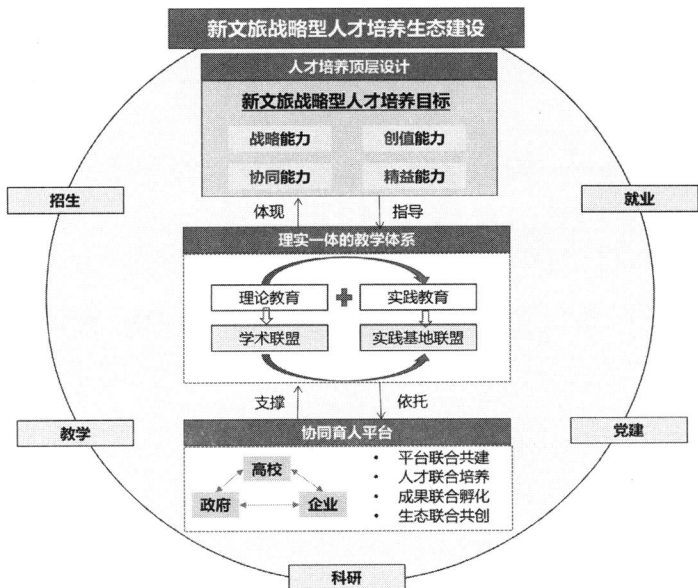

图 2　新文旅战略型人才培养体系

（1）明确新文旅战略型人才体系构建顶层设计方向

本课题提出，应当以新文旅战略型人才培养的理念和目标作为顶层设计的方向，将战略能力、创值能力、协同能力、精益能力作为文旅产业人才培养的核心目标。

（2）以"理实一体"为方针创新教学实践逻辑

本课题建议，新文旅战略型人才培养的教学体系建设需要实现"从理论到实际"的知识转移（图 3），加工过程中实现"理论—教材—课程—实践"的形态变迁。并且，对于学术联盟与实践联盟的建设要坚持以下两点：其一，通过实践基地联盟将学生培养的顶层设计和社会实践有机结合，例如，通过与文旅头部企业"搭建实践基地"等方式，夯实协同育人平台。另外，应积极为学生参加专业竞赛提供平台支撑，即通过学科竞赛平台实现多形式、多层面、多内容的"特色化"人才培养目标，例如，聚焦学科专业竞赛，突出学院学生的专业素养，鼓励学生参加全国大学生红色旅游创意策划大赛、"尖锋时刻"全国酒店管理模拟大赛等，或支持学生围绕核心技能参与多方面的大型竞赛。其二，应着力组建学术联盟，为科研能力进阶提供平台支撑，高校应积极与中国旅游研究院、省文旅厅、市文旅局共同创建多所科研和智库机构，通过参与各种项目提高研究能力，提升学科学术声誉与社会影响力。与此同时，应通过开发数据化平台，利用数据规模化、特色化、前沿化的特点，聚焦热点问题，提升科研能力。基于特色实验室建设，实现跨场景旅游智能体验，打造远程智慧教室，结合案例教研中心的建设，构建文旅融合特色案例库。

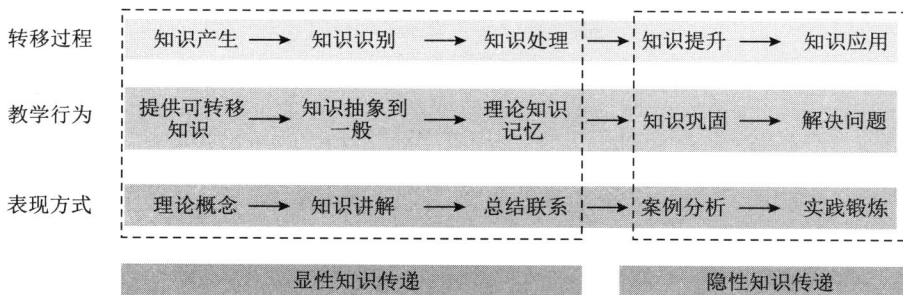

转移过程	知识产生 → 知识识别 → 知识处理	知识提升 → 知识应用
教学行为	提供可转移知识 → 知识抽象到一般 → 理论知识记忆	知识巩固 → 解决问题
表现方式	理论概念 → 知识讲解 → 总结联系	案例分析 → 实践锻炼
	显性知识传递	隐性知识传递

图 3　知识转移过程

（3）以协同育人为主导创新育人平台

本课题提出了发挥协同育人主体合力、突出三方协同效应，优化旅游管理专业协同育人的重要途径。具体而言，政府部门应从指导思想、培养目标、施行机制、监督体系、评价方式等多角度完成顶层设计，明确各主体的责任与义务。通过建立政府内部协调联动机制，搭建涵盖财政、税务、市场、教育、科技和人社等部门之间的联动机制。与此同时，政府应建立专项监督小组，由政府负责人任组长，旅游学科设立高校与合作企业为组员，从制度层面确保协同育人机制完整有效；高校应以"优势互补、资源共享、互惠互利、共同发展"为原则，积极与政府部门、企业合作，共同创建科研、智库机构和实践基地等；企业应主动参与规划协同育人培养机制，制定符合学生学习阶段性和联动性的培养机制（图4）。例如，积极与战略合作企业持续发展与推进基于品牌建设的战略共创机制，基于教学科研的知识资源共创机制，基于案例研究基地、实验中心的实体共创机制。

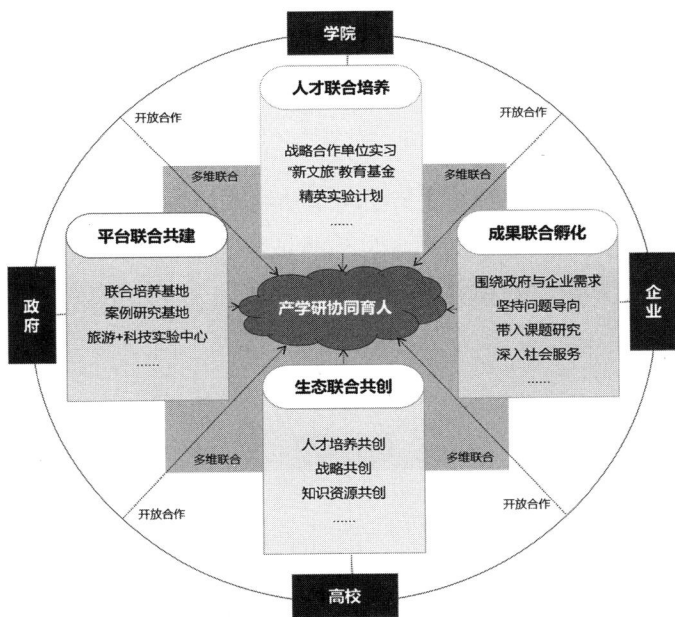

图 4 产学研协同育人机制

（4）注重学院职能生态创新

本课题提出，应建立从招生、教学、科研到党建、就业的学科生态体系，以学院职能生态服务于理实一体的教学体系与协同育人平台，始终以人才培养为核心，不断地改善自身的功能作用，进而助力实现人才培养目标。具体而言，要借助信息化力量，构建互联互通、开放共享的大数据平台。另外，新文旅战略型人才培养体系应始终随着产业实践的发展和学术研究的进步而不断地优化，并且人才培养的教学内容和方法要根据学术研究的进步而优化。在此基础之上，人才培养的主体也要进行不断的整合和改进。与之同时，学院职能部门要不断地改善自身的功能作用，优化学院生态建设。

三、学术价值、应用价值及社会影响和效益

（一）学术价值

首先，本课题构建了新文旅战略型人才培养的理论框架。以文旅人才培养的悖论为切入点，明确新文旅战略型人才培养的价值诉求，从要素构建到培养体系创新的探究，以整合的视角分析文旅人才培养的路径，丰富了现有研究成果。其次，本课题的研究结合了跨学科理论。课题创新性地从教育生态理论、知识管理理论等切入剖析如何实现产学研教学闭环、达到知识高效率转移目标，从而形成培养新文旅人才的战略合作生态圈。

（二）应用价值

本课题通过对新文旅战略型人才培养体系和模式的构建，不仅体现国家战略导向，还立足于旅游产业实践和企业发展需求，为满足新时代发展的文旅人才需求提供了新思路，通过构建可复制推广的模式，为培养体现社会公共价值以及全面发展的人才提供新路径。

（三）社会影响和效益

本课题注重成果有效转化和社会价值的实现，其中新文旅人才培养的创新做法在东北财经大学举办的新文旅高端论坛——面向未来的旅游教育改革中进行了宣讲，"理实一体、两翼驱动：'文旅融合'高层次应用型人才培养体系创新与模式探索"获辽宁省教学成果一等奖，"新文旅视野下旅游实践教育的创新模式研究的研究成果"已被收录于《中国旅游教育蓝皮书》，"距离产生美？——代际差异视角下感知距离对游客行为意愿的影响机制研究"学术论文已被收录于《旅游学刊》。

2022 年文化和旅游宏观决策课题

——一般课题

海南养老旅居业态与发展模式研究

负 责 人：陈 才
依托单位：海南师范大学
起止时间：2022 年 4—10 月

一、研究的目的和意义

随着我国进入老龄化社会，养老旅居成为养老生活新潮流。目前在海南、云南、广西等省区，养老旅居已经成为当地社会经济的重要组成部分，对社会经济发展具有重要影响。本课题以海南为研究样地，研究养老旅居业态模式及其运行机制，同时，结合对海南养老旅居产业结构性问题的研究，提出调整海南养老旅居产业结构的对策建议，为国内其他地区发展养老旅居产业提供借鉴和参考。

二、主要内容、重要观点、对策建议

（一）主要内容

养老旅居是异地养老的一种形式，与之相关的概念有老年旅游、老年度假、候鸟型养老、养老旅游等一系列常用的概念。从这些概念的关系来看，老年旅游是最早出现的概念，之后衍生出旅游养老、候鸟型养老、养老旅居、康养旅居等相关概念。从产业角度来看，养老旅居是以异地养老的形式而发生的不以工作、定居和移民为目的的旅行、暂居和游览活动的总称。

从实践来看，我国养老旅居主要有五种模式：一是社区旅居模式，是利用目的地的自然环境、旅游资源等特有优势，开发旅游地产和养老设施，形成旅游养老社区，旅居老人与当地居民共享社区设施服务资源；二是机构养老模式，以专业养老机构为经营主体，属于兼顾"医养结合"，集养老、医疗、保健、康复、生活照料、专业护理、娱乐休闲于一体的多元化、综合性、老年社会福利机构；三是酒店度假模式，是以酒店为体，将养老旅居中的"居住"和"护理"功能结合在一起，突出酒店的服务功能，并对酒店的客房、餐厅、健身房等产品功能进行延伸，打造"养老＋养生"模式，主要针对中高档养老群体；四是老年公寓模式，即开发专供老年人集中居住，符合老年体能心态特征的公寓式老年住宅，为那些有生活自理能力的老年夫妇和单身老人，提供居住和其他一些便利服务；五是乡村民宿模式，指老年人离开现居住地，而选择到生态环境优良的乡村地区进行居住养老。

海南是我国最早出现候鸟式养老旅游现象的省份。近年来海南大力发展旅游地产，主打康养旅居、养老地产等理念的旅居社区和老年公寓得到了大发展，加上一些度假酒店和专业机构也介入养老市场开发，就形成了涵盖旅居社区、专业机构、度假酒店、乡村民宿等多种形式的养老旅居业态。

从需求来看，海南养老旅居需求不断增长，养老旅居消费者主要在 55~80 岁，身体状况一般较好，或有老年常见病（如哮喘、气管炎），但能够自理和独立出行。他们经济状况较好，有一定的经济实力，收入来源稳定，拥有退休金，且大部分在 4000 元以上。他们有一定的文化层次，多为体制内精英，崇尚生活，追求养老生活质量。调研表明，候鸟型老人大多根据个人喜好和经济能力而选择不同的居住形式。经济条件好且有投资能力的，大多购买房产。也有很大一部分选择租房、入住老年公寓、酒店等。候鸟老人会根据自己的身体健康状况、经济实力、房间布局和地理位置以及服务质量进行选择。目前，海南养老旅游客人居住主要有自购房屋、社区旅租、养老机构、养老公寓、度假酒店、农家旅居等模式。他们在海南遇到的主要问题有医疗保险跨省异地报销和养老保险认证问题、旅居地的人际交往和社会融入问题。

从供给来看，海南养老旅居供给主体主要涉及各类养老地产企业、各类养老机构、部分宾馆酒店、部分乡村民宿与共享农庄、部分医疗机构生产提供的专业化服务以及地方政府提供的基本公共服务。根据调研，目前海南养老旅游产业主要有六大业态模式，每种业态都有典型的成功范例。

一是"医院＋医疗健康"模式。该模式是依托医院的技术和专业人才优势，开发医疗健康旅游项目，为旅游者提供医疗健康旅游服务。"医院＋医疗健康"模式是世界上最通行的医疗养生旅游发展模式，也是当前和未来一段时间内海南医疗旅游发展基本模式之一。典型范例如博鳌乐城、三亚中医国际疗养院、海南绿康元中医康养医院等。目前，该经营模式遇到的主要问题在于管理体制，由于医疗技术和专业人才主要集中在公立医院，属于事业单位，而医疗健康旅游服务属于市场化行为，二者之间的矛盾如何协调，成为海南医疗健康旅游发展的关键。

二是"酒店（度假村）＋健康养老"模式。本模式主要利用酒店或度假村优良的设施和环境，积极提供自然疗法、针灸、推拿、足浴、温泉、药膳等各项康养服务，吸引候鸟型老人，为他们提供多种住宿和康养服务。这是海南养老旅游发展的基本模式。酒店拥有良好的空间环境和各种服务接待设施，只需做好康养项目，推出各种特色养生产品，与养老养生连锁机构开展合作，打开健康养老市场，提升专业服务水平。酒店行业开展养老服务，是在传统酒店产品之上，叠加健康检测、康养旅居、养生休闲等产品。同时，酒店客房产品、餐饮产品、康养产品等也要适老化，为老年人提供高端体验。

三是"温泉＋地产＋医疗养生"模式。本模式是依托温泉资源，开发旅游地产，并围绕候鸟型市场，开展医疗健康服务。海南温泉资源比较丰富，全省已开发温泉点有 40 余处，其中知名度较高的主要有万宁兴隆温泉、琼海官塘温泉、儋州蓝洋温泉、三亚南田温泉、保亭七仙岭温泉和海口观澜湖温泉。依托温泉资源，开发温泉地产，打造温泉小镇，开展医疗养生产业，把温泉的健康养生价值与体检、医疗、诊断、康复、疗养、健身等一系列手段深度结合，打造温泉康复疗养基地，是国内比较成熟的开发模式。

四是"大型养老社区＋医院＋医疗会所"模式。本模式是依托于大型养老社区中的养老市场，通过开办医疗健康会所，提供健康养生服务。海南的养老社区聚集了大量的"候鸟型"老人，形成了一定规模的市场需求。医院和医疗会所能提供专业的健康体检与康复疗养服务。目前，国内大型房企集团在海南开发出大型地产楼盘，均配套有医院或医疗会所，满足旅居者健康就医需求，并提升自身房产价值。

五是"景区＋健康养老"模式。本模式主要依托景区、度假区、森林公园等优美的风光和独特的环境，开展健康养老旅游。海南有很多景区、度假区和森林公园，不仅风景优美，而且利用其商业用地，建设了住宿设施，配套有各类康养设施。一些景区、度假区和森林公园等利用接待设施，与医疗机构合作，建成了养生保健医疗旅游中心、专科病诊疗中心，开展健康旅游服务，以增加专项服务，开拓旅游市场。从实践来看，目前海南有一些景区大力开展养老旅居市场，如呀诺达雨林文化旅游区、槟榔谷黎苗文化旅游区、南山佛教文化旅游区、七仙岭国际太极文化养生园等。

六是"康养小镇"模式及典型范例。康养小镇是指以"健康"为小镇开发的出发点和归宿点，以健康产业为核心，将健康、养生、养老、休闲、旅游等多元化功能融为一体，形成的生态环境较好的特色小镇。海南具有发展大健康产业的先天优势。近年来海南省大力发展健康旅游产业，开发康养旅居产品。其中，打造具有海南特色的康养小镇是海南省健康产业发展的重要抓手。

（二）重要观点

经过 20 余年的发展，海南养老旅居产业还处于初级发展阶段，基本上形成了中低端市场和中高端市场的市场细分格局。与此相应，在产品供给端形成了住宅地产、老年公寓、乡村民房、养老社区、星级酒店、养老机构、疗养院等各类产品，供给主体也十分多元化，既有专业养老机构和大型企业，也有中小企业、城乡居民提供的房屋租赁等。

根据对供给侧和需求侧之间的系统分析，可以发现，相对于养老旅居需求侧而言，海南养老旅居供给侧已经具有一定的适应性，并且养老旅居需求的季节性严重影响产业供给与企业经营，海南养老旅居产品性价比持续降低。海南养老旅居产业虽然已经具有一定规模，但与优越的发展条件相比，产业规模还有很大的发展空间。目前，海南养老旅居产业已经呈现出行业竞争加剧、整体效益不高、综合性业态开始占据主流等特征，表明行业内卷化风险已经出现。在投资回报方面，行业整体呈现出投资回收期长、企业效益低下的样貌。在空间布局上存在区域发展不平衡、城乡发展不平衡的格局。

出现上述状况的原因十分复杂。一是地方政府对养老旅居产业认识存在误区，其主流观点认为海南优质的康养资源是富人的权利，海南应针对高端市场发力，减少低端市场供给，才能给海南地方带来消费和利益。二是养老产业科技含量低，制约了养老产业的发展。三是养老旅居从业人才存在较大缺口。四是养老旅居产业投资严重不足。

（三）对策建议

一是明确养老旅居产业定位，做好顶层设计。养老旅居产业是旅游产业与老年服务产业之间的融合，属于"新经济"范畴，也是海南具有优势和市场前景的新经济之一。政府部门要摒弃对养老旅居产业的片面认识，要用发展的眼光认识养老旅居产业，明确养老旅居产业在海南社会经济发展中的定位，制定并落实切合海南实际的养老旅居产业发展规划，要健全养老旅居产业相关政策。

二是优化养老旅居产品体系，丰富养老旅居业态。要大力开发乡村旅居养老产品，海南省已经出台了一系列支持乡村发展共享农庄、乡村民宿和乡村旅游的政策意见，为开展乡村旅居养老提供了保障，应充分利用上述实施政策，开发乡村养老旅居产品；要完善旅居社区配套，提升社区养老旅游业态，政府需要加大对养老旅居社区的公共设施配套；地产企业在设计住宅时应加强适老化设计，更好满足养老旅居者的需求。积极推动房地产、旅游产业和养老产业的结合，打造主题养老社区。做好度假酒店养老开发，以度假酒店为载体，大力开发水疗、养生、理疗、营养、膳食等产品，打造高端康养旅居生活，开发长住型旅居市场，为候鸟型老人提供高端养老旅居服务。

三是壮大养老旅居市场主体，激发养老旅居消费活力。针对养老旅居市场主体结构类型不丰富、数量规模不大的实际，海南省要按照"整合资源、盘活存量、用好增量"的原则，引导政府、社会资本、企业共同发展养老旅游，培育多元化的市场主体。以养老旅游市场需求为导向，以优势养老旅游资源为依托，创新市场营销手段，着力塑造"健康岛""养生岛""长寿岛"等海南候鸟型养老旅游目的地品牌形象，积极拓展养老旅游客源市场，尤其是加大中高端养老市场的开发，激发健康旅游消费活力。

四是推进产业融合，培育养老旅居新业态。要积极开发医养融合养老产品，目前海南在医养融合方面还存在很大空间，需要进一步推进的工作主要如下：一是扩大定点医保单位，将养老机构内设的医务室、护理站等纳入医保定点单位，方便旅居老人就近医保。二是充分发挥社区医院贴近老年群体的优势，加大医养结合建设，方便老年群体在居家养老社区就医。要积极培育"互联网+"智能化养老服务。促进养老与健康管理融合，促进养老与投资、金融、保险的融合。

五是推进产业融合，构建养老旅居产业生态圈。要积极发展健康农业，大力开发绿色食品和有机食品，推进海南传统农业向绿色农业、休闲农业和健康农业转型。要积极发展养老保险业，鼓励各类商业保险机构拓展各类养老旅游保险，开发适应养老旅游要求的一体化保险服务，设计与养老服务新业态发展相衔接的多样化健康险产品。要积极发展养老产品制造业，充分利用自贸港政策和养老旅游产业优势，支持科技企业引进先进技术，开发高科技养老产品，发展养老制造业，推动养老旅游产业向高品质转型升级。

六是健全行业标准，营造良好的产业发展环境。通过借鉴国内外养老服务和旅游服务的相关标准，结合国家相关政策法规，按照"规范性、引领性、全面性、操作性"原则，结合海南实际，制定适合海南省养老旅游发展的特色标准化体系，建立养老旅游服务业准入制度。要营造公平的市场竞争环境，引导各类生产要素向民营养老服务机构流动，以壮大养老旅游产业市场主体。要加强养老旅游机构诚信体系建设，充分发挥行业协会的指导和监督作用，制定行业自律准则，规范行业发展，推动养老旅居产业可持续发展。

三、学术价值、应用价值及社会影响和效益

（一）学术价值

一是构建出了养老旅居产业结构与运行机制的分析框架；二是构建出了分析养老旅居产业结构性问题的逻辑框架以及解决结构性问题的主要实践路径。

（二）应用价值

一是可应用于海南地方政府制定养老旅居产业发展战略、发展规划和扶持政策；二是成果对旅游养老企业开发旅游产品、制定旅游营销战略、拓展国内旅游市场等具有重要的应用价值。

（三）社会影响和效益

一是对现阶段养老旅居产业结构调整提供了理论指导框架；二是针对海南养老旅居产业发展实际，提出了系统的对策建议，将影响到地方政府的相关决策。

遗产沟通视域下城市建筑遗产
旅游场所感生成机制研究

负 责 人：陈享尔
依托单位：上海师范大学
起止时间：2022 年 4—10 月

一、研究的目的和意义

（一）研究目的

遗产沟通涉及公众对遗产价值的认知及传播，是促进建筑遗产价值理解及传承的利器。旅游场所感生成代表游客对遗产公共价值高度认同，从而成为实现建筑遗产有效沟通的重要载体。将空间叙事维度引入建筑遗产旅游场所感构建研究，是直面建筑遗产价值"认同断裂"循导而出的遗产沟通困境及旅游场所感缺失的发展痛点。本课题以加强遗产沟通为视角，基于空间叙事场所构筑及价值转译属性，从遗产旅游空间优化及游客空间认知增强两个维度进行研究：一是针对建筑遗产物质空间特征因素进行有效表征，实现建筑遗产旅游场所物理性功能构建、建筑遗产旅游场所意义有效释解；二是针对游客对遗产空间元素的沟通感知体验进行研究，促进建筑遗产游客空间感知生成及增强。最终提出以加强遗产沟通为视角，以遗产空间叙事优化为媒介，促进建筑遗产旅游场所感生成对策建议。

（二）研究意义

（1）建筑遗产与城市旅游业交融共进成为促进城市经济、文化均衡和谐发展的重

79

要维度

《国民经济和社会发展第十四个五年规划和 2035 年远景目标纲要》多处重要内容涉及文化遗产和旅游发展，明确提出推进文化遗产旅游创新发展及其保护传承。建筑遗产是文化遗产的重要组成部分，1975 年欧洲"建筑遗产年"就是遗产消费成为大众消费需求的重要标志。建筑遗产与城市旅游发展的共生融合既留下了厚重的历史烙印，又承载着鲜活的时代精神。建筑遗产旅游良性发展在城市经济发展、形象宣传、历史文化教育、乡土情结维系、文化身份认同、生态环境建设、和谐人居环境构建等多方面具有综合的宝贵价值。

2. 基于遗产沟通的旅游场所感构建成为遗产多元价值投射于城市空间环境之中的重要意义表达

国际社会始终重视文化遗产价值的阐释与沟通，《保护世界文化与自然遗产公约》《马丘比丘宪章》《奈良文件》《关于乡土建筑遗产的宪章》《文化遗产阐释与展示宪章》等重要文件均强调对文化遗产价值的理解、共享及传承，代表着以包含建筑遗产在内的文化遗产沟通的重要性得到国际社会的广泛认可，建筑遗产在城市旅游空间层面的价值阐释方式也成为当下学术研究及实践领域所关注的重要主题。建筑遗产内在价值与派生性外在价值共同成为城市旅游场所感构建的内核组件，城市旅游场所感再生则是建筑遗产多元价值在空间层面的有效逻辑表现及增强遗产沟通的重要路径。

3. 空间叙事新维度嵌入是直面建筑遗产沟通困境及旅游场所感缺失问题的积极应对方式

公众对文化遗产的价值认知呈现出"认同断裂"现象，表现出理论认知非健全的特征。究其内在影响因素包含不同利益相关者存在的"核心价值认知差异"、价值认同缺乏形成共识基础等。多元因素导致建筑遗产与社会联结不畅，而建筑遗产旅游场所感也难逃由沟通困境在遗产与旅游业交融进程中循导而出的缺失命运。面对所呈症结，本课题基于"空间叙事"在理论及实践层面上具备价值叙事、空间构筑等基层属性，将这一全新维度引入建筑遗产旅游场所感生成过程中，用于突出建筑遗产旅游场所物理性功能、增强建筑遗产旅游场所意义释解、创建游客与建筑遗产旅游场所的互动联结。

二、主要内容、重要观点、对策建议

（一）主要内容

1. 案例解析：法国马莱保护区城市遗产景区空间叙事环境优化

通过对法国巴黎马莱保护区城市遗产景区空间环境优化的案例研究，可以为本课题研究提供经验借鉴：针对城市遗产空间环境优化的政策制定是一切行动的基准；遗产景区文化环境的整体营造是城市遗产景区旅游场所感生成及增强的核心内容。城市遗产景区空间叙事环境优化的对象包括遗产本体及其周边环境；游客沟通体验的有效实现是城市遗产旅游场所感构建的重要前提。

2. 城市建筑遗产案例研究：皇城保护区

本课题选择城市建筑遗产为研究对象，案例研究区域选择北京皇城保护区（建筑遗产群）。皇城以举世闻名的世界文化遗产故宫为核心，区域内分布着皇家宫殿、御用坛庙、衙署库房等建筑遗产群，该区域所包含的空间环境要素真实地反映了皇家工作、生活的历史信息。依据《北京皇城保护规划》，皇城的空间范围为东至东皇城根，南至东、西长安街，西至西皇城根、灵境胡同、府右街，北至平安大街。区域包含世界文化遗产故宫、景山公园、中山公园、劳动人民文化宫、北海、中海、南海及胡同建筑，使该区域成为具有极高价值的建筑遗产群，为本课题提供了丰厚的资料素材及调研资源。

3. "真实性"引入建筑遗产空间叙事及遗产旅游场所感概念内涵

空间叙事、建筑遗产、旅游场所感概念范畴分别缘起于不同学科背景，涉及地理学、建筑学、遗产学、旅游学等理论知识，本课题整合借鉴不同研究学科及领域的概念内涵，针对遗产沟通困境牵引出的旅游场所感缺失问题，以建筑遗产为研究对象对相关概念进行重新界定，探讨空间叙事维度下如何建构建筑遗产旅游场所感生成概念内涵体系。由于本课题以建筑遗产为研究对象，所以界定的概念内涵区别于已有场所感及空间叙事相关概念，内涵解读中将融入"真实性"这一遗产普适性核心价值内核。其中，"遗产真实性"与"体验真实性"构成本课题概念体系的内涵基础。

4. 建筑遗产物质空间要素有效表征

建筑遗产本体真实性存在是构建旅游场所感的空间物质基础。伴随建筑文化遗产产生与发展的历史进程，其本体及周围的历史人文和自然景观环境构成了建筑遗产的背景环境。建筑遗产与其背景环境相互融合组成了在一定区域内和谐统一的景观，针对建筑遗产物质空间特征进行有效表征，需明确建筑遗产旅游空间环境要素构成，从而针对这些辨别出的空间环境组成要素进行优化分析。本课题以皇城保护区为例，从建筑遗产本体及周边区域土地使用功能类型、建筑物外形风貌、建筑物高度以及环境绿化空间四个维度进行空间特征要素的表征，从而满足游客空间体验诉求，通过优化建筑遗产旅游空间环境实现旅游场所感的生成。

5. 建筑遗产空间要素游客沟通体验

由于历史积淀的深刻烙印，建筑遗产不仅是理性的构筑物，更是多元价值的赋予载体。"遗产沟通"困境问题在遗产旅游领域的表现之一就是游客空间感知困顿。空间叙事理论是对目标人群空间诉求和空间感知的理解。本课题围绕建筑遗产多元价值传递，基于游客文化诉求对游客建筑遗产"空间环境融合度感知"等元素进行了实证研究，从游客空间感知维度理解旅游场所感构建。

（二）重要观点

（1）空间叙事新维度嵌入是破解建筑遗产沟通困境及旅游场所感缺失问题的积极应对方式，同时也是推动建筑遗产活化利用的重要助力。

（2）真实性引入建筑遗产空间叙事及遗产旅游场所感概念内涵具有重要的实践价值和理论意义。

（3）空间叙事环境优化可以实现建筑遗产旅游场所感空间信息呈现的有效表征。

（4）建筑遗产空间要素优化能够拓展游客沟通体验维度并实现旅游场所感构建。

（5）以旅游场所感构建为核心，建筑遗产空间叙事与游客空间沟通体验之间存在紧密的内在联系。

（三）对策建议

1. 重视建筑文化遗产与其空间环境之间的相互依存关系

建筑文化遗产因其空间要素环境而具有更加真实的历史文化内涵和外在表现物，空间环境的各组成要素又因为建筑文化遗产而表现出特殊的价值和重要性，拥有与之相契合的空间环境才能使建筑文化遗产具有真实性。建筑文化遗产与其空间环境的相互融合组成了在一定区域内和谐统一的景观，而这些特殊的景观区域又进一步地促使其所在的城市具有了自身独特的文化景观，从而给予拥有建筑文化遗产的城市以特殊的文化魅力。独具特色并且丰富的景观及文化内涵是现代城市的一个重要标志，建筑文化遗产及其空间环境所营造出的景观及其所蕴含的文化底蕴是城市形成自身文化内涵的重要因素。

2. 游客旅游场所感的生成是建筑遗产空间环境保护及合理利用的重要维度

保护建筑文化遗产及其空间环境是为了传承和延续建筑遗产本体及其承载物的真实性，而合理的旅游开发是为了满足游客体验，促使旅游场所感生成，从而更好地传播建筑遗产所蕴含的文化内涵。构成建筑文化遗产背景环境的要素复杂而多样，其中空间环境要素占据着重要的位置，建筑文化遗产空间环境的优化对于保护建筑文化遗产及其背景环境的真实性以及促成遗产游客旅游场所感生成均具有重要的价值和作用。基于建筑遗产空间环境优化的重要性，本课题以皇城保护区为案例分析区域，以实现遗产真实性保护与满足游客感知体验二者均衡发展为目标进行系统研究。

3. 建筑遗产活化利用过程中应兼顾考虑游客真实性沟通体验

建筑遗产活化利用过程中要兼顾考虑游客真实性体验，将遗产空间保护及开发与游客旅游需求相结合。游客游览建筑遗产具有不同阶段的心理体验：游客在参与建筑遗产旅游的初期，其体验的核心在于遗产本身的真实性内涵。随着游客的游览经历日益丰富以及知识水平的不断提高，他们不再满足于仅仅从建筑遗产本身寻求游览体验，而是逐渐开始从自身出发寻找真实的自我。建筑遗产开发工作应该紧紧抓住游客体验的这种变化规律，从空间叙事的新维度下促使游客始终能够在游览建筑遗产的过程中获得较高的旅游体验。

4. 建筑遗产空间环境土地使用功能优化与旅游场所感生成

建筑遗产空间环境土地使用功能的设定，要以保护建筑遗产周边真实的历史风貌和保存城市真实的历史信息为核心原则，并兼顾考量游客旅游场所感的有效生成。对于建筑遗产空间环境现有土地使用功能的优化要以调整为主要手段，具体策略包括保持、扩大及调整三个方面：尽可能地保持目前用地类型中具有历史延续性、符合建筑遗产整体真实性文化内涵的土地利用类型；保护建筑遗产周边空间环境中被纳入保护单位所拥有的用地类型；对于与建筑遗产周边真实历史环境不相协调的用地类型进行调整。

5. 遗产空间环境内建筑风貌优化与旅游场所感生成

建筑遗产空间环境内建筑风貌优化策略的核心，要依据不同类型建筑物风貌的建筑进行有针对性的调整。对于文物类建筑和有一定历史文化价值的传统建筑和近现代建筑要严格依照国家和文物保护的相关法律法规进行保护和管理；与传统风貌比较协调的一般传统建筑要以保护和修缮为主，要尽量保持该类传统建筑的风貌特征；与传统风貌比较协调的现代建筑要首先识别出它与传统风貌较协调的部分，对于这些部分应予以保留；而对于与传统风貌不协调的建筑也应该分不同情况进行处理。

6. 遗产区域建筑物整体视觉高度优化与旅游场所感生成

遗产空间环境的建筑高度必须严格控制，同时还要重新界定遗产区域内的建筑高度建设标准，从而保持历史上真实的遗产周边平缓开阔的空间形态。以皇城保护区为例，在改造和新建 1~2 层的低矮建筑（平房或四合院）时，建筑高度要与其原貌的高度保持一致，严禁超过原有建筑物的高度；针对现状为 3 层的建筑物，改造更新后的建筑高度必须在 9 米以下；目前的实际情况是难以在很短的时间内实现全部高层建筑的拆除，暂时允许已有高层建筑的存在，采取一些整饰手段对高层建筑进行一些改造。

7. 建筑遗产区域绿化空间优化与旅游场所感生成

对于建筑遗产周边的绿化空间（包括绿地和树木）要严格予以保护，这不仅是营造建筑遗产空间环境中绿化空间的需要，更是出于保护历史建筑真实性的责任和目的。同时还要建设一批小型公园和小型集中绿地，其中的小型集中绿地包括景观绿地和社区绿地。树木构成了建筑遗产空间环境中独具特色的景观，它也是组成建筑遗产周边生态环境的重要内容，对于分布在建筑遗产及其周边空间范围内的树木要积极地进行保护，严格禁止砍伐行为。

三、学术价值、应用价值及社会影响和效益

（一）学术价值

公众对文化遗产的价值认知呈现出"认同断裂"现象，建筑遗产与社会联结不畅，遗产沟通困境及旅游场所感缺失问题十分凸显。但目前针对遗产沟通困境及场所感缺失问题，以建筑遗产为对象探讨空间叙事维度下旅游场所感再生研究内容十分匮乏，相关成果仅零星散落于城市地理及建筑学研究相关成果之中。本课题旨在研究建筑遗产旅游场所物理性功能构建、建筑遗产旅游场所意义有效释解，并揭示游客与建筑遗产旅游场所的互动联结机制，从而达到促进建筑遗产可持续发展目标。

（二）应用价值

《国民经济和社会发展第十四个五年规划和 2035 年远景目标纲要》多处重要内容涉及文化遗产和旅游发展，明确提出推进文化遗产旅游创新发展及其保护传承。建筑遗产是文化遗产的重要组成部分，其空间环境优化及游客体验满意度的综合提升，在

城市形象构建、历史文化教育、文化身份认同、人文环境建设、和谐人居环境构建等多方面具有综合的宝贵价值。

（三）社会影响和效益

本课题围绕建筑文化遗产旅游进行研究，符合国家文化发展及经济发展需求。建筑遗产是人类社会物质文明与精神文明的历史积淀，也是国家文化建设的重要环节。建筑遗产资源开发利用对于促进当地的社会经济发展有着十分重要的作用，遗产所在地区竞争力水平也可得到进一步提升。

旅游休闲街区消费活力统计监测体系研究

负 责 人：戴慧慧
依托单位：中国旅游研究院（文化和旅游部数据中心）
起止时间：2022 年 4—10 月

一、研究的目的和意义

新冠肺炎疫情以来，游客出游需求逐渐以本地游、周边游等中短途游为主，代表城市本地美好生活的旅游休闲街区成为居民和游客日常消费热门目的地。国家级和地方省级旅游休闲街区名录的发布推动旅游休闲街区成为旅游市场投资建设的新方向，市场相关统计数据的缺乏对街区发展建设存在一定阻碍。本课题的研究为全国各省旅游休闲街区发展提供统一的统计监测体系和方法，助力全国各省旅游休闲街区消费潜力激发，具体包括以下几方面。

（1）本课题对旅游休闲街区消费影响因素进行了理论和实践梳理，为旅游休闲街区产业布局和创新提供了一定的理论依据。

（2）本课题建立了全国统一的旅游休闲街区客流监测、产业监测和需求监测的监测方法，补充了符合《全国文化文物和旅游统计调查制度》（以下简称《制度》）规范的旅游休闲街区客流监测空白。

（3）本课题建立了反映旅游休闲街区消费情况的消费活力统计监测指标体系，并进行了实证研究，一方面为全国旅游休闲街区消费活力监测体系提供了研究基础，另一方面也为各省旅游休闲街区的监测提供了思路，推动全国各省旅游休闲街区监测体系的进一步完善。

（4）本课题对国家级和省级旅游休闲街区评定工作和相关评估工作提供一定的研究基础，为挂牌后的旅游休闲街区高质量发展提供市场数据依据和市场监管思路。

二、主要内容、重要观点、对策建议

本课题研究报告主要分为旅游休闲街区消费理论和实践研究、数据监测方法研究、监测体系研究、实证研究和对策建议五个部分，具体如下（图 1）。

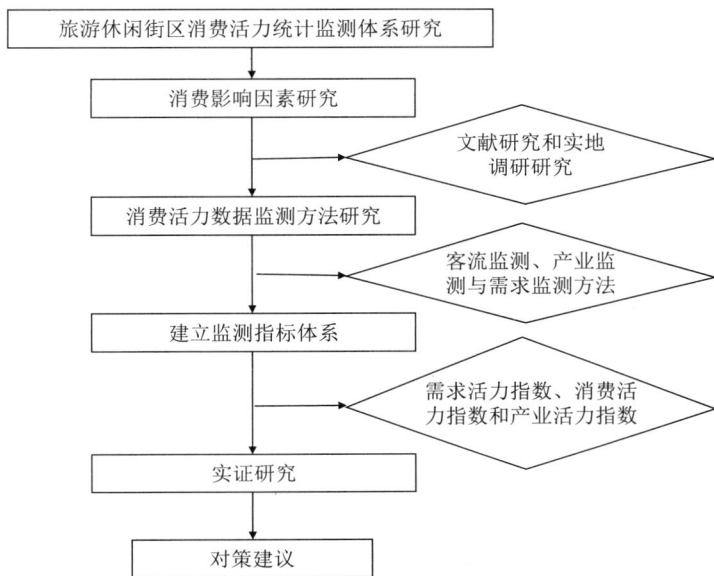

图 1　旅游休闲街区消费活力统计监测体系研究技术路线

（一）旅游休闲街区消费理论和实践研究

客流量、游客需求、产业创新是旅游休闲街区保持消费活力和竞争力的重要因素。戴斌院长在《游客消费论》中认为旅游消费的基础是流量，关键是留下。目的地的商业环境是旅游消费中心建设过程中需要重点关注的问题之一。文中提到，"游客的到访带来了航空、铁路、市内交通、餐饮、住宿、游娱、购物等消费领域的巨大增量"，"旅游消费与停留时长显著相关，所以到访是前提，而能够留住，或者进一步说能够产生黏性，才是目的地发展的关键"。客流量和游客停留时间等需求侧客流因素是影响旅游消费的先决因素之一。同时，旅游休闲街区除了提供食、住、行、游、购、娱等基础功能，应该更注重满足人民群众对品质文化休闲需求，创新消费场景是保持街区竞争力的关键。

仅依托游客流量的时代已经过去，如何为游客带来高品质、个性化服务是旅游休闲街区转型升级的关键。课题组对北京市南锣鼓巷、前门大街、王府井街区等旅游休闲街区进行了实地调研和座谈，新冠肺炎疫情以来，在退去流量热潮后，客源主要为本地居民，纵然是全国知名的旅游休闲街区南锣鼓巷、前门大街等也面临转型升级的考验。以南锣古巷为例，南锣鼓巷是游客必打卡之地，许多游客对南锣鼓巷的评论为"来京城游玩必打卡的景点之一""北京最古老的街区之一，最富有老北京风情的街巷"。疫情前，南锣鼓巷深受外地游客欢迎，游客流量一直处于严控收紧状态。疫情后，以本地游客为主的客流减少的同时，游客消费同步下降，致使南锣鼓巷现在处于"外地人进不来，本地人不愿意来"的情况，目前如何吸引本地游客，创新街区业态，营造高质量的消费场景是其调整优化的关键。

（二）旅游休闲街区消费活力数据监测方法研究

1. 基于大数据客流监测方法研究

课题组通过大数据对比，采用信令数据大数据源，依托《制度》规范测算街区的到访游客量，具体方法为：一是信令用户数据进行惯常环境识别，通过对国际上惯常环境研究，课题组参照法国和日本的定义，将惯常环定义为居所，为点的概念，然后通过聚类算法对居民白天工作地或求学地和晚上居住地聚类出相应的惯常环境。二是游客识别，通过对街区电子围栏划定，对范围内的到访客流进行无效数据清洗、非游客特征数据剔除、非游客动机口径剔除等。三是采用抵达率测算实际到访街区的游客量。计算公式如下：

$$T = \sum Rn \times Pn \qquad （式 1）$$

其中，T 为街区接待总游客人数，Rn 为某省游客抵达率，Pn 为某省人口基数。

2. 基于大数据产业监测方法研究

课题组通过大数据对比，采用地图大数据源，构建街区产业监测指标，测算街区产业分布和发展水平。具体为：一是对地图原始 POI 大数据进行旅游产业类型分类，将原始 POI 数据类型分为包括住宿业、餐饮业、休闲娱乐业、旅游吸引物、旅游服务、市内交通、购物、文化艺术、体育、便民服务等 20 余项大类。二是建立产业监测指标和算法，主要为：①街区不同产业商户配比指标和算法，即地图中不同产业商户数量占比（如式 2），可以直观反映街区整体业态配比情况；②街区不同产业布局演化指标和算法，即地图中不同产业商户数量与街区面积之比（如式 3）；③街区业态线上线下消费活跃度指标和算法，即街区不同产业地图线下商户数与线上 OTA 平台商户数之比（如式 4）。三是构建了产业自主监测系统，课题组结合其他研究项目研发了依托地图大数据的产业监测自主数据采集系统（图2）。

$$\theta_i = Y_i / Z \qquad (式2)$$
$$\gamma_i = Y_i / M \qquad (式3)$$
$$\mu_i = T_i / Y_i \qquad (式4)$$

其中，θ_i 为地图中不同产业商户数量占比，Y_i 为地图中不同产业商户数量，Z 为地图中某街区所有产业商户数量总和，Y_i 为地图中不同产业商户数量与街区面积之比，M 为某街区面积，μ_i 为街区不同产业地图线下商户数与线上 OTA 平台商户数之比，T_i 为不同业态线上 OTA 平台商户数。

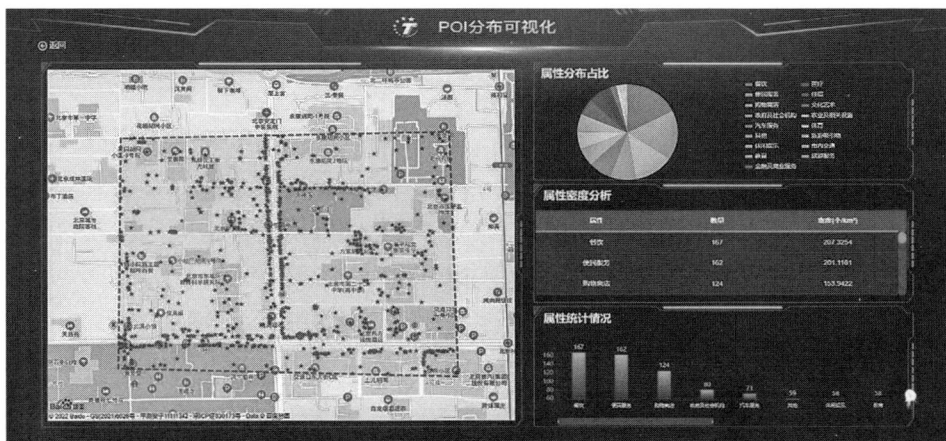

图2　南锣鼓巷产业分布

3. 基于问卷调查的需求监测研究

课题组根据前期街区消费理论和实践研究，设置了反映街区消费情况的微观数据指标，分别为游客在街区的停留时间、陪同游览人数、出游距离、重游率、平均消费金额等，并设计了相应的《旅游休闲街区游客偏好调查问卷》。

（三）旅游休闲街区消费活力统计监测体系研究

1. 监测体系构建

课题组从上述客流、游客需求和产业监测以及供给端消费监测等方面出发构建了旅游休闲街区消费活力统计监测体系，该指标体系包括了需求活力指数、消费活力指数和产业活力指数 3 个一级指标、6 个二级指标和 19 个三级指标。指标数据来源从上述的客流监测数据、产业监测数据、需求问卷调查数据以及消费大数据采购获取，具体如表 1 所示。

表 1　旅游休闲街区消费活力统计监测指标体系

指标	一级指标	权重	二级指标	权重	三级指标	权重
旅游休闲街区消费活力统计监测体系	需求活力指数	0.24	客流监测	0.22	接待客流人数	0.62
					游客平均停留时间	0.21
					游客平均陪同游览人数	0.10
					本地游客占比	0.07
			需求质量	0.17	街区评论热度	0.75
					游客重游占比	0.25
	消费活力指数	0.51	消费监测	0.19	街区交易笔数	0.24
					街区白天与夜间消费比例	0.20
					街区消费金额	0.45
					街区本地游客消费占比	0.04
					游客平均消费金额	0.07
			消费结构	0.08	街区餐饮消费占比	0.32
					街区住宿消费占比	0.29
					街区休闲娱乐消费占比	0.39
	产业活力指数	0.25	产业监测	0.20	街区餐饮线上线下业态比	0.33
					街区住宿线上线下业态比	0.29
					街区休闲娱乐线上线下业态比	0.38
			产业发展质量	0.13	街区主要业态平均客单价总额	0.83
					街区业态平均评分	0.17

（2）指数评价方法

本课题采用专家打分法、层次分析法、组合赋权法对监测指标进行权重赋值。数据处理测算模型采用线性无量纲方法，评价方法分为总体综合评价、分指数专项评价和观测指标细项评价，全面评估街区消费活力发展情况。

（四）实证研究

考虑到实地调研和相关数据获取的便利性以及前期系列研究基础，课题组选择对分布在北京市东城区、西城区和朝阳区的王府井、南锣鼓巷、前门大街、西单和三里屯 5 个休闲街区进行消费活力统计监测的实证研究，时间维度为 2022 年 7—9 月 3 个月，可以实现月度、区域、不同目的地等对比分析，相关结果如下。

从总指数来看，消费活力居前两位的为西单和王府井，三里屯、前门和南锣鼓巷次之，各街区间产业发展差距最不明显。从需求活力指数评价来看，西单是本地游客休闲消费最为活跃的目的地，三里屯客流最大游客需求转化却不高，王府井、南锣鼓巷和前门休闲属性较弱；东城区各街区发展差距较大。消费活力指数评价分析，西单和王府井消费活力指数发展稳居前两位，各街区暑期消费活力更盛，东城区各街区消费活力指标间发展差距较三里屯和西单差距更显著，且受时间影响变化明显。产业活力指数评价分析，西单目的地品牌效应最强，王府井产业创新活力最优。各街区发展评价分析，王府井产业创新活力居首位，南锣鼓巷游客需求与产业发展匹配度较差，前门大街线上产业发展最为活跃，西单消费活力总体水平最高，三里屯夜间消费更加活跃（图 3~ 图 11）。

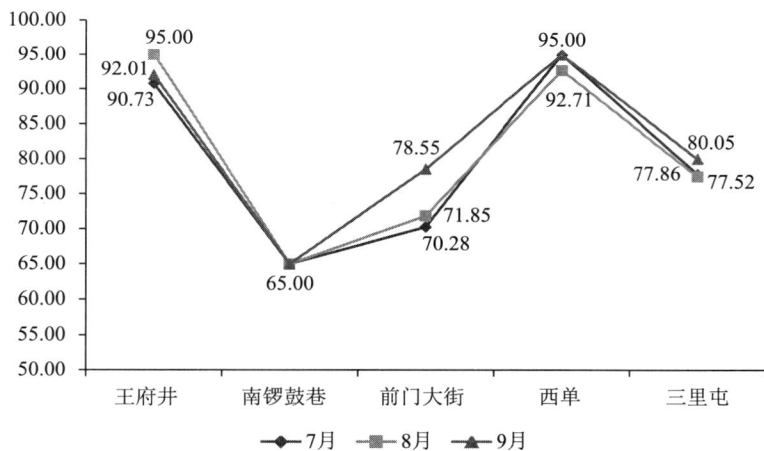

图 3　各街区消费活力监测总指标评价结果月度分布

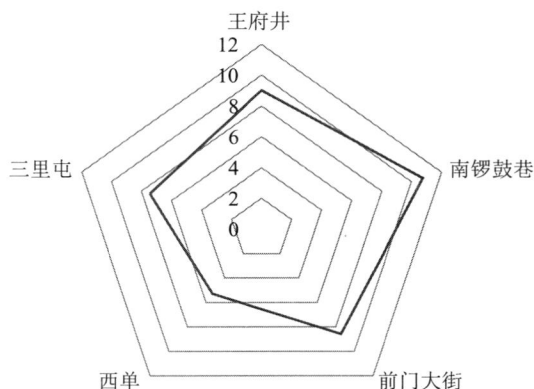

图 4　各街区需求活力三级指标评价差距分布

王府井街区　南锣鼓巷　前门大街　西单街区　三里屯

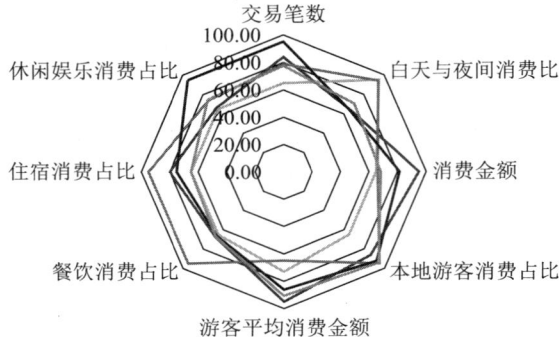

图5　9月各街区消费活力三级指标评价分布

王府井街区　南锣鼓巷　前门大街　西单街区　三里屯

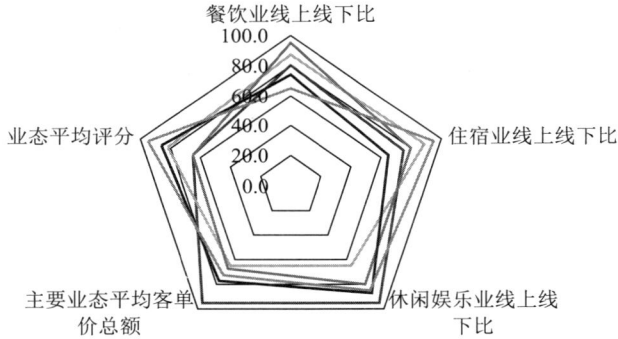

图6　各街区产业活力相关指标评价分析

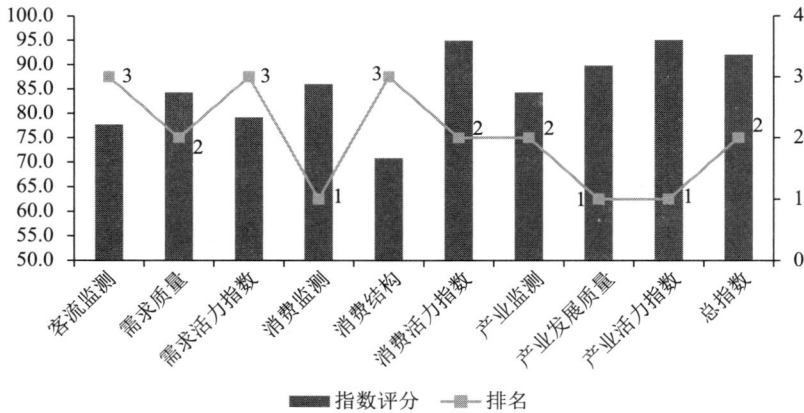

图7　9月王府井各指标评价与排名

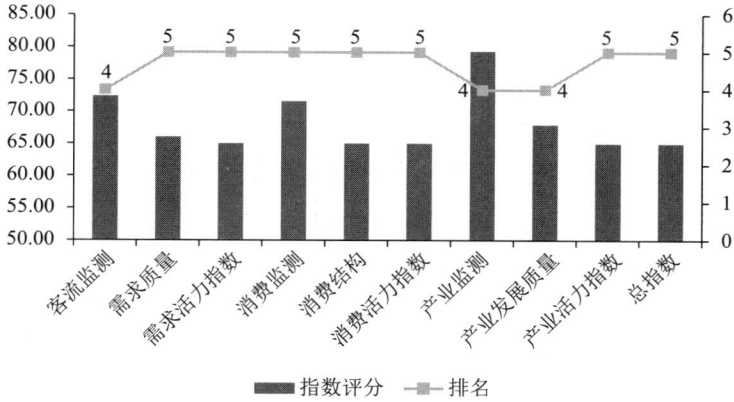

图 8　9 月南锣鼓巷各指标评价与排名

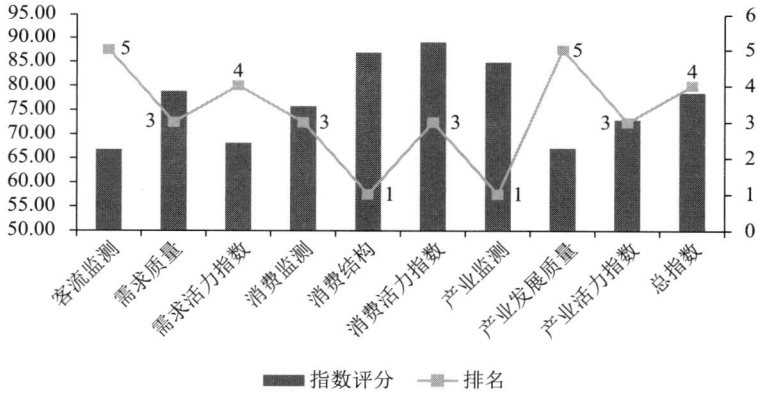

图 9　9 月前门大街各指标评价与排名

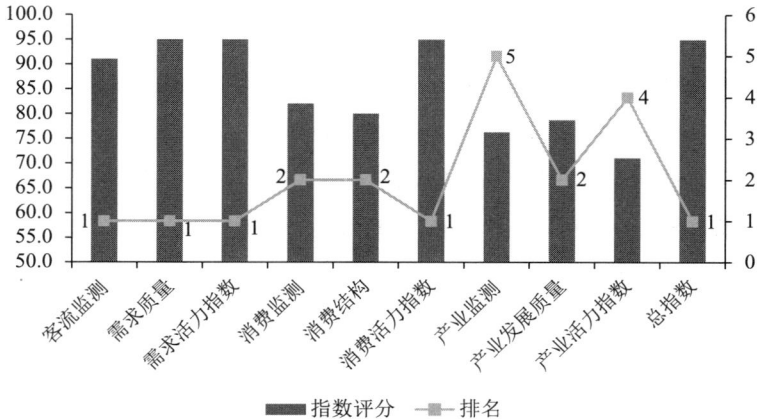

图 10　9 月西单各指标评价与排名

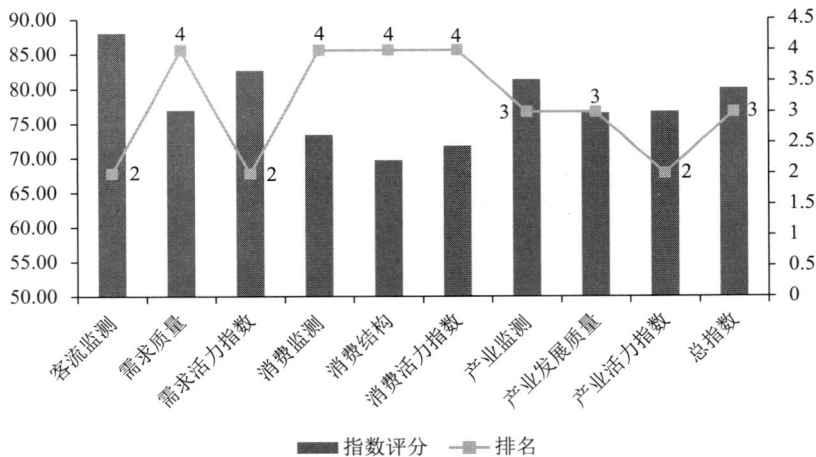

图 11　9 月三里屯各指标评价与排名

从实证研究来看，本指标监测体系研究实现了东城区区域内部、东西朝阳不同区域间、不同月度等街区消费活力水平对比评价、针对需求侧、消费侧和产业层面的综合评估、每个街区内部发展指数的评价分析等，为区域间、内部以及街区内部消费需求、产业发展等提供详细的监测数据和专项发展建议。

（五）对策建议

1. 摸清家底："由上至下"制定全国旅游休闲街区发展评估体系，摸清全国旅游休闲街区整体发展水平

为更好地统筹旅游休闲街区建设、投资和发展，需建立"由上而下"的全国旅游休闲街区发展评估体系。一是供给侧评估，包括街区的资源禀赋、产业发展、政府推力等；二是需求侧评估，包括客流与收入、产品及服务感知、品牌影响等；三是综合性评估，包括旅游竞争力、旅游成本等。从三个方面统一全面评估全国各省旅游休闲街区的发展水平，做好普查摸清家底，为文化和旅游部统筹全国旅游休闲城市和街区发展规划、国家级和省级旅游休闲街区打造等提供量化数据支撑。

2. 建立监测机制：遴选代表性街区开展旅游休闲街区消费活力统计监测体系的试点，推广全国形成定期监测机制

通过建立旅游休闲街区消费活力监测机制，形成全国从上到下的统一监测体系，一方面可作为文化和旅游主管部门在旅游休闲街区工作方面的重要抓手，指导各地方旅游休闲街区丰富文化和旅游业态，优化产品和服务供给；另一方面了解国家级旅游

休闲街区评定的工作成效，对比已入选国家级旅游休闲街区的目的地街区发展和消费水平等变化，有助于评定工作更加规范化。按照边试点、边完善的原则，由文化和旅游部门牵头，专业机构提供技术支持，本课题组和课题研究成果可参与相关研究和技术支持，从已公布入选国家级旅游休闲街区中选择一批进行旅游休闲街区消费活力监测试点，形成季度、半年度或者年度等定期监测机制。研究完善后推广全国，实现全国各省统一口径和方法的监测体系，补充旅游休闲街区专项市场统计监测，进一步推动文化和旅游市场高质量发展。

3. 规范街区统计：构建符合统计规范的全国横向可比的街区统计生产体系

有必要自上而下建立符合《制度》规范且全国统一的街区统计生产体系，包括指标设置、数据源、测算口径、测算方法等，并将街区统计生产体系纳入《制度》，指导地方旅游休闲街区统计规范化，实现全国各地休闲街区横向可比，不断推动旅游休闲街区消费潜力的激发。本课题第二部分的客流监测研究是课题组根据《制度》规范设置的采用大数据方法对街区接待游客量的统计方法，可作为全国层面和省级层面街区客流统计的规范操作技术指引。规范的街区统计体系可实现全国各地休闲街区横向可比，不断推动旅游休闲街区消费潜力的激发。

4. 街区统计规范制度化：将街区统计生产体系纳入《制度》，指导地方旅游休闲街区统计规范化

将上述街区规范统计体系纳入《制度》，可参照假日旅游统计制度作为专项制度，从统计层面指导和督促地方对街区旅游统计规范化操作，提升街区统计数据的质量，一方面为地方街区统计提供可操作的技术指引，进一步推进旅游统计工作科学化、规范化，另一方面为国家级旅游休闲街区申报工作提供更加可靠的数据基础支撑，更好地推进全国旅游休闲街区有序发展。

5. 夯实街区消费研究基础：深入研究旅游休闲街区消费相关基础理论和地方实践，科学引导街区建设和投资

通过国家自然科学基金、国家社会科学基金、艺术学基金、文化和旅游宏观决策课题等平台和机制继续发布相关研究课题，继续推动街区消费活力的基础理论、统计数据监测等研究。文化和旅游管理部门可开展各地方优秀旅游休闲街区典型案例遴选，向地方和市场主体征选受游客欢迎、消费活力强、业态发展均衡、有鲜明特色的优秀街区发展案例并及时对外发布，为全国旅游休闲街区发展、投资、建设提供范本。

6.深化街区创新发展模式探索：发现并挖掘品质好活力高的街区发展模式，提升旅游休闲街区吸引力和城市旅游影响力

通过不断丰富旅游休闲街区消费活力统计监测体系，横向测度每一类发展模式的长短处，便于文化和旅游管理部门和街区经营者从中微观角度深化街区发展模式的探索，不断调整街区业态配比、商业动线、街区定位、文化融合等因素对于不同类型街区发展的推动作用，从而推动街区更新商业组织、空间布局及商业动态管理等方面，提升旅游休闲街区吸引力及城市目的地竞争力，建设高品质宜居城市。

三、学术价值、应用价值及社会影响和效益

本课题成果弥补了旅游休闲街区在统计指标和方法上的研究空白，为全国各省旅游休闲街区客流统计、产业监测和消费活力监测体系提供了技术范本。

乡村性价值测算及其参与
社区共同富裕型分配的制度安排

负 责 人：管婧婧
依托单位：浙江工商大学
起止时间：2022 年 4—10 月

一、研究的目的和意义

  乡村旅游是实现十九大报告提出的"乡村振兴国家战略"的重要途径。旅游发展带动乡村经济转型和脱贫致富的案例不胜枚举，涌现了陕西袁家村、贵州江口县、浙江莫干山镇等一批乡村旅游的典型案例，乡村旅游业的发展让农民变为了旅游市场的参与者，能够以入股、劳动、创业等方式增加收入，提高生活质量。拓展发展空间，提升幸福感和获得感。发展乡村旅游成为政产学村共同关心的重要话题。在实践中逐渐形成了政府主导、政府＋公司、个体农户经营、农户＋农户、公司＋农户、公司＋协会＋农户等多样化的乡村旅游发展模式。在所有模式中，学者们普遍认为以当地居民和社区为主导的内生式发展更有利于社区和村民获益。

  但课题组认为企业下乡并不带有"原罪"，乡村旅游作为产业在发展上具有专业性。在社区和村民尚不具备足够专业性的阶段，一味排斥外来企业参与乡村旅游开发和经营不利于乡村旅游发展。事实上企业参与本身并无不妥，矛盾的实质是利益分配不均。为解决这一问题，保继刚和左冰提出了"旅游吸引物权"的概念，认为要将社区的收益分配权建立于作为旅游吸引物的整个空间之上，而非仅考虑土地现状用途补偿，并在云南阿者科村进行了实践，取得了显著成效。

  在乡村旅游中将旅游吸引物权纳入利益分配的框架中，就必须回到"何为乡村旅游吸引物"的问题。乡村旅游的对象物是乡村。但乡村并非一般意义上可以进行估值的资源，因为乡村的遍在性不符合旅游资源稀缺性和独特性的要求。乡村旅游的核心吸引物在于乡村性。欧盟关于乡村旅游的定义明确指出"乡村性是乡村旅游的核心和独特卖点"。国内知名学者也指出"在乡村旅游发展过程中，只要能够对乡村性及其景观表征予以深度关切，就能够达到借助乡村旅游发展实现乡村振兴的目的"。

那么何为乡村性？如何评估乡村性所产生的价值？通过回答这两个问题能够科学测算乡村旅游中社区和村民所拥有的资源价值，更好地保障社区和村民在旅游开发的价值分配中获得合理补偿、配股和分红。因此本课题的第一个目标是"以乡村性为核心对象重构乡村旅游吸引物估值体系，构建价值测算方法并进行实证检验"。

对乡村性价值的测算为价值分配奠定了基础。由于乡村性内涵丰富，山川湖泊、花草树木等自然生态景观，民风民俗、村落建筑、乡土文化以及生产生活方式等文化景观，都可以成为旅游消费的对象，都能够产生价值，因此在现有法律框架下乡村性的产权来源和归属存在模糊性，继而会产生政府、集体和村民等多元产权主体，产生"涨价归公"或是"涨价归农"的问题。再者，乡村性的存在有赖于乡村居民对其所在社区生活、生产、生态和文化状态的维护。在维护乡村性的过程中，村民必然要让渡一部分其他权益，如不能对生活空间翻新，维持旧式生产方式等。这些为维护长期的乡村性而产生的权益让渡也应该纳入价值分配体系。因此本课题第二个目标是"以乡村性价值为基础构建考虑多元主体和长期性的利益分配制度"。

二、主要内容、重要观点、对策建议

（一）主要内容

本研究首先构建了乡村经济价值的测算方法。通过梳理相关理论基础，对乡村旅游背景下乡村性的概念以及价值构成进行了界定。将价值分为游趣使用价值和非使用价值（遗产价值、选择价值以及存在价值）。针对乡村旅游背景下乡村性经济价值体系的构成，最终选用了旅行费用区间分析法 TCIA 以及开放式的双边界二分式条件价值法（DB-CVM）对乡村性经济价值进行测算。其中旅行费用区间分析法主要用于测算游憩使用价值，而条件价值法主要用来测算非使用价值。

其次以湖州市水口乡为案例地对乡村性的经济价值进行评估。于 2022 年 7 月、8月分三次前往水口乡实地发放问卷，共发放 500 份问卷，剔除与两种方法原理相悖、未完成所有题项作答的问卷 3 份，最终收回有效问卷 497 份。使用 Statal 7.0 软件对乡村旅游背景下水口乡村性的总价值（使用价值与非使用价值）进行估算。研究发现，在 2019 年的旅游人数基数下，乡村旅游背景下水口乡村性的总经济价值为 4621430730 元 / 年，其中游憩使用价值为 4403916234 元 / 年，非使用价值为 217514496 元 / 年，体现出乡村性的巨大经济价值。

据此，本课题提出了基于乡村性经济价值测算的利益分配的基本原则，纳入乡村性经济价值的分配制度安排，以及落实此种制度安排的多元主体参与的保障机制。

（二）重要观点

1. 从价值测算的角度明确了乡村性的维度构成

乡村旅游背景之下乡村性的经济价值体系，其构成主要包括游憩使用价值、非使用价值（遗产价值、选择价值以及存在价值）。乡村旅游背景下的乡村性的经济价值构成与寻常旅游目的地价值构成有所异同，与传统的名山大川等形态的旅游目的地相比，乡村主要面向城市居民，提供景观、生活方式以及乡土气息等。除了景观之外，非物质文化要素也是其中重要的构成部分。

2. 提出了乡村性经济价值的测算方法

针对乡村旅游背景下乡村性经济价值体系的构成，最终选用了旅行费用区间分析法 TCIA 以及开放式的双边界二分式条件价值法（DB-CVM）对乡村性经济价值进行测算，其中旅行费用区间分析法主要用于测算游憩使用价值，而条件价值法主要用来测算包含遗产价值、选择价值以及存在价值在内的非使用价值。由于上述两种方法都具有多样化的计算技术，在实际操作中得出了如下几点的测算要点：在测算乡村游憩价值时，个人旅行费用区间分析法更适用度假旅居型乡村；在测算乡村游憩价值时，开放式的双边界二分式 CVM 是可靠且有效的。

3. 以湖州水口乡为案例地对乡村性经济价值进行了测算

从评估结果来看水口乡村性蕴含巨大的经济价值，即使没有传统意义上的名山大川、奇山异水，乡村也可以凭借乡村旅游这一核心吸引物发展乡村旅游，乡村旅游大有可为。水口乡乡村性的使用价值估值可达到 44 亿元；乡村性的非使用价值约为 2.17 亿元。水口乡的总经济价值为 46 亿元，其中主要来源是游憩使用价值，而此部分的总价值的形成主要来源是两个方面，一个是游客总人数，另一个是旅行花费。在实际的旅游发展的过程中，该部分的价值其实是一个动态发展的过程。比如，游客总人数按照旅游目的地发展周期理论，应该是一个钟形发展的过程；同样旅行花费和当地业态的发展有关，另外由于非使用价值由于采取的是支付意愿法，也有可能会存在偏低。

4. 纳入乡村性经济价值的收益分配

在现有的乡村旅游收益分配中很少会考虑到乡村性的价值，不仅是游憩使用价值，非使用价值被考虑得更少，在提出乡村性经济价值测算方法的基础上，本研究认为要将乡村性价值纳入乡村的利益分配之中，同时各利益主体尤其是政府要在初次分配与再分配的环节中发挥主导作用，提供制度保障。

（三）对策建议

1. 要在利益补偿和股权结构中，考虑乡村性的经济价值

将乡村性的经济价值纳入收益补偿或是股权分配，一方面可以保障村民的旅游吸引物权，防止乡村性经济价值严重漏损的情况出现，让乡村社区发挥其经济价值，另一方面也可以产生蓄水池的作用，将乡村性的经济价值的实现部分，适当地照顾弱者，调节乡村社区内的收入。这也是共同富裕的应有之义。此外考虑到区域协调、可持续发展、生态和环境保护等，乡村性的经济价值的实现部分可以发挥引导性作用，通过二次分配，推动区域和谐发展。

2. 对于乡村性的经济价值分配需要具有动态发展观

乡村性经济价值的来源之一——游憩价值与乡村旅游的发展情况密切相关，在初期这一部分的价值和后期发展后的价值会有一定的差异，在这一部分价值分配上要兼顾多元主体的利益。一方面要肯定乡村性的初始价值，以及农民为保护乡村性的原貌所付出的努力，确保农民获得增值收益。另一方面也要看到游憩使用价值的增加，离不开旅游开发公司、村集体公司或者是运营团队的努力，没有相应的业态招引、营销宣传投入，也难以产生这样的乡村性经济价值增值，因此在增值部分也要考虑其他利益主体的付出。对乡村性经济价值的测算从一定程度上为社区和外来企业之间各自获得收益增长的部分提供了依据。

3. 将乡村性经济价值纳入收益分配体系需要制度保障

对于政府而言，在生产环节便要将乡村性以生产要素的方式纳入旅游生产函数之中。目前虽然有很多乡村在一定程度上体现了乡村性的价值收益分配，但任重道远，如在股权的构成之中，鲜有民风民俗、生产生活方式等形式的入股，而这正是乡村性不可或缺的一部分，政府部门需要通过制度设计推动这部分在内的乡村性以生产要素方式入股或纳入收益补偿的依据。比如，将乡村性经济价值的评估，纳入乡村旅游开发的前置条件，纳入乡村旅游规划的一部分，为乡村性经济价值参与分配奠定基础；

在初次分配时强调乡村性的经济价值，引导村民和村集体在开发谈判中考虑乡村性的经济价值；在再分配中通过补偿制度、税收转移制度、村集体经济监管制度等。发挥乡村性经济价值的蓄水池和调节池制度。此外，参与乡村旅游开发的企业要考虑长远效益，意识到乡村性价值的重要性；社区居民要通过村规民约等方式保护乡村性、推动可持续发展；同时也要通过增权增能，提高社区居民的权利意识和契约意识。

三、学术价值、应用价值及社会影响和效益

（一）现实意义

1. 促进乡村旅游可持续发展

通过对乡村性这一旅游吸引物的经济价值进行评估，为建立合理的收益分配机制以及旅游吸引物权立法提供数据支撑。旅游吸引物权基于旅游增权理论以及社会的现实要求提出，其本质是一种财产权，如何推进其实践应用成了重点关注的问题。乡村性作为乡村旅游中最为重要的旅游吸引物，对乡村性的价值进行评估，使得这项权益性资产得以变现流入市场，能够保障权利主体的利益，并且使人们有意识的保护乡村性。同时，对旅游吸引物进行价值评估，有助于建立合理的旅游收益分配机制，对维护农村社会的稳定也具有重要意义。对乡村性进行价值评估，有助于更好推动乡村性的价值实现，一方面有助于旅游经营者更加清晰地认识旅游者的偏好，做出正确的管理决策；另一方面农民获利能够提升社会参与感及社区认同感，推动乡村旅游的可持续发展。

2. 推动城乡统一要素市场的实现，助力共同富裕

对于乡村住的经济价值合理评估及其价值的实现路径研究能够有效解决城乡生产要素利用不充分问题，改善城乡的利益分配关系，缩小城乡差距，助力共同富裕。绿水青山就是金山银山，构建可操作的生态价值评估系统和符合市场的生态价值支付体系是有效实现两山转化的机制和路径，乡村性的价值实现需要通过政府或市场路径，把要素转化为生产力要素融入市场经济体系，形成城乡统一的要素市场，从而助力共同富裕中城乡差距问题的优化，推动乡村性的价值实现。

（二）理论意义

1. 从学理上把握乡村旅游发展的根本性因素，侧面论证旅游吸引物权理论

如果没有良好的生态系统支持的旅游资源供应，旅游业是无法持续发展的。相反，即使传统的旅游资源不丰富，如果生态、人文环境优良，旅游业仍然可以带来巨大的利益。以浙江安吉县、水口乡的众多乡村为例，它们并没有九寨沟等那样的先天资源优势，但是抓住了美丽乡村建设的核心，做足了自然要素和地方乡土文化的文章，使得乡村地区独有的特征——乡村性凸显，成为吸引众多海内外游客来访的旅游大县。事实证明，没有名山大川，没有重要的历史文化遗存也可以将乡村旅游发展得很好，乡村性所涵盖的丰富内涵对于新时期的乡村旅游发展更加具有解释力，也是新旅游资源观的一种体现。

2. 从经济学理论丰富了旅游情境下的乡村性理论研究

乡村性在国内更多应用在地理学领域，作为一种地理学工具，用以划分城乡边界、选取乡村性指标以测量乡村性的程度。本课题站在乡村旅游的角度，将乡村性视为一种旅游吸引物的范畴，并从旅游经济学的角度探究该吸引物的经济价值以及参与收益分配的问题。探讨其作为旅游吸引物如何助力实现乡村旅游可持续发展、共同富裕的方式，丰富了乡村性的理论体系，同时也是对旅游吸引物权在乡村旅游中的应用与丰富。

湘鄂川黔苏区长征沿线红色旅游文化资源的传承活化与育人路径研究

负 责 人：韩慧莉
依托单位：中南大学
起止时间：2022 年 4—10 月

一、研究的目的和意义

　　党的十八大以来，习近平总书记多次强调"把红色资源利用好、把红色传统发扬好、把红色基因传承好"。2013 年，习近平总书记来到湘鄂川黔苏区花垣县十八洞村，指出湘鄂川黔苏区长征沿线红色旅游文化资源宝贵，需要"精准扶贫"加以生态传承与活化利用。2019 年，中央全面深化改革委员会审议通过《长城、大运河、长征国家文化公园建设方案》，提出"推进长城、大运河、长征沿线文物和文化资源保护传承利用"的决定。研究湘鄂川黔苏区长征沿线红色旅游文化资源传承与育人价值，让陈列在长征纪念馆里的旅游文物、散落在区域民间的长征沿线旅游文化史料、书写在长征典籍里的红色旅游文化思想还原其本真形态、价值和意义，是实现中华民族伟大复兴中国梦进程中不可忽视的工作。

　　课题在传承红色基因时代背景下，系统深入研究湘鄂川黔苏区长征沿线红色旅游文化资源的内涵，湘鄂川黔苏区长征沿线红色旅游文化资源的传承活化的优劣势分析，对湘鄂川黔苏区长征沿线红色旅游文化资源的育人路径展开思考，为不断丰富和拓展红色旅游文化资源育人的价值作用，在服务地方经济社会发展以及强国建设中发挥积极作用方面提供借鉴。

二、主要内容、重要观点、对策建议

（一）主要内容、重要观点

本课题通过对湘鄂川黔苏区长征沿线红色旅游文化资源进行概述、对其传承活化的优劣势进行分析，并对红色旅游文化资源的育人路径的创设展开思考，旨在为推进新时代红色旅游文化资源的利用和开发提供参考和借鉴。

1. 湘鄂川黔苏区长征沿线红色旅游文化资源概述

湘鄂渝黔苏区留下的红色遗址，红军标语和流传于世的歌谣、故事、传说等作为湘鄂川黔苏区革命根据地红色革命精神的承载和写照，诠释着那段英雄艰苦奋斗的岁月。湘鄂川黔苏区长征沿线红色旅游文化资源的含义与价值，在当代社会进行传承活化具有深远意义。通过对红色旅游文化资源的含义与价值进行分析，总结出红色旅游文化资源传承活化的必要性有三个，分别是：爱国主义教育的兴起，红色旅游热度大幅提升；网络文化思潮的冲击，青年群体意识形态淡化；高等教学改革的发展，思政课程育人时代变换。为此，我们必须重视湘鄂川黔苏区红色旅游文化资源的传承活化工作。

2. 湘鄂川黔苏区长征沿线红色旅游文化资源的传承活化的优劣势分析

湘鄂川黔苏区长征沿线红色旅游文化资源传承活化的整体态势繁荣，在进一步的发展中，需要理性分析其传承活化过程中的优势与劣势，进一步合理规避劣势，放大优势，以促进其呈现良好的发展前景。既要充分认识到湘鄂川黔苏区红色旅游文化资源传承活化具备的政策优势、资源优势、区位优势、环境优势等，同时也要看到在其传承活化利用过程中所展现的凸显的短视现象、薄弱的基础设施、多头的管理体制等劣势问题。

（二）对策建议

湘鄂川黔苏区长征沿线红色旅游文化资源的传承活化具有重要意义，在育人实践过程中可发挥重大价值。面对湘鄂川黔苏区红色旅游文化资源传承活化的优劣势进行理性分析，必须有清醒的认识，有针对性地改善劣势、发挥优势、寻求突破，在育人路径的目标、实践、保障、推广等方面进行完善，以达到科学育人的目的。

1. 育人路径的设计

湘鄂川黔苏区长征沿线红色旅游文化资源是中国共产党和中国人民在长期的革命

斗争实践中形成的、凝聚着共产党人和革命先辈们的独特思想和精神风貌，在当代思想政治育人工作中具有深远意义。要在深入总结、积极探索的基础上，突出弘扬长征红色革命文化，在育人路径的设计上把握好目标的引领性和线路正确性。湘鄂川黔苏区长征沿线红色旅游文化资源的育人路径的目标设定也需从知识、能力和价值三个目标方面进行优化。在育人线路的设计上，要注重红色旅游文化资源的永续利用，发挥其政治功能，在线路的设计上要注重主题鲜明，更好地发挥红色教育的功能。

2. 育人路径的实践

湘鄂川黔苏区长征沿线红色旅游文化资源的育人路径的实践应充分发挥其区域内的各项优势，科学规划、不断更新观念、探索创新模式，在育人载体、育人内容、育人方式上不断改进，以增强其发展活力。首先，在育人载体上要优化资源合理配置，明确各部门责任分工；充分挖掘资源深度，开发出特色旅游产品；坚持红色革命基调，建设好主题教育基地。其次，在育人内容上要注重内容的广泛性，紧密贴合受教育者的内心；结合重要的节假日，举办趣味性互动教学活动。最后，在育人方式上，要形式多样，建立与受教育者的情感共鸣；避免说教，以喜闻乐见的方式创新探索。

3. 育人路径的保障

湘鄂川黔苏区长征沿线地区红色旅游文化资源的开发与红色旅游发展的良性互动，必须结合实际进行科学规划，构建优质的育人环境、进行合理的分工协作、建设具有特色的品牌。从而为红色文化开发与红色旅游发展创造良好条件和社会氛围。

首先，要构建红色旅游文化资源育人的优质环境。湘鄂川黔苏区长征沿线地区红色旅游文化资源建设，要引起领导重视、抓紧经费落实、推动人才队伍建设，关键在于做好科学规划，抓好人、财、物等基础工作的落实，做好发掘利用红色旅游文化资源的各项具体工作。在红色旅游文化资源的深化研究和发掘过程中，在人力、物力、财力等方面做好统筹保障工作，将深化研究和发掘的各项具体工作扎实做好。注重红色文化专业人才的培育，实行政策鼓励、财政支持等多项举措，以提升红色旅游文化景区讲解员的红色历史文化知识与技能，不断改善和提升从业人员的红色素养。要完善基础设施，加大湘鄂川黔苏区长征沿线红色文化遗迹的保护修复及重建、展陈设计、形象宣传和旅游公共服务设施的建设，对现场的教学点服务设施进行升级改造。按照"食、住、行、游、购、娱"的旅游构成要素，加快完善湘鄂川黔苏区红色旅游文化景区的游客服务中心、食宿等配套服务设施，在红色旅游景点出售体现地方长征红色文化特色的产品，在红色景区周围发展具有农味、农情、农趣的农家乐，增加景区的民俗色彩，以提升红色旅游景区整体的服务层次和服务水平。

其次，要创设红色旅游文怀资源育人的联动格局。打造资源融合、平台融合、人才融合的联动式育人格局。湘鄂川黔苏区长征沿线红色文化基因的传承和弘扬，应以促进区域内红色旅游文化资源的联合发展为宗旨。在一定的地域范围内，要打破行政区划的界限，实现红色旅游文化资源跨区域的联合开发，根据红色旅游文化资源的内在关联性与地理空间的邻近性等特点加强区域性旅游业的联合与协作，使各地区在统一谋划和规范的基础上，共同协作部署开发优质的红色旅游文化资源，打造代表性的长征红色文化品牌形象，提升区域红色旅游的竞争力。提高湘鄂川黔苏区长征沿线地区红色革命旅游文化资源的研究、管理、服务、经营等各环节平台的上下游的联动。充分认识红色旅游文化资源开发专业人才的重要性，政府及有关企业要积极采取有效措施，与各类旅游院校进行合作培养，以高薪聘请、政策激励等手段吸引高素质的人才队伍。

最后，打造红色旅游文化资源育人的特色品牌。开发具有特色的湘鄂川黔苏区长征沿线红色旅游文化资源产品，要善于利用湘鄂川黔苏区各地丰富的红色文化资源，打造具有地方特色的红色旅游文化品牌，将长征英雄的辉煌战斗历程纳入烈士纪念地现场教学课程，紧密结合社会主义核心价值观进行品牌建设，开发一系列教学精品课程，从而形成具有党性教育的特色品牌，增强旅游过程的体验感和实效感，打造红色文化精品。湘鄂川黔苏区各地的红色旅游城市对长征革命旧址可最大限度地进行历史的原貌复原，通过建设情景式、体验式和互动式的红色智慧博物馆，创新发展红色博物馆文化，促进红色旅游的高质量发展，创作一系列有特色的红色文化旅游剧目与红色美术作品巡展等特色品牌创新项目，以高质量的品牌号召力吸引广大游客前来参观游览，并且可以在长征红色文化品牌的建设中广泛收集游客的反馈信息，深入地了解游客对红色景区的喜好，为挖掘出更丰富、更有价值、更具吸引力的红色文化内容提供思路，打造出高质量、有温度的 IP 红色文化属性，创意研发出有个性、有品质、有内涵的红色文化旅游精品。

4. 育人路径的推广

"雄关漫道真如铁"，湘鄂川黔苏区长征沿线红色旅游文化资源育人路径在做好线路的设计、实践和保障后，要使之真正发挥功能效用，实现更为广泛的社会效益，还需要在育人路径的推广上采取相应的措施。

首先，红色作为中国共产党和中华民族的底色和主色调，是湘鄂川黔苏区长征沿线地区人民奋斗过程中的持久动力源泉和精神支柱，在当代经济社会中焕发独特光彩、是弘扬社会主义先进文化的重要引擎。红花也需要绿叶相配，才能奏出更加和谐和美妙的曲调。因此，必须将红色旅游文化资源与秀丽的自然风光资源相结合，与历史文化旅游相关联，满足旅游者不同层次的体验需求。

其次，利用红色旅游文化，提炼湘鄂川黔苏区长征沿线地区红色旅游文化资源的思想政治育人内涵。让广大党员干部在体验红色文化中接受思想的洗礼，在追寻革命先辈们的足迹中领略革命精神的真谛和感受革命文化的光辉，从而激发干事创业的热情和艰苦奋斗的决心。湘鄂川黔苏区区域内各级党员领导干部要带头奔赴长征红色革命纪念地、纪念馆、博物馆进行参观学习。

再次，举办湘鄂川黔苏区长征沿线红色旅游文化资源推介会，面向国内外进行广泛宣传。研学旅行、场景体验等一系列宣传活动，使湘鄂川黔苏区成为蜚声全国的红色景区。拓宽红色旅游文化资源的宣传渠道，发挥官方媒体的传播主阵地作用，获取自媒体多平台的推广传播，结合建党、中华人民共和国成立等重要时间节点，加大推销力度，通过媒体集中报道、举办节日纪念活动等方式，提升长征红色文化的知名度。

最后，国务院办公厅《关于深化产教融合的若干意见》中特别指出促进教育链、人才链与产业链、创新链的有机衔接，深化产教融合发展。当前我国针对人才培养模式在强化知识能力的培养的基础上，更加注重德育的培养。红色文化教育是学生德育教育的重要组成部分。湘鄂川黔苏区的红色旅游景区不仅是红色资源的集聚地，更是学生触摸历史、熔铸红色基因的"社会课堂"。高等院校和红色旅游景区的有效融合，是实现学生德育教育的有效途径。

三、学术价值、应用价值及社会影响和效益

（一）学术价值

一方面，围绕湘鄂川黔苏区长征沿线红色旅游文化资源主题，从理论上研究"习近平新时代中国特色社会主义思想"新时代特定时期下理论与实践构建的原则、传承和活化内容、体系及逻辑机制等，提出了系统性的学术思想，是对现有红色旅游理论研究的拓展和深化。另一方面，深入挖掘和构建湘鄂川黔苏区长征沿线红色旅游文化资源价值谱系和评价方法，探索评价育人价值利用的具体路径，可丰富和拓展旅游文化资源活化的理论研究。

（二）应用价值

课题明确提出旅游文化资源和育人价值的利用观点，让红色旅游文化资源活化利用，契合"让旅游文化遗产活起来"的发展观点，为湘鄂川黔苏区长征沿线红色旅游文化资源的传承利用提供了新的视角和思路。研究成果有针对性地指导湘鄂川黔苏区长征沿线红色旅游文化资源育人价值的利用，推动国家红色旅游文化强国建设，为湘鄂川黔苏区长征沿线红色旅游文化资源育人价值的运用提供可借鉴案例。

无接触文化和旅游服务模式与管理对策研究

负 责 人：李明龙
依托单位：中南财经政法大学
起止时间：2022 年 4—10 月

一、研究的目的和意义

新冠肺炎疫情迫使旅游服务理念和方式发生改变，身体健康和安全需求成为首要服务需求，"无接触"和"间接接触"成为重要的服务方式（陈岩英、谢朝武，2021）。这就需要行业管理者进行权衡，如何探索无接触文旅服务模式，既满足防疫要求，又不降低文旅服务质量（戴斌，2021），成为亟须回答的研究问题。

从某种意义上说，无接触文旅服务已成为不可逆转的趋势。后疫情时代下，疫情期间长期的社会封闭和对疾病的恐惧，不可避免地影响着人们对接触的心理，改变人们对人际交互的欲望和对服务接触的行为意向。也就是说，即使新冠肺炎疫情结束，此前所造成的心理影响、所形成的无接触服务和消费习惯也不会发生大的变化，这将支持无接触文旅服务的长期存在。因此，对无接触文旅服务进行有效设计和管理是行业管理者十分关心的问题，也是本项目试图解决的问题。

本课题基于此研究问题，总结了无接触文旅服务模式（因素、特征与实现方式），提炼了其影响因素与实现方式，对服务接触与管理、技术应用、文旅服务与管理的研究和理论有贡献，对文旅服务实践有管理启示，尤其为后疫情时代文旅服务管理提供了政策建议。

二、主要内容、重要观点、对策建议

（一）主要内容

1. 无接触文旅服务的四种典型模式

新冠肺炎疫情对敏感型的文旅产业及其原本的"高接触"模式产生强烈的冲击，要求服务提供者和消费者不得不重新审视服务中的人际交互。在公共卫生事件背景下，整体服务环境和顾客首要服务需求已发生改变，文旅消费者发生更加关注健康需求、心理脆弱和价值转变等变化，这对文化和旅游服务提出更高的效率、标准化和个性化的要求（保继刚，2020）。面对"无接触"的服务需求，如何找到后疫情时代下的出路，满足顾客"健康"的"服务"需求，构建新环境下的高品质服务体验成为关键的问题。其中，智能和数字技术成为实现这些目标的基础。

无接触文旅服务模式首先表现为服务人员、技术、消费者的三元互动关系。相关行业实践和研究表明，根据技术在服务中的角色和作用，可以将服务接触分为技术辅助型服务接触、技术便利型服务接触、技术中介型服务接触和技术生成型服务接触。要实现文旅服务人员与消费者无接触的服务，就应该采用技术中介型和生成型的服务接触模式。前者采用有服务员与消费者的及时互动，不过是以技术为中介的以实现"无接触"的目的，后者是基于高智能或程序设定，技术设备直接服务于消费者，即便如此，服务员仍然承担着后台前期准备工作、服务失败弥补等工作。

基于以上分析，本课题通过阅读文献资料、实地调查等方式收集了文旅行业无接触服务的典型案例。基于行业的实践，我们总结出了四种无接触文旅服务模式：线上预约与交易模式；自助业务实现模式；自动化服务传递模式；云端咨询与投诉处理模式。其分类的依据一是服务的流程与价值链，二是根据无接触服务中所运用的技术的不同进行类别划分。线上预约与交易模式是基于顾客的购买行为而生成，它的本质类似于 O2O（online to offline）模式，即让消费者在线上进行交易，在线下享受购买的产品，这种模式以互联网技术为基础和核心。自助业务实现模式是以通常所说的 SST（self service technology）为基础实现的；自助服务技术是用户可借助相关服务设施自我完成某项服务的技术，常见的自助服务设备包括图书馆的自助借还机，电影院的自助取票机，机场的自助打印登机牌机器等。自动化服务传递模式则是基于人工智能技术，像扫码送餐、酒店机器人送货等，这种服务的提供者一般都是智能机器人，消费者只需在手机上下单自己的需求，机器人便会将物品送到消费者手上。云端咨询与投诉处理模式所使用的技术是通信与互联网技术，消费者既可以通过传统的电话、短信进行远程咨询，也可以通过网页、微信、邮件等客户端获取信息服务。以上分析是从四种模式所运用的技术的不同来看。从服务流程与价值链来看，线上预约与交易模式发生在服务前，这是消费者要享受服务的第一步；自助业务实现模式和自动化服务传递模式发生在服务中，是消费者正在享受"无接触服务"；云端咨询与投诉处理模式则贯穿服务的整个过程。

这四种模式虽各不相同，但也存在着一般规律。首先，这四种服务模式都是非接触式的，但也都是与人的服务相配合的，有的是需要服务人员在后台提供技术支持，有的是需要服务人员在现场提供辅助支持；其次，这四种模式都服务于人的精神享受与追求，不同于一般的服务，增加了趣味性、知识性、新颖性，非常适合文旅行业。

2. 无接触文旅服务模式的实现方式

无接触文旅服务模式的实现要考虑驱动因素和障碍因素的影响。无接触文旅服务模式受消费的高质量要升级要求、数字化技术与经济的发展、疫情常态化的要求等因素的驱动，也受到应用场景数字化难度大、责任模糊、顾客对人际服务的偏好等因素的阻碍。我们需要在成本评估和预算、市场调研和精准营销、技术储备与企业合作、场景管理与流程优化等方面做好管理。

（二）重要观点

（1）无接触文旅服务模式是社会形势和科技发展的必然，且不会因为新冠肺炎疫情的结束而结束，是长期存在的，因而探讨无接触文旅服务的要素、特征、影响，对于文旅服务管理理论和实践具有重要的意义。

（2）无接触文旅服务模式的核心服务人员、技术、消费者的三元互动关系、角色。

（3）无接触文旅服务模式只是适应新环境下的一种选择，不能说它比传统的服务模式更好，关键是看它适用于什么样的情境下，因此，我们要讨论其驱动因素、障碍因素和适用条件。

（4）无接触文旅服务的管理需要从多层面（不同管理主体）多手段综合进行，以发挥其优势，并减少其不良影响。

（三）对策建议

根据四种无接触文旅服务模式的构成要素和特征，本课题从两个层面总结出了适用于无接触文旅服务的相关管理对策。

针对无接触文旅服务，文旅主管部门要做好顶层设计，出台相关指导意见、行动计划等。无接触文旅服务是一种新模式、新业态，短期对于促销费、稳经济具有重要作用，长期对于提升行业发展水平、推动经济高质量发展具有重要意义。文旅主管部门可从政府层面出台指导意见或行动计划推广无接触文旅服务。首先，推动整个产业链的数字化水平。无接触服务需要整个产业链甚至产业生态的协同，而数字技术是实现无接触服务的关键节点，不仅要推动终端产业的无接触服务，还要提升相关配套产业的数字化水平，为无接触服务奠定良好的发展基础。其次，依托平台企业做好职业教育培训，保障人才供给。要实现无接触文旅服务的推广、推动数字文旅、智慧文旅的发展，就必须提高文旅服务行业从业人员的素质，提高他们自身的"数字化水平"。再次，通过政府购买服务的方式，在公共服务和社会治理领域引入无接触服务，加大无接触服务的推广力度，为文旅行业的无接触服务营造良好的发展环境。最后，为发展无接触文旅服务创造良好的硬环境。互联网背景下的在线文旅，对以新一代信息技术为主体的各种硬件环境提出了很高要求，需要对打造新型基础设施、公共服务设施、配套设施和生态环境提前谋划布局，以适应在线文旅发展需要。

无接触文旅服务不仅是疫情期间保障消费者基础文旅消费需求，保障广大人民群众精神文化生活，稳定文旅行业的有效模式，从长期来看还是推动文旅行业变革、促进文旅融合发展、提升生产效率和发展质量的有效模式，需要从行业政策、服务标准、消费者宣传与教育三个方面做好无接触文旅服务管理。

从文旅企业、服务提供者的角度来看，我们需要做好服务流程规划，合理管理员工、设计工作，对服务场景进行科学管理。

三、学术价值、应用价值及社会影响和效益

（一）完善了服务接触理论和媒介等同理论

传统意义上，服务业特别是生活服务业是典型的交互性行业，人与人的面对面接触是服务消费中不可或缺的一环。狭义的服务接触理论以人际的接触为研究对象，最典型的研究便是二元服务接触理论。无接触服务打破了传统的基于面对面接触的服务方式，为服务消费新模式发展注入了新的内涵，并呈现出较为鲜明的发展特征。无接触服务实际上是广义服务接触理论的一部分，但目前关于融合了技术因素的广义服务接触理论的概念还不成熟，未形成统一定义。本课题通过实例阐释了无接触服务中顾

客、服务人员与技术之间的三元互动关系，结合媒介等同理论，即当顾客带着情感和社会因素去接触周围的媒介时，可以将媒介当作"人"，因此，无接触文旅服务事实上也是服务互动的特殊部分，无接触服务技术作为媒介仍能产生好的服务感知；本课题重点探究了顾客、服务人员与无接触服务技术之间的"接触"，是对服务接触理论和服务管理理论的有效补充，也在新情境中验证了媒介等同理论。

（二）本课题研究有利于无接触文旅服务模式的认识与实现

本课题总结了四种无接触文旅服务模式，分析了其服务流程、构成要素、成本和收益、表现特征等，指出了目前这些无接触文旅服务的驱动因素、遇到的一些阻碍因素等，深化了对无接触文旅服务模式的认识，为无接触文旅服务的落地提供了一些启示。

（三）对无接触文旅服务模式的发展和管理有贡献

本课题最后分文旅主管部门和文旅服务机构两方面提出了相应的政策建议，对于无接触文旅服务模式的发展和管理有启示。无接触文旅服务属于智慧文旅发展的一部分。本研究针对无接触文旅服务模式提出的相关管理对策和建议，不仅适用于以上四种无接触文旅服务模式，一定范围内也适用于智慧文旅服务的管理。无接触文旅服务和智慧文旅服务都是依托现代科学技术，所采用的很多技术也是相通的。例如，基于信息通信技术的云端服务咨询与投诉模式，在智慧文旅服务中，信息通信技术的使用更加广泛，如景区的智慧导览、防灾预警系统、智能呼叫系统等，对于这些本质相同的技术，只是在使用场景上不同，本课题的研究对技术在服务场景中的有效应用有启示。

文化交流视域下的粤港澳大湾区城市记忆表征与传播研究

负责人：廖珍杰

依托单位：广州华商学院

起止时间：2022 年 4—10 月

一、研究的目的和意义

（一）研究目的

城市化和城市更新过程中的城市记忆问题一直受到国外研究者的广泛关注。从早期对城市记忆相关概念的界定和视觉景观对城市记忆的象征意义的探讨，发展到关注城市遗产、文化、习俗等城市记忆符号（Park，2011），再到关注故事、文字、照片、手工艺品等细微物件的记忆和认知（Azaryahu 等，2008）。所选案例不限于战争纪念碑和纪念碑等纪念性景观（Nagel，2002；Mark，2011），也逐渐扩展到地名、语言、仪式、政治等符号化要素（Chen 等，2020）。随着城市化进程的加快，国内学者逐渐推进了对城市记忆的研究。从讨论城市记忆的要素和载体，以及城市记忆的时空属性，逐渐衍生到城市记忆与建筑景观、文化传承、地方感知等诸多方面（曾诗晴等，2020）。

从已有研究可以看出，当前文献对城市记忆的研究主要从构成要素、象征意义等定性角度入手，针对城市记忆进行一般层面的笼统性分析，已有的关于城市记忆的量化研究也相对单一，量化方法也没有涉及城市记忆图谱的相关应用研究，尤其缺少将城市记忆与文化交流相联系这一桥梁。有鉴于此，本课题利用 Gephi 复杂网络分析软件构建城市记忆表征的记忆图谱，在此基础上提出基于文化交流的城市记忆身体传播、场景传播和符号传播策略，弥补当前研究的空白，以期为当前发展提供参考。

（二）研究意义

党中央、国务院高度重视对港澳台文化交流工作。习近平总书记在党的十九大报告中指出："要深化内地和港澳地区交流合作。"2015 年 1 月 6 日，文化部提出"不断深根厚植，加强对港澳台文化交流工作"。2022 年 1 月 20 日，《"十四五"旅游业发展规划》明确提出"建设对外和对港澳台文化交流和旅游推广体系"，更是将对港澳台文化交流工作提上重要议程。文化交流需要文化记忆的传播，城市记忆是文化记忆的重要组成部分。

根据以上分析，本课题探讨粤港澳大湾区城市记忆表征和塑造的过程、机制，并从身体传播、场景传播和符号传播 3 个方面提出新形势下基于文化交流的粤港澳大湾区城市记忆传播创新策略，以期丰富城市文化研究内容，为城市延伸记忆张力和活力，加强粤港澳大湾区城市文化交流，提供理论支撑和实践指导，具有重要意义。

二、主要内容、重要观点、对策建议

（一）主要内容、重要观点

一是城市记忆表征方面。本课题的核心范畴涉及身体化记忆、场景化记忆和符号化记忆 3 个维度，呈现的故事线结果主要包括：（1）历史文化景观的城市记忆表征主要包含身体化记忆、场景化记忆以及符号化记忆，其中身体化记忆起基础性作用，场景化记忆是最主要的表征维度，符号化记忆占据主导地位；（2）身体化记忆、场景化记忆以及符号化记忆之间存在一种互动关系，相互影响，相互促进。同时，为保持城市记忆的延续性和动态性，使之保持充分的张力，在打造粤港澳大湾区城市历史文化景观的过程中应尊重地方居民或者游客的心理诉求和意愿。

二是城市记忆传播方面。结合身体理论、场景理论、符号理论提出新形势下粤港澳大湾区城市记忆的身体传播、场景传播、符号传播策略。具体来说，身体传播方面，积极利用身体传播中的"名人在场效应"，同时重视身体接触式传播的应用，通过与身体在场的市民和游客实现实时互动与交流，增强粤港澳大湾区城市记忆的传播效果；场景传播方面，在新冠肺炎疫情防控常态化背景下，应时而动，积极利用场景广告，将粤港澳大湾区城市记忆作为一种传统文化品牌入驻新型社交媒体；符号传播方面，通过审视和创新符号意义的传播交流方式或者传播手段，扩大在传播者和受传者之间共通的意义空间。

三是城市文化交流方面。随着经济全球化和粤港澳大湾区城市现代化，城市空间的过度开发对粤港澳大湾区文化造成了一定的负面影响，使得湾区文化的表现形式日渐模糊，特别是原有的生活方式和习惯日益淡化甚至消失。在此背景下，人们迫切需要一种介质与纽带来传承城市记忆。作为城市记忆的重要组成部分，历史文化景观是保持城市记忆、传承地域文化的重要空间，政府有关部门应以历史文化景观为切入点，加大保护城市记忆、传承本土特色文化的力度，特别是在"千城一面"的城市发展困局中，更应该利用历史文化景观来延续深厚的城市记忆，并通过粤港澳大湾区城市记忆表征与传播来加强城市文化交流。

（二）对策建议

本课题基于文化交流视角，从身体传播、场景传播和符号传播 3 个方面提出新形势下粤港澳大湾区城市记忆传播策略。

首先，粤港澳大湾区城市记忆的身体传播应用及策略。第一，积极利用身体传播中的"名人在场效应"。名人在场效应是指名人（如明星、公众人物、政治领袖等著名人物）出现在现场时产生的社会影响、反应和效果等。据此，粤港澳大湾区城市记忆的身体传播策略当中，应该充分重视并积极利用起"名人在场效应"。名人如果出现在各类传统庆典、仪式活动的现场，会格外引人注目，现场的情绪和氛围会迅速升温，能有效扩大其影响力。综上所述，粤港澳大湾区城市记忆的名人身体在场策略，在身体传播策略中，应该重新审视和重视起来。第二，想象性在场传播的应用。想象性在场是指身体本体不在现场，但人们通过想象他（她）身体在场而产生某种和身体在场一般的在场效应。需要特别强调的是，想象性在场如果想发挥出和真实的身体在场一样的在场效果，必须以真实的身体在场为基础，如果从来没有体验过真实的身体在场，那么即使想象性在场的技术手段再高超，人们想象性在场也会受到影响，产生的在场效应也会打折扣。从这点来说，如何成功实现想象性在场传播，收获不错的传播效果，主播的选取将变得至关重要。第三，重整身体的虚拟在场传播素材。在信息时代和新冠肺炎疫情防控常态化的双重影响下，身体的"虚拟在场"似乎比实在性身体在场更加重要，重新整理身体的虚拟在场传播素材将变得更具有历史和时代价值。"想象性在场传播"与"虚拟在场传播"的区别在于概念发出的主体是不同的："想象性在场传播"

中做出想象的主体是指参加各类庆典、仪式的湾区市民，身体不在现场，通过直播想象自己在场，"想象性在场传播"中做出传播的主体是"主播"；而"虚拟在场传播"中做出虚拟在场的主体特指增强粤港澳大湾区城市记忆传播效果的名人或者领导。第四，身体接触式传播策略。粤港澳大湾区城市记忆的产生，在某种程度上是因为集体对它有着共同的体验而产生的情感共鸣。这种体验从何而来呢？体验分为直接体验和间接体验两种。无论身体直接接触还是非身体接触，都可以构成身体的直接体验。间接体验，则可以通过符码传播来实现，如通过书籍、报纸、电视、广播、新媒体等所传递的语言、文字、图像等符号获得间接体验。

其次，粤港澳大湾区城市记忆的场景传播应用及策略。第一，应时而动，洞察并满足人们对城市记忆的需求。本课题认为，粤港澳大湾区城市记忆，本身就是一种需要被洞察和满足的需求。意识到这个层面，将是进行新型情境的场景传播中非常重要的一点。在前文中本课题提及，根据目前的相关质性研究资料，场景在粤港澳大湾区城市记忆传播中的体现，更多体现为场景中的传统情境，新型情境的场景在粤港澳大湾区城市记忆的传播中还未被体现出来。第二，通过景观化呈现提升沉浸式体验。粤港澳大湾区城市记忆的内容，在传统情境的场景层面的各个要素将会通过这些技术在线上做更好的景观化呈现，进一步与传统情境的场景传播相互促进，提升人们对粤港澳大湾区城市记忆的沉浸式体验。特别值得一提的是，传统庆典、仪式活动作为一种特殊事件，对城市记忆的传播和建构，过分强调技术的使用有失偏颇。粤港澳大湾区城市记忆能否在新型情境的场景传播中顺利实现空间迁移，有一定难度，需要时间和人们的适应。但无论如何，景观化呈现首先是提升沉浸式体验的第一步。第三，入驻主流新型社交媒体。如果说虚拟现实技术应用于粤港澳大湾区城市记忆新型情境的场景传播中尚需时间和人们的适应，将粤港澳大湾区城市记忆作为一种传统文化品牌入驻新型社交媒体，则是实现新型情境的场景传播策略中的重要一环。因此，充分利用微信、抖音、微视、视频号等新型社交媒体所构建的新型情境，积极主动投入新型情境的场景传播中来。第四，投入场景广告，打造湾区城市品牌。对粤港澳大湾区城市记忆进行场景传播，也需要积极利用场景广告。将广告和受众所处的具体场景结合起来，进而实现精准化、个性化的信息传播。场景广告大致可分为话题场景式、时间场景式、地点场景式等。

最后，粤港澳大湾区城市记忆的符号传播应用及策略。第一，注意区分城市记忆的各类符号和作为符号的城市记忆。将符号传播应用于能动性、创造性的建构和传播粤港澳大湾区城市记忆中，在学理层面上，需要注意区分粤港澳大湾区城市记忆的各类符号和作为符号的粤港澳大湾区城市记忆，进而进一步提炼出粤港澳大湾区城市记忆的各类符号传播的应用和作为符号的粤港澳大湾区城市记忆的符号传播应用。第二，审视并创新符号意义的交流方式。在粤港澳大湾区城市记忆的符号传播策略中，本课题建议官方或者意见领袖可以积极利用新媒体，如抖音、视频号等方式，以短小精悍、通俗易懂的小视频形式，对粤港澳大湾区城市记忆中的符号要素的意义进行宣传和交流，而不是仅仅靠书本记载的方式"沿袭"或者"传承"这种城市记忆。通过审视和创新符号意义的传播交流方式或者传播手段，增加传播双方对符号意义的理解范围和信息量，可以增强粤港澳大湾区城市记忆传播效果。第三，在传播者和受传者之间扩大共通的意义空间。粤港澳大湾区城市记忆的传播主体包括当地政府机构、民间人士等，想要将粤港澳大湾区城市记忆传播给更多的人（包括外地游客），需要建立共通的意义空间。建立共通的意义空间的前提是辨别符号对他者（外地游客）的意义，在粤港澳大湾区城市记忆符号中找到共同的意义空间。扩大共通的意义空间，是增强粤港澳大湾区城市记忆传播效果的重要路径。第四，提炼并浓缩作为符号的粤港澳大湾区城市记忆的意义所在。皮尔斯认为传播是观念或意义在传播主体之间的互动过程，而观念或意义也只有通过符号才得以传达。传播更接近于心灵之间的交流和互动，心灵之间的相互沟通，而这种沟通需要通过中介或者载体才可以实现。具体而言，属于湾区市民的关于粤港澳大湾区城市记忆的传播，其本质上是作为社群的集体（湾区市民）对作为符号的粤港澳大湾区城市记忆的意义进行交流与互动的过程。

三、学术价值、应用价值及社会影响和效益

（一）学术价值

一是丰富了表征理论的研究。本课题以历史文化景观作为表征媒介，深入探究城市记忆的景观表征形式及表征机制，在将斯图亚特·霍尔的表征理论引入城市记忆研究的同时，也是从城市记忆研究的角度对表征理论进行了理论拓展。

二是深化了记忆传播的研究。本课题将身体理论、场景理论、符号理论引入城市记忆研究当中，通过广州永庆坊、香港油麻地和澳门福隆新街进行多案例分析，以经验性研究对相关理论做出诠释与实践，首创提出基于城市文化交流的城市记忆身体传播、场景传播和符号传播策略，这也从城市记忆传播的研究角度对身体理论、场景理论、符号理论进行了一定程度的深化。

三是拓展了文化交流的研究。文化交流作为地方的一种文化现象，深深嵌入真实的地方和社会经历中，往往成为建立、维系地方和人的关系纽带。但目前国内外的研究大多数只是针对文化交流一般层面的笼统性分析，有关如何构建粤港澳大湾区城市记忆与文化交流联系桥梁的研究比较鲜见。探讨文化交流视域下的粤港澳大湾区城市记忆表征与传播研究，揭示城市记忆传播与文化交流的互动关系，拓展了该领域分类研究的理论基础。

（二）应用价值

一是为城市发展提供现实参考。以历史为根基、以现实为依据，探讨城市记忆镌刻，使之或外化于城市形态之上，或内化于城市居民的思想情感和行为习惯之中，进而实现提升粤港澳大湾区城市软实力、促进粤港澳大湾区城市发展的目的。二是为有关部门提供政策建议。探讨粤港澳大湾区城市历史文化景观对城市记忆的表征和传播作用机制这一过程，可以唤醒市民关于城市的记忆，将有助于传承湾区文化、构建基于湾区的地方感，为展现粤港澳大湾区城市文化精神风貌和加强城市文化交流提供借鉴与参考，因此具有较强的现实指导意义。

（三）社会影响和效益

首先，可以让国内外同行及相关科研单位或主管部门及时了解本课题研究进展及主要成果。

其次，为相关问题及领域的研究者们提供研究的参考和借鉴，如果上述成果能够引起国内外同行的关注和讨论，则可以提高本课题研究的影响力和价值。

最后，可以为相关部门决策提供可能的参考和借鉴。由于本课题在很多方面，诸如粤港澳大湾区城市记忆图谱分析、粤港澳大湾区城市记忆传播模式及路径、基于文化交流的粤港澳大湾区城市记忆传播策略等，都具有较为鲜明的时代特征和现实指向，因此，这些成果可以为相关部门决策提供可能的参考和借鉴。

共创还是共毁？
数字化背景下老年人旅游体验与服务提升研究

负 责 人：吕佳颖

依托单位：浙江大学

起止时间：2022 年 4—10 月

一、研究的目的和意义

本课题从价值共创和价值共毁的视角来探究数字化背景下老年游客的数字旅游服务体验，并针对研究发现提出数字赋能老年旅游体验的对策建议。

从需求角度看，通过完善传统服务、优化智慧旅游产品和服务，让数字时代的旅游服务更加适老，是积极应对我国人口深度老龄化趋势的重要研究议题。同时，本课题以数字旅游体验为主要关注点，有助于促进文旅企业提供更加全面、精准化的服务，可推动文旅产业的数字化转型，赋予文旅产业新的生机与活力。从供给角度看，探究数字化赋能游客旅游体验的机制是文旅产业供给侧改革的核心，可以为我国旅游服务质量的提高打下坚实的基础。同时，本课题也具有重要的学术价值。本课题将价值共创与共毁应用于数字旅游服务体验场景，为数字赋能文旅体验提供了一个理论视角，同时对该理论进行了深化和扩展。

二、主要内容、重要观点、对策建议

（一）主要内容

本课题旨在分析数字化服务如何影响老年人的旅游体验。研究一基于价值共创与价值共毁理论框架，基于中国情景，选取城市老年人进行深度访谈，探究老年人在旅游服务体验中的数字服务需求和体验。研究二基于数字素养理论和满意度理论，深度剖析老年人数字旅游服务体验价值共创与价值共毁的前因及结果。研究框架如图 1 所示。

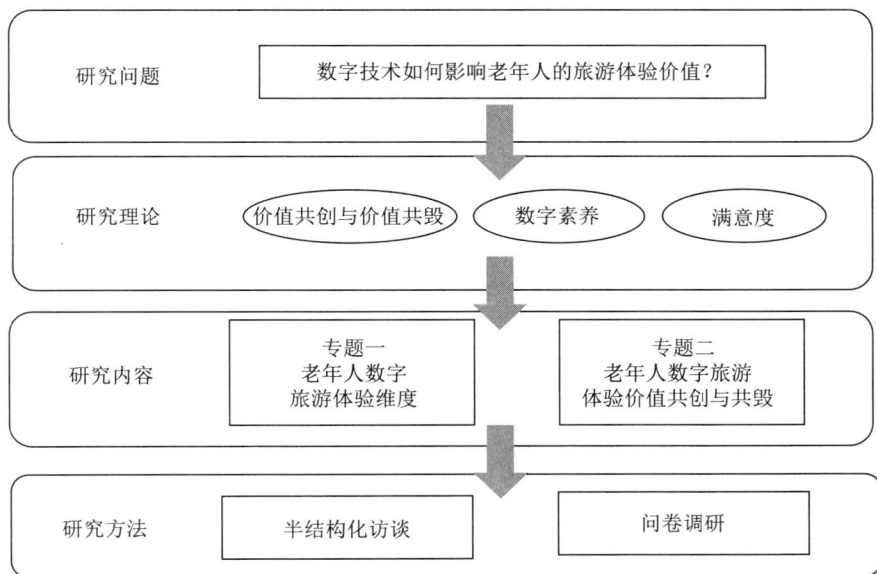

图 1　研究框架

（二）重要观点

本课题的重要观点包含：

（1）老年人数字旅游服务体验共创价值体现在三个主要方面：享受价值、效率价值和组织价值。体验共毁价值体现在两个主要方面：社交价值共毁和情绪价值共毁。享乐价值指的是游客通过数字服务的使用创造的内外在价值的社会和个人方面；效率价值是指旅游时使用数字服务的快速响应特性带来的益处；组织价值是使用数字服务而满足个人需求的价值属性；社交价值共毁是由于老年人感觉到目的地的网络连接出现问题，或者手机电量不足导致的被迫断联状态引发的社交焦虑状态；情绪价值共毁是指由于个人数字能力缺乏导致使用数字服务时产生的不良情绪或感知。

（2）年龄是影响老年人数字旅游服务体验的重要因素。对于共创价值而言，年龄越高，数字旅游服务体验价值越低；对于共毁价值而言，年龄对于情绪价值共毁没有影响，但是社交价值共毁随着年龄的增加而递减。

（3）数字素养是影响老年人的数字旅游服务体验的重要因素。老年人的数字素养能力显著正向影响数字旅游服务共创体验各方面，即数字素养能力越高，数字旅游服务过程中的享乐价值、组织价值、效率价值越高。数字素养能力的提高，可以让老年人更多享受数字技术带来的红利。老年人的数字素养能力显著正向影响数字旅游共毁体验各方面，即数字素养能力越强，旅游过程中的情绪、社交价值共毁体验也越强。数字素养能力越高的老年人，对于数字化服务的使用频率越高，也更有可能面临着由情绪和社交因素引起的旅游体验价值共毁情况。

（4）老年人在数字旅游服务体验中的享受价值和效率价值对数字旅游服务体验满意度呈显著正向影响。

（三）对策建议

本课题提出的建议包括：

（1）全面识别老年人的数字旅游服务需求，精准发力。从供给侧入手实现老年游客用户的精准画像，改进旅游场景的现有服务模式，增加符合老年人需求的个性化产品和服务的有效供给。突出问题导向，树立技术效率与社会效益兼顾的长线思维，分层分类解决老年人在数字生活中的痛点问题。根据不同年龄段老年人的需求制定不同的营销、消费、产品策略，重点关注高龄老人的数字服务需求。

（2）完善旅游数字化服务管理体系标准，加快适老数字服务平台建设。建议进一步完善老年数字化旅游服务标准体系，出台加强老年数字旅游服务体验的指导意见，让老年人游得安心，游得放心。加快旅游景区、酒店等旅游场所智能终端和平台的适老化标准研制，制定旅游服务适老化水平评价体系和规范。加快落实灵活休假制度，为子女陪伴老人出游提供保障。

（3）严厉打击市场乱象，创新监管方式。应该严厉打击，积极整顿市场乱象，尤其是由于酒店和民宿行业标准不规范导致的市场乱象问题。创新旅游市场监管方式，净化旅游消费环境。运用现代信息技术搭建信用监管信息平台，对旅游经营者实施动态监管。建议依法组建旅游协会、导游服务组织，让它们依据协会章程、行业规范对存在违章、轻微违法行为的会员企业和个人及时进行培训、引导、提醒、劝诫和整治。

（4）打造适老化场景，让科技更有温度。适老化场景不应该是简单的停留在预约流程简化和线上产品字体放大上，而是要发挥科技的力量，从老年人需求与困难出发，协助开发者围绕老年人需求进行针对性的改进和完善，共同打造老年人友好的文旅场景，让服务更加智能、更加无感、更加便捷。加快实现"一键入园、一键入住、一键举报"等功能，降低老年人的技术使用门槛。充分发挥 VR、AR、5G、人工智能等数字新技术的消费潜能，利用数字科技丰富老年数字文旅生活。

（5）加大旅游基础设施投入，构建完善公共服务支撑体系。各旅游景点应加大智能化、无人化技术投入，如加大手机充电站的建设，满足老年群体的充电需求。为老年游客提供必要的信息引导、人工帮扶、日常培训等服务工作，在旅游全过程、全周期内提供周全、细致的公共服务。加快落实上线软件的适老版、关怀版及无障碍版的页面和应用，消除强制广告内容和诱导信息带来的不利影响，提供专门的"老年通道"服务，实现一键式操作、文本提示等无障碍功能。

（6）构建数字旅游智库，加强人才队伍建设。鼓励企业与高校、院所等开展产学研合作，建设人才智库开展理论研究，为政府制定政策时提供理论支撑。吸纳、培养更多具备老年心理知识、老年医疗知识的人才进入旅游业，加快培育老年旅游企业经营管理人才队伍建设，优化旅游人才市场结构。

（7）发挥家庭与社区的力量，强化老年人的数字素养能力。积极营造文化养老、数字养老的社会氛围，提倡终身学习模式，在老年教育原有内容的基础上强化数字技能的培养。发挥家庭的力量，强化"数字反哺"效能。积极营造社会的"数字反哺"氛围，引导亲人、媒体协同"带路"。鼓励社会公益新媒体、新途径，在电视、广播、三微一端多媒体等开设助老专区，定期播放、循环播放智能设备或 App 应用的功能和使用方法。发挥基层组织的作用，引导社区老年教育资源下沉，动态解决智能困难。

三、学术价值、应用价值及社会影响和效益

（一）学术价值

本课题探究了数字化影响老年人数字旅游服务体验的机制，建构了中国背景下的数字赋能文旅体验价值共创与价值共毁理论，揭示了老年旅游者产生共创、共毁价值

的前因、流程和结果，有利于理解旅游体验价值的构成要素以及老年人对数字旅游服务体验的价值需求。此外，本课题通过对老年群体的深度访谈与问卷调研，老年人在数字旅游服务体验中体验价值与共创与共毁情况，丰富了积极老龄化的相关研究。

（二）应用价值

首先，本课题有助于提升老年人的旅游幸福感，让老年人共享改革发展成果、安享幸福晚年，对我国积极应对老龄化有着重要的现实价值。其次，本课题有助于旅游经营者和设计者理解老年游客的多元价值诉求，准确把握旅游过程中数字技术的双重效用，协助旅游企业提升服务创新、服务补救等工作，对促进数字旅游产品与服务精准供给和匹配有着重要的实践指导意义。最后，本课题关注老年人数字素养的影响，有助于相关政策的制定以提高老年群体的数字素养能力，有助于推动老年人的精神富裕层次的提高，助力于我国共同富裕和现代化建设。

（三）社会影响和效益

本课题重点关注老年群体的数字旅游服务体验，有助于增加老年人群的曝光度，吸引更多的政策制定者、学者、从业者对老年群体的出游体验的关注，有助于加快适老化场景的建设，从而从各方面提高老年群体的生活满意度。

进一步了解老年人数字旅游服务体验问题；有助于推动政府加快出台加强老年数字旅游服务体验的指导意见，进一步改善老年人的数字服务体验；有助于老年旅游市场的健康发展。

新发展阶段智慧
旅游的理论重构与建设路径研究

负 责 人：乔向杰
依托单位：北京联合大学旅游学院
起止时间：2022 年 4—10 月

一、研究的目的和意义

2022 年 1 月国务院印发了《"十四五"旅游业发展规划》，明确了 7 项重点任务，提出了要坚持创新驱动发展，深化"互联网＋旅游"，推进智慧旅游发展。早在 2011 年"智慧旅游"就被列入《"十二五"旅游业发展规划》中，并由此掀起了智慧旅游相关理论研究与建设热潮。经过十多年来的建设与发展，智慧旅游的概念早已深入人心，既取得了一定的成效、积累了一些实践经验，同时也存在一些问题。2015 年年底，中央网信办、国家互联网信息办提出了"新型智慧城市"概念，其核心是以人为本，本质是改革创新。是基于党的十八届五中全会提出的"创新、协调、绿色、开放、共享"五大发展理念，在新时代赋予城市发展新内涵和新要求的背景下所提出的新构想。这个总体指导思想和发展理念同样适用于智慧旅游的创新实践。

目前，旅游业已进入一个新的发展阶段。新冠肺炎疫情对旅游业影响广泛深远，面对防疫常态化和"双循环"的新形势，以"互联网＋旅游"为核心的技术与经济发展形态无论是对于需求侧的旅游消费转型升级，满足人民对美好生活的新期待，还是供给侧的结构性改革，创新旅游产品和业态，都提供了基础性支撑并发挥着举足轻重的战略作用。智慧旅游借助于技术变革与创新，正在不断赋能于旅游业的现代化治理能力构建、游客旅行体验的不断增强以及旅游业效率和竞争力的不断提升。然而，当前国内智慧旅游的建设还存在较多的问题，还没有达到公众满意的效果，还存在一些阻碍智慧旅游快速可持续发展的掣肘因素。同时，当前无论是国内外发展环境、国家政策与市场环境、技术发展与创新要素还是旅游主体的需求等都发生了巨大的变化，已有的理论体系已然无法指导智慧旅游的建设与升级。因此，亟须全面审视当前这一新发展阶段的特征与要求，正确把握当前智慧旅游所面临的新挑战和新机遇，对智慧旅游的内涵、目标、框架与体系等进行全面的升级研究，建构新发展阶段智慧旅游建设的学理基础和体系，探索建设机制与路径，以进一步指导信息新技术与旅游业发展深度融合、迭代优化，推进旅游业全面高质量、可持续发展。

二、主要内容、重要观点、对策建议

（一）主要内容

1. 当前国内智慧旅游建设的现状与问题

课题组通过对当前国内智慧旅游建设实践的在线问卷、实地考察以及线上座谈、电子问答等形式的调研，对当前我国智慧旅游建设的现状与问题进行了全面的总结与剖析。首先，当前智慧旅游取得了一定的成效。一是构建了初步的智慧旅游建设规划与组织管理体系。全国各省区市等都相继开展了关于智慧旅游、互联网＋旅游、旅游大数据中心等的专项规划与战略部署，把智慧旅游发展写入全省区市的经济社会发展总体规划中。而且在实际的建设过程中也逐步提高了行业认知，得到了管理层的高度重视和支持，并对智慧旅游的建设进行了相关的人员与资金规划与投入。二是旅游公共信息服务能力的全面提升。主要包括目的地的旅游信息资源整合力度较大，向游客提供了大量丰富实用的旅游公共信息；景区的网络与通信基础设施得到了较大的提升，覆盖率较高；智慧景区中的导游导览应用功能强大，AI、VR、AR 等技术融合到导游解说当中，给游客提供了更丰富的、质量更高的游览体验。三是旅游行业的管理效能得到显著增强。主要包括：（1）以分时预约、实名购票为核心的实名制分时预约的电子票务管理系统广泛应用，有效地减少了景区排队和人员聚集。（2）"互联网＋旅游市场监管"得到有效探索。主要包括对旅游投诉的在线办理、旅游市场交易的实时在线监控，以及对网络舆情的实时监测等方面。（3）客流监测、分流与应急安全管理得到普遍重视和应用。

其次，对当前国内智慧旅游的问题进行了剖析。主要包括以下几个方面：一是对智慧旅游的内涵理解不全面、不透彻，导致很多目的地和景区的旅游管理人员不知道具体该怎么建设智慧旅游。二是建设内容同质化，将智慧旅游定位在对游客的信息服务以及旅游管理、服务和营销三个层面。三是数据价值发挥乏力，由于缺少数据融合与治理机制，数据无法保证其质量，也无法有效地利用并发挥其价值。四是动力与可持续运营机制不足，主要表现为旅游主体的主动积极性不强，且运营机制探索不足，过程监管与评估不足，导致可持续运营能力不强。五是游客的获得感与归属感不强。在实际的智慧项目建设运营中，出现很多没有发挥智慧项目应有的价值，反而使管理运营出现困扰，游客使用并不便利、体验并不好等现象，从而也影响了游客的获得感与满意度。

2. 新发展阶段智慧旅游面临的机遇与挑战

新发展阶段，智慧旅游受到国家创新驱动发展战略、高质量发展战略和智慧旅游发展战略，以及新兴技术创新与行业转型升级的驱动，必将在国家数字经济发展的大潮和推动下，在今后得以广泛的重视和普遍实施。

基于当前的国内外形势，智慧旅游的建设与发展也受到来自新冠肺炎疫情影响下的行业发展压力与创新动力的挑战，跨部门、跨组织数据融合与治理机制的挑战，以及复合型人才供给不足的智力支持挑战等方面的制约，也需要在今后的智慧旅游建设推进中努力克服。

3. 新发展阶段智慧旅游的理论体系建构

课题基于对国内外智慧旅游的综述，提出了新发展阶段智慧旅游的内涵、建设原则、建设目标和构成要素。其中，将智慧旅游定义为致力于寻求通过基于 ICT 的解决方案解决旅游业公共问题，以人力资本、社会协同为基础，促进游客、当地居民、企业、研究机构、社会组织和目的地政府的多元参与，共同打造产业创新生态系统，全面提升旅游业的竞争力，推动旅游业的可持续发展。智慧旅游建设的原则包括以人为本、问题导向、技术赋能、创新驱动和多元参与。智慧旅游的总体建设目标为提升旅游业的竞争力与推动旅游业的可持续发展。智慧旅游的构成要素包括硬智慧设施和软智慧设施。其中硬智慧设施主要是指构建智慧解决方案所需的各类硬件、软件、网络与通信设施，以及相关的各类技术，如云计算、大数据、物联网、人工智能等。软智慧基础设施主要包括人力资本、制度和创新。

（二）重要观点

（1）开展智慧旅游应聚焦旅游行业实践遇到的卡脖子问题、旅游业变革发展存在的深层次问题、旅游业长期可持续发展所面临的难题以及影响游客获得感和幸福感的痛点问题，以信息技术以及集体智慧为依托，不断提出真正解决问题的新理念新思路新解决方案。各地有各自面临的不同问题与地域特色，因此智慧旅游的建设应坚持问题导向、因地制宜。

（2）从整体上来看，智慧旅游是一个由多种要素复合的大系统，应通过人的智慧与技术的智慧在目的地中的良好耦合，实现旅游经济、社会与文化、生态的协调可持续发展。从主体上来看，智慧旅游应强调人的重要地位，通过充分发挥人的主观能动性，融合人的智慧与信息技术的智能，让旅游变得更智慧。

（3）智慧旅游的建设需要体现一定的目标和效益，终极目标是追求经济效益、社会与文化效益、生态效益以及管理与服务效益相统一的旅游业发展格局。因此，其建设内容与应用也可以基于这些目标更加地丰富多样化，而不能仅仅定位在面向游客的信息服务等单一内容和层面。

（4）智慧旅游的构成要素不仅仅包括由技术和软硬件设施构成的硬智慧设施，还包括由人力资本、制度和创新等构成的软智慧设施。这些都是智慧旅游建设成功的重要组成部分。

（5）传统"自上而下"的智慧旅游建设模式容易忽略底层的真实需求和创新，而"自下而上"的模式缺乏政府的政策、法律与机制的保障同样也难以得到有效的调控和可持续发展。因此，智慧旅游的建设应采取自上而下的政府规划模式与自下而上的多元创新模式相结合的模式。

（三）对策建议

1. 采用"自上而下"与"自下而上"相结合的建设模式

"自上而下"的建设模式，是指从政府部门"顶层设计"出发，整体构建智慧旅游的技术架构，把智慧旅游系统分解为若干个子系统，再分别加以智慧化建设的模式。这种自上而下的过程在目的地数字化转型中是必不可少的，智慧旅游需要整体统筹，并建立框架、制度和标准。

"自下而上"的建设模式，是指以市场和社会为主导，强调以技术为核心，以问题为导向，并注重源自企业与市民层面的产业与社会创新的模式。参与方式多为开放式，强调多元主体间的协同合作与分散式决策等特征。

"自上而下"的模式容易忽略底层的真实需求和创新，而"自下而上"的模式缺乏政府的政策、法律与机制的保障同样也难以得到有效的调控和可持续发展。因此，智慧旅游的建设应采取自上而下的政府规划模式与自下而上的多元创新模式相结合的模式。自下而上的创新应用会越来越成为政府主导的智慧旅游应用的重要补充，更深度连接政府、企业和游客等主体。

2. 构建动力激励机制

通过鼓励多元主体参与到智慧旅游建设中来，有利于减轻政府的负担，同时还能有效激励多元创新，形成相互协作机制，发挥各方的资源优势，形成协同治理新局面。公众参与智慧旅游建设还有利于发挥公众对智慧旅游项目的监督作用，对政府行为进行监督，对建设方案的实施进行及时的监督与反馈，还可以监督政府对各个利益主体的资源分配，提高资源配置的优化度。同时，公众参与有助于智慧旅游建设有针对性地解决游客和市民的难点和痛点问题，能提高政府和组织获取和把握公众诉求的效率，为智慧旅游建设提供科学、准确的方向。因此，应构建全面的动力激励机制，鼓励社会与公众积极参与到智慧旅游的建设中来，共同为智慧旅游的建设出谋划策、协同创新。主要包括以下几个方面的措施：搭建多元治理与公众参与的平台、建立公众参与的渠道机制、构建多元激励机制。

3. 构建数据融合与治理机制

数据是实现"智慧"的核心，构建数据融合与治理机制的目标在于构建起旅游领域由国家到地方、由政府到企业到社会等各类纵向和横向的数据融合管理与共享开放机制。同时，通过构建一套对数据进行全面管理和控制的持续改善管理机制，在保障数据的质量（准确性和完整性）、数据的安全性（保密性、完整性及可用性）的基础上，最终形成旅游大数据平台，并向公众提供可以共享和开放的数据以及相关的数据公共服务，从而推动底层创新、商业模式创新。重点须从以下几个方面入手：要加强组织机制建设、增强数据开放共享支撑能力、提升数据共享管理服务水平、强化数据共享安全、完善数据开放共享相关法规规章制度和标准规范。

4. 构建可持续运营机制

随着智慧旅游建设的深化发展，政府已经纷纷意识到不能靠单一的投入建设，而应该更多关注可持续的运营。未来智慧旅游的规划建设一定要以运营为主，运营也不是简单的 IT 运维，需要靠市场化的机制，引导企业和市民参与目的地创新，真正解决市场痛点。需要有内生的造血功能，才能够行稳致远，否则可能昙花一现。要有运营的模式，要有内生动力机制。通过数据的运营、服务的运营、产业的运营这样的支撑来形成未来纵向的信息服务业，打造智慧旅游运营商，是未来智慧旅游必须要做的。主要可采取以下几个方面的措施：一是构建多主体参与、技术与制度并举的一体化智慧旅游运营新体系；二是建立数据驱动与监管规范并重的智慧旅游治理与运营新机制；三是探索以点带面、以评促建的智慧旅游可持续运营发展新模式。

三、学术价值、应用价值及社会影响和效益

（一）学术价值和应用价值

当前国内关于智慧旅游理论研究的内容较少，且主要基于前期的概念探讨，缺乏对新发展阶段的理论迭代与更新。研究内容也较实践滞后，无法对当前智慧旅游的实践形成有效的理论指导。本课题基于对当前智慧旅游、智慧城市相关的理论文献全面的综述，并结合当前我国智慧旅游建设存在的主要问题，以及新发展阶段智慧旅游所面临的机遇与挑战，建构了一整套包括智慧旅游的内涵、原则、目标、构成要素和建设模式在内的理论体系。因此，研究所提出和构建的理论体系具有一定的先进性、时代性和针对性，在一定程度上弥补了国内相关研究的不足，对于旅游管理人员和旅游行业从业者更全面、充分地把握智慧旅游的内涵提供了理论依据与参考。同时研究还基于理论体系提出了相关的智慧旅游建设模式与建设运营机制，对推动智慧旅游的可持续运营和保障良好的运营效果提供了切实可行的建设路径，从而为旅游管理部门和目的地与景区的相关管理人员提供了今后智慧旅游管理与运营的抓手与方法借鉴，具有较强的实践与应用价值。

（二）社会影响和效益

智慧旅游已经成为当前旅游产业发展的重要战略方向，对于推进旅游业高质量发展，推动旅游产业组织方式、供给模式、产业业态和消费形态创新变革，形成产业发展的新动能，更好发挥旅游业在促进经济社会发展、满足人民美好生活需要等方面具有重要作用和意义。智慧旅游也为游客和居民提供了更加便利的出行和更好、更高质量的游览体验，因此也将助力于旅游成为人民的幸福产业。本课题所提出的智慧旅游的发展目标即在于提升旅游业的竞争力和推动旅游业的可持续发展，因此未来的智慧旅游将形成具有经济效益、文化与社会效益、生态效益、管理与服务效益相统一的和谐与可持续发展的共生格局。

我国旅游住宿业发展现状及优化路径研究

负 责 人：秦　宇
依托单位：北京第二外国语学院
起止时间：2022 年 4—10 月

一、研究的目的和意义

（一）推动行业高质量发展，促进旅游住宿需求得到更好满足

进入 21 世纪以来，特别是最近十年来，我国旅游住宿业的总量、结构、市场主体、运营方式和竞争手段均发生了巨大变化。例如，2021 年年末全国规模最大的 10 家饭店公司中，有 7 家是 2005 年以后成立的。这些新兴的市场主体是服务于广大普通旅游者的主力。以华住为例，2022 年中该集团一共运营着约 75 万间客房，每年为数亿人次的旅游者提供住宿服务。由于较少有研究关注上述行业发展现状问题，政府相关主管部门难以出台针对这些市场主体和其接待的中低端旅游者的产业政策。我们迫切需要对行业变化的基本状况进行梳理，厘清现阶段市场运行的主要机制，并据此提出推动行业可持续发展的路径建议。这既能推动旅游住宿业的高质量发展，也能促进人民群众日益增长的美好生活需要得到更好满足。

（二）通过揭示旅游住宿业的转型和变化，推动学术界研究实践中突出的问题

与实践领域中剧烈的转型变化相比，我国旅游学术界中对住宿业的研究仍主要集中于星级饭店市场。但是，星级饭店市场的发展已无法全面、准确地反映旅游住宿业的发展状况。例如，2019 年星级饭店市场的规模大约只占旅游住宿业市场总规模的 7%。而且，中高端的三星级、四星级和五星级饭店的比重占所有星级饭店的比重高达

82.8%，与中国旅游住宿业的真实市场结构截然相反。旅游住宿业研究的另一个问题是微观化，重点关注消费者行为和员工行为，对产业结构变化、运行机制改变、企业市场行为调整等根本性、全局性、方向性的问题研究不足。对旅游住宿业现状及运营机制的分析，有助于学术界认识这一发端于世纪之交且在继续进行的行业剧变图景，找准目前实践中突出的重点和难点问题，通过学术研究工作更好地推动行业发展。

二、主要内容、重要观点、对策建议

（一）主要内容

1. 我国住宿业的总量和结构

截至 2022 年 1 月 1 日，全国住宿业设施总数为 361264 家（不包括隔离酒店、不在市场供给端、处于不可预订状态的酒店），客房总规模 14237709 间。其中酒店业设施 252399 家，客房总数 13468588 间，平均客房规模约 53 间。从省一级行政区来看，酒店业设施的酒店数位列前十的分别是广东、四川、山东、江苏、浙江、云南、河南、湖南、湖北和安徽，但是省一级行政区酒店设施的平均客房数有较大的差异。从档次来看，经济型（二星级及以下）的酒店数占据了 81%，绝大部分的酒店业设施是大众化设施。从房间规模来看，全国酒店业客房规模在 15~29 间、30~69 间、70~149 间及 150 间及以上的设施在总量中所占比重分别为 39%、38%、18% 和 5%。从酒店设施所占的客房数来看，占房量 47% 的酒店业设施是 70 间以下中小型设施。从城市级别分布来看，我国绝大部分的酒店分布在除一线城市和副省级城市及省会城市之外的其他城市区域。

2. 我国住宿业的连锁化情况

截至 2021 年年底，全国共计 2147 个连锁酒店品牌，连锁酒店数 5.7 万家，其他非连锁酒店数 19.5 万家；全国酒店客房总数 1347 万间，其中连锁客房数是 472 万间，非连锁客房数是 875 万间，全国酒店客房连锁化率为 35%。

从城市级别来看，一线城市的酒店连锁化率占 50%；副省级城市及省会城市的酒店连锁化率占 41%；其他城市的酒店连锁化率占 30%。从房间规模来看，房量为 70~149 间和 150 间及以上的连锁客房数的酒店连锁率较高，分别占 53%、43%。从酒店档次来看，经济型（二星级及以下）、中档（三星级）、高档（四星级）、豪华（五星级）酒店的连锁化率分别占 28%、48%、38%、53%。从不同档次的酒店品牌来看，豪华连锁酒店的发展受到疫情影响较大。与 2019 年相比，高端连锁酒店是在所有连锁酒店市场中增速最快的。中端酒店受疫情影响 2020 年的市场增速较之前两年大幅度降低，但 2021 年恢复了较快增长。从发展最高峰的 2018 年算，经济型连锁酒店的门店总数虽然还略有增长，但是客房总数在持续下降。

3. 我国住宿业的主要参与者

首先，我们介绍了房地产开发商集团和业主集团的发展历程及其规模，并总结出我国房地产开发商集团运营的酒店呈现如下特征：第一，从与国际品牌合作向自营时代过渡。第二，房产企业开始尝试市场和品牌细分。第三，打造轻资产模式。近年来，房地产开发商集团纷纷从重资产向轻资产模式转变，典型的表现是商业模式从以前大量持有酒店地产改变为主要通过对外输出管理。

其次，介绍了管理公司和特许经营公司的发展历程及其规模，并总结出我国管理公司和特许经营公司运营的酒店呈现如下特征：第一，特许经营是市场主流的酒店管理模式。第二，国内外品牌规模都在持续扩大，本土品牌占据主导地位。第三，中高端品牌发展迅速。第四，中低端国内品牌绝对主导，高端和豪华国际品牌主导。

再次，介绍了旅游住宿业中的中小加盟商的特征。从从业背景来看，大多数中小加盟商在投资酒店前所从事的行业都与酒店业相关。从选择投资的酒店档次来看，大部分加盟商在初次接触酒店投资时会选择经济型酒店。经济型酒店发展进入瓶颈期，加盟商开始关注中高端酒店。从物业选择的角度来看，大部分加盟商会选择租赁物业；在疫情影响下，加盟商偏向于选择抗风险能力强的综合物业。从品牌选择角度来看，大部分加盟商会结合物业所在城市的特征、区域影响力来选择靠前的品牌。从城市选择角度来看，加盟商会结合自身资源与能力，对比市场环境后进行城市区位的选择。

最后，介绍了 OTA 和类 OTA 平台的发展规模，总结出我国 OTA 和类 OTA 运营中呈现的以下特征：第一，OTA 各大平台持续投资于自身技术与平台系统的搭建，打造自身的技术和系统优势。第二，兼并与收购是部分平台企业成长壮大的重要路径之一。第三，各大 OTA 平台不断向多业务化方向发展。第四，传统的 OTA 平台和以内容运营为优势的新媒体平台都尝试进军酒旅预订、交易板块。

4. 我国住宿业中的主要市场行为

这些市场行为主要包括：新品牌创立、通过市场渗透实现规模增长、资本运作、战略联盟、产品创新、技术驱动下的流程创新以及商业模式的调整。

在新品牌创立方面，不同的市场主体都纷纷参与到新品牌的创立上，如各大头部酒店集团不断开发新的品牌，丰富自身的多品牌矩阵，各大房地产企业开始尝试酒店市场与品牌细分，通过采用轻资产模式打造自身的酒店品牌。酒店管理公司纷纷推出智慧化酒店品牌，发力打造中高端"年轻化"品牌。

酒店集团主要通过以下方式来实现规模增长：第一，不断打造自己的会员体系，发展会员规模，增加顾客黏性；第二，打造覆盖高中低消费需求的产品体系；第三，深入下沉市场，提高下沉市场的占有率。

在资本运作方面，酒店业中主要的运作方式分为内涵式资本运作即投资、上市和融资等以及外延式资本运作即收购、兼并、持股等。

在战略联盟方面，酒店业中的战略联盟主要有以下几种方式：第一，会员平台共享的结盟方式，通过共享会员平台，双方酒店集团可以实现无门槛的会员衔接；第二，通过品牌合作来整合资源的结盟方式，以品牌合作的形式结盟，有助于将各自具有的资源和优势进行整合，形成更大的品牌资产；第三，资本合作的结盟方式，资本合作的方式主要以合资、融资、筹资、投资等形式开展。

在产品创新方面，既包括各大酒店集团产品的整体升级换代，也包括零散的、随着市场环境变化而有所创新的具体住宿产品三大方面的升级。如在客房方面，各大有限服务的连锁酒店品牌提升效率，注重产品的实用性；在餐饮方面，新兴的连锁酒店品牌通过引入高端餐饮来提升餐饮收入；在大堂等公共空间利用上，注重提升公共空间的利用率，通过融合餐饮、咖啡、书吧等元素提升坪效。

在技术驱动下的流程创新方面，酒店服务机器人、自助办理入住、智能客房系统、酒店管理信息系统等具有代表性的新技术应用正在成为行业的"新宠"，推动酒店行业加速数字化转型。

在商业模式调整方面，我国头部连锁酒店的发展经历了直营、管理加特许经营、纯特许经营（不派驻店长）再到轻加盟的商业模式调整。

5. 我国住宿业市场发展的机制变化及主要对策建议

接下来，我们对世纪之交以来我国住宿业市场发展的机制变化进行了总结分析，并提出了相应的对策建议。

这一部分的内容详见下面的重要观点和对策建议部分。

（二）重要观点

近 20 年来，我国住宿业市场发展的机制发生了很大的变化。主要体现在以下四个方面：

第一，大企业和加盟商已经成为推动旅游住宿业发展的主体。世纪之交以来，旅游住宿业中涌现出两类新兴市场主体：一类是大型企业，如酒店业中的华住、锦江，OTA 行业中的携程和美团；另一类是数以万计的中小加盟商。两类市场主体在推动市场发展时的作用不同。大企业主要是依靠巨大的规模和实力，推动新产品、新生产方式和新组织方式在行业中的推广，中小加盟商则承担了投资人的角色。

第二，市场成为旅游住宿市场中资源配置的主要机制。尽管从 20 世纪 80 年代起我国住宿业已是一个市场化程度较高的行业，但不可否认市场中仍然存在较多政府干预行为。典型的表现是各级地方政府为了方便招商引资工作和提高城市形象，极力推动高星级饭店特别是国际品牌高星级饭店的兴建。与五星级饭店不同，新兴经济型酒店的投资、建设、运营和退出都是市场化的。在市场这只看不见的手的引导下，过去十几年来，我国的连锁经济型酒店最先在一、二线城市发展起来，随后逐步进入三、四、五线城市，实现了在全国范围内的广泛分布。通过市场配置资源已经成为旅游住宿业发展的主要机制并促进了行业的快速发展。

第三，网络效应及其优势成为推动企业成长的重要机制。酒店业是一个网络型产业，企业竞争优势的一个重要来源是其位于多个市场中的多个位置的酒店分布网络的合理性。这一合理性需要根据产品、市场和竞争对手等各方面因素综合考虑。目前，全国主要的酒店集团均已形成了较为完善的门店网络。

第四，市场信号的形成机制发生了变化。在市场经济中，有两种市场信号及其形成机制对于市场的运行至关重要。对于供给方来说是价格信号，对于需求方来说是质量信号。在过去的 20 多年里，由于以 OTA 为代表的新兴互联网平台的兴起，上述两种信号的形成机制已经发生了根本变化。目前，互联网平台已经成为价格信号和质量信号的主要形成平台，但是这些平台正在走向垄断，有可能凭借自己的信息优势和市场势力干预市场信号的正常发出并凭此实现自己的利益最大化。

（三）对策建议

从前面的分析可以看出，在过去 20 多年中，大企业和加盟商已经成为住宿业发展的主体，市场成为配置资源的主要机制，网络效应及其优势成为推动企业成长的重要机制，市场信号的形成机制也发生了很大的变化。上述这些变化促使住宿业中的企业不断打造自己的竞争力，对于促进行业更高水平的发展起到了很大的推动作用。与此同时我们也需要指出，尽管前述机制变化所起作用主要是积极的。但是由于变化速度快、缺乏市场规范、地方政府越位等主观和客观因素，前述机制变化中也存在较多问题。为推动旅游住宿业的可持续发展，我们提出与上述机制匹配且能促进其问题解决的对策建议。这些对策建议包括四个方面：

第一，促进不同市场主体之间的合理分工、协作及可持续发展，保护弱势市场主体。主要通过制定酒店业特许经营规范来管理加盟商与饭店集团各自的权利与行为合规性并鼓励成立专业协会促进加盟商之间的交流；促进不同市场主体间新合作模式的推广，对住宿业产业链的价值环节进行集中发展和地方性适应处理；大企业各司其职，促进各方的良性协作。

第二，提升市场在资源配置中的效率来促进资本、技术和人力等主要资源在市场中的良性流动。主要通过各级政府停止对建设高星级饭店和引入外资品牌的引导，保证市场竞争的公平性；改革星级评定制度，并与市场化评级接轨以此更好地反映市场的发展格局；推动行业协会发挥更大的扶持作用，特别是省级和城市一级；加强对垄断等市场行为的规制。

第三，通过各类创新活动的开展和推广，提高旅游住宿企业网络的整体质量。主要通过行政管理部门的引导，积极鼓励企业创新，并给予多方面扶持；加强对中小单体酒店的培训和支持力度，提高管理水平；相关部门采取相应措施加速创新扩散范围，并予以资金和政策支持。

第四，促进市场信号更好地发挥作用，帮助企业和消费者做决策。主要通过行业管理部门建立对酒店异常价格变动的实时监控，在出现异常定价时予以干预；对 OTA 平台上的"挂牌"等操控行为进行规范，保证竞争公平性；大力打击假点评、买点评等做法，保证信息的真实性。

三、学术价值、应用价值及社会影响和效益

（1）通过对现阶段旅游住宿业发展状况的调查及行业运行机制的分析，准确找到优化行业发展的有效路径及相应的产业政策，更好地促进住宿业健康、可持续发展，提高行业中各利益相关者的满意度。

（2）通过揭示我国旅游住宿业市场中的结构性变化，有利于学术界找准实践中的重大问题，致力于通过学者们的研究工作解决行业中的难点和重点问题，并通过理论创新指导行业发展。

（3）本成果可供政府决策部门、行业协会和各种类型的旅游住宿业企业参考使用，也可供各级院校的教师在讲授相关课程时参考使用，具有较为广泛的社会影响和效益。

国家文化公园系列纪录片打造文旅品牌和推动文旅发展的效能研究

——以纪录片《长城之歌》为例

负 责 人：史哲宇
依托单位：北京师范大学
起止时间：2022 年 4—10 月

一、研究的目的和意义

　　国家文化影响力和民族文化凝聚力是综合国力和国家软实力的集中体现。习近平总书记就长城、大运河、长征、黄河等体现的中华民族精神力量、保护的时代文化意义多次发表重要讲话。《国家文化公园建设方案》和《国家文化公园建设保护规划》的出台，充分说明建设国家文化公园已经成为党中央在实施文化振兴战略、实质性推进文化传承和创新方面的一项重要举措。在执行层面，《国家文化公园建设保护规划》中明确提出要通过拍摄大型系列纪录片，服务国家文化公园建设。目前，由中宣部宣教局和文化和旅游部资源开发司牵头，中央广播电视总台具体实施的《长城之歌》《运河之歌》《黄河之歌》《长征之歌》四部纪录片已经全面启动，并于 2022 年内播出。本课题负责人全程参与该项目的实施，并担任其中《长城之歌》的执行总导演，本课题基于该系列纪录片与文旅发展的互动关系和后续影响展开研究。

　　近年来，影视产品与文化旅游良性互动，产生良好社会效益和经济效益的案例不胜枚举。电影《非诚勿扰》《你好，李焕英》，电视综艺《爸爸去哪儿》《奔跑吧兄弟》，网络红人李子柒和丁真，纪录片《河西走廊》《舌尖上的中国》《我在故宫修文物》等都对影像呈现的故事发生地产生了极强的塑造地域品牌、扩大文化影响和吸引目标游客的作用。基于以上认知，本课题应用文化学、旅游学、管理学、影视学、传播学、统计学、广告学等理论，通过案例研判、数据分析、实证对比、宏微结合等系统研究，力图以国家文化公园系列纪录片的制播为切入点，依托媒体资源和数据反馈，深入分析国家主流媒体播出的重大文化题材纪录片对长城、长征、大运河、黄河等国家文化公园建设沿线区域的文化旅游品牌的塑造和影响、文化旅游经营的导向和引领、文化旅游产业的发展和促动等方面产生的效能作用。为该类型纪录片服务国家文化建设、区域形象塑造、文旅融合发展、旅游产业开发和对外传播中国价值提供参照和借鉴，并为相关行业发展和政府决策提供理论支撑和对策建议。

二、主要内容、重要观点、对策建议

（一）主要内容、重要观点

文化和旅游融合发展是国家实施文化振兴战略的重要组成部分。国家文化影响力和民族文化凝聚力是综合国力和国家软实力的集中体现。习近平总书记指出："文化是一个国家、一个民族的灵魂。文化兴国运兴，文化强民族强。没有高度的文化自信，没有文化的繁荣兴盛，就没有中华民族伟大复兴。"

"十三五"以来，国家在文化建设方面做出一系列重大部署，其中建设"长城、大运河、长征国家文化公园"是《国民经济和社会发展第十三个五年规划纲要》和《国家"十三五"时期文化发展改革规划纲要》中确定的国家重大文化工程。党的十九届五中全会审议通过的《中共中央关于制定国民经济和社会发展第十四个五年规划和二〇三五年远景目标的建议》也明确提出"建设长城、大运河、长征、黄河等国家文化公园"。建设国家文化公园已成为党中央在实施文化振兴战略，实质性推进文化传承和创新方面的一项重大举措。

长城历经 2000 多年的持续营造，现为我国乃至全世界体量最大、分布最广的具有线性特征的军事防御体系遗产，1987 年被联合国教科文组织列为我国首批世界遗产。长城文物和文化资源具有总体规模大、价值高、时间跨度长、分布范围广、景观组合好、展示利用潜力大等特点，其沿线分布有种类丰富、历史文化价值较高的中华优秀传统文化资源、革命文化资源和社会主义先进文化资源。因而，建设长城国家文化公园是坚定文化自信、建设文化强国的重要举措，是积极探索保护传承利用新路、做大做强中华文化重要标志的重要手段，是满足人民文化需求、增强人民精神力量的重要途径，是促进区域经济转型升级、推动文化旅游高质量发展的重要抓手，是构筑各民族共有精神家园、铸牢中华民族共同体意识的重要载体，是加强中外人文交流、展现中国国家形象的重要渠道。作为国家推进实施的重大文化工程，意义十分重大。

同时，文旅融合区、文旅融合工程是长城国家文化公园的重点建设内容。《长城、大运河、长征国家文化公园建设方案》提出重点建设 4 类主体功能区，其中"文旅融合区由主题展示区及其周边就近就便和可看可览的历史文化、自然生态、现代文旅优质资源组成，重点利用文物和文化资源外溢辐射效应，建设文化旅游深度融合发展示范区"。在执行层面，《国家文化公园建设保护规划》中明确提出要通过拍摄大型系列纪录片，服务国家文化公园建设。由中宣部宣教局和文化和旅游部资源开发司牵头，中央广播电视总台具体实施的《长城之歌》《运河之歌》《黄河之歌》《长征之歌》四部纪录片已经全面启动，将丰富新时代历史文化滋养、传承中华文明记忆符号。

本课题将以国家文化公园大型系列纪录片《长城之歌》为切入点，以主流媒体重大文化题材纪录片的发展历程和现实景观为参照系，以国家文化公园系列纪录片与打造文旅品牌和推动文旅发展的效能关系为主要领域，以纪录片的创作生产、数据分析、映后反馈和对文旅产业实际影响及促动为研究内容展开具体分析——其一，基于国家文化公园建设所承载的文化使命和时代责任；其二，基于课题组直接参与国家文化公园纪录片创作的思考及其与文旅发展的对应关系；其三，基于影视产品服务文旅品牌塑造和国家形象传播的作用。

（二）对策建议

1. 依托纪录片《长城之歌》多维度展现长城文化

深入挖掘长城文物、文化和现实资源，展现具有重大文化价值、重要历史影响和典型时代意义的事件与人物，展示长城所代表的中华民族的悠久辉煌历史和优秀传统文化，以及 2000 多年来在长城内外发生的波澜壮阔的历史史实。进而将长城放置在人类文明的历史长河中，展现对人类发展的贡献、对世界文明的影响。

2. 依托纪录片《长城之歌》发扬长城精神

围绕长城精神所蕴含的民族精神、爱国精神、时代精神，展现历代中国人民在长城区域呈现的维护国家统一、维护民族团结、实现伟大长征奇迹、实现伟大抗战胜利过程中体现出的团结统一、众志成城、坚韧不屈、自强不息、守望和平、开放包容的精神特质。通过纪录片彰显中华民族优良传统和先进文化，展示中国形象，传播中国价值，凸显文化自信，提升中华文明和中华优秀传统文化的国际影响力。

3. 依托纪录片《长城之歌》彰显长城价值

（1）关注长城在 2000 多年的持续营造过程中，展现的中华民族不畏艰难险阻、顽强不屈、吃苦耐劳的民族精神的价值；

（2）关注作为中国和中华民族的代表性符号，长城成为向世界展示中华文明历史文化价值的重要窗口，提升中华文明、中华优秀传统文化的国际影响力的价值；

（3）关注长城建造过程中我国古人的智慧，体现它作为人类历史上伟大建筑奇迹的物质见证和人类创造精神的杰作的建筑遗产价值；

（4）关注长城历经岁月锤炼，形成的雄浑壮丽的独特景观、交流融合的文化功能等文化景观价值。

4. 依托纪录片《长城之歌》实施长城精神文化研究发掘工程

（1）加强长城文化系统的研究

依托纪录片《长城之歌》深化对长城建筑遗产价值、景观价值、文化价值的整理和挖掘，进一步提炼和阐释长城的突出普遍价值。

（2）构建理论体系和话语体系

以纪录片《长城之歌》为参照，一方面，加强长城国家文化公园系列纪录片制作的模式要求、摄制规范等技术支撑研究，推进形成系列纪录片影像资料、系列书籍、学术论文、研究报告、标准规范等各类研究成果。另一方面，加强长城国家文化公园系列纪录片的平台传播阵地建设，创新传播方式，提升传播能力，更好地展现真实、立体、全面的中国形象，进一步彰显长城精神的时代价值。

5. 借助纪录片《长城之歌》打造中华文化重要标志

（1）打造中华优秀传统文化展示窗口

依托纪录片《长城之歌》的影像传递，充分整合和利用长城各个历史时期的文化遗存和遗迹，梳理长城在各个历史时期发生的重大事件，以及与长城相关联的非物质文化遗产和具有重要影响的文学艺术遗产，按照时间序列打造长城文化的完整展示系列，打造成为中华文化重要标志。

（2）弘扬长城红色文化

以纪录片《长城之歌》为切口，依托影像的细致呈现，深入挖掘和系统整理长城沿线"长城＋长征精神""长城＋抗战精神""长城＋伟大斗争和时代精神"，助力打造一批以长城精神为主题的爱国主义教育基地和红色旅游景区，弘扬长城抗战所承载的中华民族团结奋斗、众志成城的爱国主义精神，使长城成为中华红色文化的重要标志。

（3）多方位展现长城特色文化

依托纪录片《长城之歌》的纪实影像，充分挖掘和展示不同自然环境下的长城建筑景观价值和所蕴含的建筑文化特色，以长城国家文化公园的管控保护区和主题展示区为关注主体，展现长城独有的建筑文化内涵。

6. 如何以纪录片构建文旅品牌——以长城系列纪录片为例

（1）加强顶层设计，坚持政策助推

在中国纪录片品牌崛起的过程中，政府层面必然通过政策引导发挥重要作用。10余年来，党和政府出台的涉及纪录片产业发展的相关法律、法规、制度、政策和指导文件主要有：2006 年 9 月，国务院发布《国家"十一五"时期文化发展规划纲要》明确指出，要采取措施使我们的文化创新能力和整体实力明显提高，对国家文化形象塑造、文化走出去、规模化和品牌化发展等文化领域重点工程提出了指导意见。2010 年 3 月，包括中宣部、财政部、文化部等在内的中央九部委联合发布了《关于金融支持文化产业振兴和发展繁荣的指导意见》等相关政策，对纪录片品牌化的打造提出了新的要求。除此之外，2009 年，文化部、国家旅游局出台了《关于促进文化与旅游结合发展的指导意见》；2016 年，《国民经济和社会发展第十三个五年规划纲要》里把文化和旅游结合提升到了更高层次；2018 年，文化部和国家旅游局合并，组建文化和旅游部。在政策形势利好的情况下，影视与文旅产业的融合发展迎来一个黄金时代。

（2）创优文艺精品，助力文化旅游

纪录片依托拍摄地丰厚的人文资源与自然资源，不仅能直观且生动形象地呈现出拍摄地独有的地域特色文化、风土人情，而且能给拍摄地注入新的活力，在传承文化底蕴、传播拍摄地时代声音、弘扬拍摄地人文精神、促进拍摄地文化品牌建设等方面产生积极的促进作用。与此同时，纪录片具备新闻性与艺术性的双重属性，好的作品是新闻价值与艺术价值相统一的产物。以长城系列纪录片为例，为让观众的长城体验更接地气，长城系列纪录片从人物选题的层层筛选，到故事架构发展逻辑严格把关，来阐发艺术逻辑，探索了长城历经千年承载的军事用途及历史文明，通过对生活在长城脚下居民等的记录，逐渐揭开长城的历史与人文之间的关联，全面呈现了"长城"这个文化符号背后的人文情怀和民族精神，兼顾观众信息获取和艺术审美的双重需求，打造出了一批高质量的纪录片。事实证明，观众强化了对长城的良好印象，并形成情感认同和共鸣共振，通过高收视率将长城打造为"网红景点"，吸引一批又一批游客纷纷前来打卡，实现了影视文旅的融合发展。就纪录片本身而言，应当讲好地方故事，展现中华民族优秀的文化遗产，创优文艺精品，实现纪录片与文化旅游的双丰收。

（3）挖掘地方特色，讲好中国故事

品牌的定位往往离不开自身特有的文化资源和文化特征，通过对自身文化的提炼和传承，一方面延续自身文化所带来的口碑和影响力，另一方面形成其他文化品牌所不具备的优势特征。影像所塑造的"长城"品牌，不应该是一个单纯的地理或历史意义上的建筑，而是一个人类文明的符号。长城作为人类历史上最为宏伟壮观的文化遗存，鲜明地体现出构筑者的思想感情、思维方式、价值取向，寄托了当时人们的向往与追求，铭刻着民族的心理轨迹，凝聚了种种时代的社会人文信息。长城文化不但包括作为物质实体客观存在的物态文化，也包括反映长城南北农耕民族与游牧民族不同生产方式、生活方式冲突与融合的制度文化；包括围绕长城制定的战略战术及从中体现的军事思想，作为构筑运用长城重要配套措施的军屯、民屯、商屯中体现的经济思想，凭借长城调节民族关系巩固统一多民族国家的政治思想等意识形态文化。在影像的呈现中，长城是集体记忆的载体，是中华民族精神的隐喻，挖掘长城文化特色，在当下对打造文旅类纪录片品牌具有极强现实意义与示范作用。中国有着丰富的文化资源和鲜明的文化特征，这是中国纪录片品牌打造的重要基础和依托，也是中国纪录片品牌定位的有效指引。因此，中国文旅纪录片品牌可以把中国特色文化作为依托，以悠久厚重、多彩包容、恢宏大气来进行自身的文化定位，打造独特的文化价值，从而形成鲜明的品牌特征和品牌形象，助力中国优秀文化走向世界。

最终，在以上各方面统筹发展的基础上，依托纪录片《长城之歌》加强"万里长城"整体品牌塑造和营销推介，建立品牌识别系统，从主题识别、颜色规范、文化表达等方面建立标准化品牌体系，其次利用新科技新手段推动长城文化和旅游智慧服务平台建设，建立便捷、高效、共享、融合的长城品牌智慧营销体系。推进文化和旅游公共服务协同发展，完善公共服务设施，优化功能设置和资源配置，提高公共服务的覆盖面和实效性，营造长城沿线主客共享的文化和旅游空间。不断提升长城文化和旅游公共服务的智慧化水平，推动长城文化互联网传播。鼓励沿线地区建设文化和旅游一体化智慧服务平台，根据群众个性化需求实现精准服务、按需推送。

黄河口国家级文化生态保护区建设研究

负 责 人：孙 磊
依托单位：山东工艺美术学院
起止时间：2022 年 4—10 月

一、研究的目的和意义

黄河入海口是黄蓝国家战略的结合点，也是省会经济圈的重要出海口，更是黄河流域生态保护和高质量发展规划的重要组成部分。在黄河口自然生态资源的影响下，形成了厚重多元的黄河文化生态资源，黄河口人民创造了以黄河为魂的独特自然和文化生态。站立在新时代推动黄河流域生态保护和高质量发展的战略视野下，研究建设国家黄河口文化生态保护区具有重要的现实意义和社会价值。

（1）响应国家战略需要，讲好"黄河故事"。国家战略推动黄河文化的保护与发展。2019 年 9 月 18 日，习近平总书记在"黄河流域生态保护和高质量发展座谈会"上的讲话中指出，要深入挖掘黄河文化蕴含的时代价值，讲好"黄河故事"，延续历史文脉，坚定文化自信，为实现中华民族伟大复兴的中国梦凝聚精神力量。2021 年 10 月 8 日，中共中央、国务院印发《黄河流域生态保护和高质量发展规划纲要》，着重提出保护修复黄河三角洲湿地，谋划建设黄河口国家公园。10 月 20 日，习近平总书记考察山东省东营市黄河入海口。黄河口是国家黄河战略的重要节点，是新时代展示中华文明和增强文化自信的重要载体，建设黄河口文化生态保护区，是坚守文化基因、推动中华优秀传统文化创造性转化与创新性发展的需要，是提升文化软实力、服务国家文化发展战略的需要，是构建生态文明、积极参与世界文明对话交流的需要。

（2）填补空白，推动黄河口非物质文化遗产整体性保护。文化生态保护区是以非物质文化遗产为核心促进文化生态整体性保护的中国方案。文化生态保护区在全国的布局应充分展现中华民族文化的多样性和独特性,以黄河文化为代表的河流文化是中华绵久流长的文化源头,依托黄河文化应运而生的一系列非物质文化遗产更需要保护和传承。目前已公布建设的国家级文化生态保护区中,黄河文化尚属空白。以黄河三角洲为依托的非物质文化遗产不仅是黄河文化融合中原文化的历史见证,也是历史上黄河沿线各民族群众互动交流的生动写照,通过整体保护、抢救保护、立法保护、社会保护及创新保护等方式将人的生活与自然环境、社会环境协调起来,以建立文化自信、文化自适、文化自觉的和谐结构,具有长远的文化建设意义。

(3)丰富"回家"文化,助力城市转型,推动黄河口文旅融合发展。黄河口得天独厚的生态湿地不能成为文化沙漠,东营这片既古老又年轻的土地也正面临资源型城市转型的关键时期。近年来,东营积极推动黄河流域高质量发展,打造黄河入海文化旅游目的地,建设黄河口文化生态保护区,对于深入挖掘黄河文化蕴含的时代价值,尤其是独特的黄河"回家"文化,具有重要意义,对于促进地区文旅融合,推进乡村振兴战略的实施,带动地方乡村旅游、全域旅游发展,推动供给侧结构性改革和山东新旧动能转化试验区建设均具有重要的现实意义。

二、主要内容、重要观点、对策建议

(一)主要内容

黄河口文化生态保护区是推动黄河流域生态保护和高质量发展战略实施的重要组成部分。黄河口文化生态保护区是以非物质文化遗产为核心,包含黄河文化、海洋文化、齐鲁文化、移民文化等多元文化在此碰撞、汇聚、融合所形成的独特的文化场域,代表了黄河这条母亲河所孕育的文化体系核心价值——民族凝聚力和民族自信心在其入海处的集中体现,蕴含着华夏儿女坚韧不拔、百折不回、勤劳勇敢、拼搏进取的民族精神。

黄河口文化生态保护区具备建设国家级文化生态保护区的优势条件。黄河口文化历史积淀深厚、具有鲜明的地域和民族特色,非物质文化遗产资源丰富、存续良好、涵盖百姓生产生活的方方面面。非物质文化遗产传承有序,传承实践富有活力、氛围浓厚;与非物质文化遗产密切相关的实物、场所保存利用较好,其周边的自然生态环境能为非物质文化遗产提供良性的发展空间。

黄河口文化生态保护区的建设研究以非物质文化遗产代表性项目、代表性传承人和整体性保护重点区域为抓手，倡导建立政府主导、群众主体、社会参与的共同保护机制，对黄河口非物质文化遗产和与之相关的物质文化遗产、自然遗产进行整体保护，结合"一条主线、四个抓手、三个平台、四个工程"的总体思路展开保护区建设，营造有利于文化遗产保存、保护、生存和发展的综合环境，构建起人与文化遗产、自然遗产和谐相处的文化生态系统。

（二）重要观点

一条主线：整体保护黄河口文化生态。从整体文化生态着手，提倡因地制宜、就地保护和文旅产业集群两手抓，避免将黄河口文化与其所处的自然环境、人文环境剥离，确保黄河口文化的真实性和完整性。

四个抓手：黄河入海口文化生态、盐业文化生态、民间艺术文化生态、古齐文化生态。独特的地理位置、特色的生产生活方式、丰富的民间艺术形式和悠久的历史文化底蕴共同造就了今天独一无二的黄河口文化。四个特色文化生态所涉及的区域，文化资源丰富，保护良好，作为黄河口文化生态保护的抓手，可以起到引领文化生态保护的作用。

三个平台：黄河入海口文化展示平台、黄河口文化产业发展平台、黄河口文化科技融合创新平台。立足非物质文化遗产的整体性保护，结合现代信息化、产业化发展思路，将黄河口打造成为集文化展示、产业发展、科技融创三位一体的文化综合体。

四个工程：黄河口文化生态保护工程、黄河口文化生态传承工程、黄河口文化生态创新工程、黄河口文化生态衍生工程。保护与传承是基础工程，是黄河口文化生态可持续发展的内生动力。通过保护与传承，厘清黄河口文化要素，塑造黄河口文化精神，创新与衍生是提升工程，凸显非物质文化遗产体现时代价值、满足高质量生活需求的创造能力。通过创新与衍生，提升公众对民族文化的认同感，服务百姓美好生活。

（三）对策建议

（1）构建黄河口文化生态整体性保护体系

黄河口文化生态的整体性保护以非物质文化遗产为核心，包括：

非物质文化遗产项目保护。国家、省、市、县（区）四级非物质文化遗产名录项目是黄河口非物质文化遗产保护工作的重要内容，它们是黄河文化的产物，是保障黄河口文化活态传承和具有长久生命力的坚实基础。

非物质文化遗产传承人（群）保护。人是非物质文化遗产的活态载体，本着"以人为本、活态传承"的保护原则，加强对保护区内非物质文化遗产代表性传承人及传承群体的保护，建立长期有效保护机制。

非物质文化遗产设施、机构保护。已建设的各类非物质文化遗产项目保护、保存、传习、体验、展演馆（场、所、坊），黄河口各类研究机构，如东营非物质文化遗产保护中心、黄河文化馆等，已有的有关黄河文化的学术研究成果，各类演出展示团队、培训机构、传播平台等。

文物、文化遗址保护。本着坚持文化生态整体性保护的原则，保护区域内与非物质文化遗产相关及与民众生活有联系、具有突出价值的文化遗产。包括广饶关帝庙大殿、铁门关遗址、傅家遗址、五村遗址等当地庙宇、墓葬、遗址等文物保护单位。

古村落、古镇、历史文化街区保护。与民众生活息息相关及非物质文化遗产依存的日常生活环境，如村社、市镇、集市等，综合性的特殊社会空间，如传统村落、历史文化街区和历史文化名村等重要文化空间。不仅仅保护相关建筑、实体物等，还要保护相关的民俗风情、生活方式、社会活动等。

自然环境及人文环境保护。保护黄河口重要的水域、湿地、森林公园等自然环境以及农耕生产、手工艺生产有关的生活农业和手工艺生产生活环境，如黄河入海口生态保护区、鸣翠湖湿地风景区、孙武湖国家水利风景区等。

（2）建立黄河口文化生态多元化保护方式

针对黄河口地区各级非物质文化遗产名录项目特别是国家级、省级名录项目的不同类型和特点，按照非遗项目的特点，采取不同方式展开保护工作，包括：

整体性保护。不仅要保护非物质文化遗产，还要通过人、人文环境、区域（社区、民族）、自然资源、自然环境等的保护，最后融于生活的整体协调的保护。首先，针对黄河口非物质文化遗产、文化遗迹、文物、文化空间等进行整天全面的调查记录，并调查与之相关的环境、历史、信仰、习俗、民族、经济社会结构等方面的资料，搞清不同要素之间的联系，立体地、综合地审视、收集资料，确保它们之间的相互联系不被割裂。完善非物质文化遗产代表性名录项目体系，做好名录专案保护的各项配套工作。针对黄河口文化资源进行全面的普查工作，将非物质文化遗产项目详细记录。加大对非物质文化遗产名录项目代表性传承人开展传承活动的鼓励与支持，激发其进行文化传承的主动性和自觉性，调动其参与保护区管理的积极性。鼓励支持协助传承人的传承活动、培养后继人才，形成数量、结构、层次合理的人才梯队，保证非物质文化遗产以活态形式存续与发展。

依法科学保护。以《国家级非物质文化遗产保护和管理暂行办法》和《国务院关于加强文化遗产保护的通知》《国务院办公厅关于加强我国非物质文化遗产保护工作的意见》《文化部关于加强国家级文化生态保护区建设的指导意见》《山东省省级文化生态保护区管理办法》等文件为依据，在依法保护基础上，结合保护区工作实际由东营市出台地方性政策，保证保护区总体规划的实施，对于破坏非物质文化遗产和文化生态环境的现象予以规范纠正，确保国家法律法规的严肃性和可操作性。根据相关法规条件，全面落实法定职责，明确保护区建设的参与各方责任，提高社区和民众的非遗保护主体意识。

抢救性保护。在对黄河口非物质文化遗产名录项目进行全面分析的基础上，开展非物质文化遗产代表性项目存续状况评测和保护绩效评估，制定落实分类保护政策措施，对存在濒危倾向或处于濒危状态的非物质文化遗产名录项目进行抢救性保护，优先保护急需保护的非物质文化遗产代表性项目，组织专业人员及时对濒危遗产项目进行记录整理，建立非物质文化遗产档案数据库，并收集相关实物资料立档保护，用于研究及展览。成立专门的保护小组，通过影像、文字、录音、照片等方式将确需保护的项目进行全方位记录，推动抢救性保护工程的开展，记录黄河文化的发展、变迁和流动。借助于抢救性保护阶段性成果，布局黄河文化、湿地文化、孙子文化、石油文化、红色文化等专题博物馆、展览馆、科技馆，建设凤凰古城、铁门关等遗址公园，推进文化遗产进博物馆、进景区，对黄河文化遗产进行保护展示。

生产性保护。对具有可生产性质的非物质文化遗产项目，引导其科学生产，在实践过程中，以保持非物质文化遗产的真实性、整体性和传承性为核心，以有效传承非物质文化遗产基因为前提，借助生产、流通、销售等手段，将非物质文化遗产及其资源转化为文化产品。在保护区内为部分可进行生产性保护的非遗项目搭建传承、传播和销售平台，通过市场流通的方式推动黄河文化的传播。对非物质文化遗产相关的生活场所、制作空间等进行科学规划，在保证不损害、不破坏真实环境的基础上进行适当改造，进而推动非遗与其他产业融合，使非物质文化遗产以活态的形式向人们进行宣传展示。通过生产性保护，促进传统工艺发展振兴。深入挖掘泥塑、苇编、草编、齐笔等具有一定传承基础和生产规模的传统工艺，建立一批市级传统工艺振兴目录。推动传统工艺产品与旅游市场、文创产业、展会活动、电商平台等相结合，与现代人的生活品质要求相结合，不断提升工艺设计、制作与衍生品开发能力，培育一批特色产业和龙头企业。

分类保护。根据保护区非遗特点和存续状况，实施分类保护。如按照《中国传统工艺振兴计划》，针对黄河口地区优秀传统手工艺进行生产性保护和有序传承；针对黄河口地区传统医药类非遗开展系列保护措施，突出保护成果的有效性。对东营吕剧、祭海节等具有代表性的非遗项目，按照国家要求实施戏曲振兴工程、传统节日振兴计划、曲艺传承发展计划。针对黄河口地区民间文学、传统音乐、传统舞蹈、民俗及传统体育、游艺与杂技类非遗，尤其是与黄河文化息息相关的非遗项目，根据其不同特点，探索与之相适应的保护方式，如吸纳社会力量推进黄河文化艺术创作，加强黄河文化主题艺术精品创作，组织文艺工作者围绕黄河文化、湿地文化、古齐文化、红色文化等，创作更多艺术作品。积极开展群众性文化活动，培育和扶持一批庄户剧团发展提升，推动吕剧等传统戏曲进乡村、进校园。

系统性保护。围绕新时代新任务，统筹协调黄河口地区非遗保护传承与经济发展、城乡建设、社会治理、民生改善等的关系，主动服务和融入黄河文化公园建设的重大国家发展战略，推动黄河文、体、旅等系统协调发展，创新文化遗产展示利用模式，发展智慧博物馆，建设文化遗产主题小镇和黄河古村落，打造"黄河记忆"活态展示中心。以孙子文化遗产为核心资源，以孙子文化旅游区为依托，举办孙子国际文化旅游节，争创省级旅游度假区。坚持系统观念，全局性谋划非遗保护的各项政策措施，做好各项工作的衔接配合，推动非遗为经济社会可持续发展发挥更大作用。

（3）完善黄河口文化生态融合发展的保障机制

促进黄河口文化与旅游产业融合发展，生成文旅平台保障。构建以黄河文化为核心，与湿地文化、石油文化、孙子文化、红色文化、海洋文化等多元一体的文化体系，综合利用黄河流域城市文化旅游联盟、国家方志馆黄河分馆等平台阵地，讲好黄河入海故事，积极举办黄河入海、湿地城市等国际国内交流活动，让黄河三角洲成为向世界展示黄河文化的标志地。在推动黄河生态保护和高质量发展过程中，借力文化和旅游元素，赋能产业转型升级，使黄河口文化和旅游深度融合，更好地传播黄河文化。打造一批黄河三角洲生态文明展示区、黄河三角洲非遗文化产业园、东营黄河文化体验馆、黄河文化科技馆项目，创作一批东营黄河文化旅游和乡村旅游精品项目，包括黄河入海文化旅游目的地项目、沿黄自驾游风景廊道建设项目、黄河三角洲风俗体验游、金湖银河文旅小镇、黄河三角洲生态文化旅游示范区，开发黄河文化创意产品，建设文创小镇，展现黄河口独特的历史记忆和文化魅力。

促进黄河文化与教育、体育、康养等产业融合，打造产业保障。将黄河文化运用到健康疗养、休闲娱乐、养生度假中，开发东津渡教育康养度假区项目，利用黄河滩区优质的土地、文化和旅游资源，发展乡村民俗、研学、康养等业态，规划建设元泰·印象项目、东津渡儿童教育产业园、东津渡温泉旅游度假小镇、东津医养健康产业园等项目。统筹推进城乡健身场所设施建设，广泛开展全民健身运动。办好黄河口国际马拉松赛等重要赛事。将黄河文化这一独特的地域符号与当地多样化资源相融合，形成食、住、行、游、购、娱一体的产业体系，这些举措能够形成浓郁的黄河口文化特色，提升黄河文化产业发展的规模集聚效应。

培育经济发展新动力，助力乡村振兴，提升经济保障。重视、挖掘和利用黄河口地区民间艺术，发挥非物质文化遗产所蕴含的巨大经济价值，积极探索、大力发展"文化＋""非遗＋"业态，利用黄河口草编、竹筛编制、草鞋编制等传统技艺项目培训，消化剩余劳动力，带动贫困地区群众就近就业、居家就业，鼓励家庭小作坊和个人创业，产生集聚效应。利用"文化＋互联网"扩大销售渠道，鼓励手工艺制品"走出去"。不仅经济要富起来，乡村文化也要富起来。积极推进乡村文化站、文化服务中心建设，持续推进"送戏下乡""送电影下乡"等文化惠民工程。

三、学术价值、应用价值及社会影响和效益

（1）保护文化生态多样性，维护黄河口生态系统的稳定性，填补黄河文化生态保护区建设的空白。

（2）统筹协调黄河口文化生态保护区建设和黄河入海口生态保护区、黄河口国家公园建设、黄河国家文化公园建设一体推进，打造保护、传承、弘扬黄河文化的齐鲁样板。

（3）推动黄河入海口文化生态系统发展和文化旅游融合发展，协同黄河上下游水文化联动发展，助力山东黄河旅游长廊建设，培育经济发展新动力，打造资源型城市转型的东营样板。

（4）推动黄河文化发展的理论与实践研究。"真实完整保护传承文物和非物质文化遗产"是国家文化公园建设应当遵循的原则。《关于进一步加强非物质文化遗产保护工作的意见》强调要促进文化生态保护区建设与国家文化公园建设有效衔接，提高区域性整体保护水平。该课题研究成果在两者建设的互动关系方面做出了实践探索。

"双碳"目标对旅游业高质量发展的赋能机制与实现路径研究

负责人：童　昀
依托单位：海南大学
起止时间：2022 年 4—10 月

一、研究的目的和意义

（一）研究目的

　　"双碳"目标的提出让包括旅游业在内的多种产业类型经历着绿色转型升级带来的挑战，但也为旅游业迈向高质量发展提供了重要方向和契机。因此，本课题的首要研究目的就是解决如下关键问题："如何将'双碳'目标由对旅游业发展的挑战和约束，转变为驱动旅游业高质量发展的机遇和动能？"具体而言，本课题的研究目的涵盖两个层面：（1）战略层面和理论高度上，厘清"双碳"目标与旅游业高质量发展的战略互动关系，构建"双碳"目标赋能旅游业高质量发展的逻辑和机制。（2）战术层面和应用角度上，探索旅游业如何有效响应"双碳"目标，进而探索"双碳"目标赋能旅游业高质量发展的实现路径。

（二）研究意义

　　本课题研究意义包含以下两个方面：（1）理论意义上，有利于完善"双碳"目标下绿色低碳发展和高质量发展理论体系，有利于形成和提升旅游领域对"双碳"目标和高质量发展互动关系的理论认识。（2）实践意义上，有利于化挑战为机遇、化约束为动能，充分释放和发挥"双碳"目标对旅游业高质量发展的赋能作用和改革动力，有利于为《"十四五"旅游业发展规划》提出的旅游业绿色低碳发展提供科学依据，进而加快推动旅游业积极有效响应和支撑"双碳"目标。

二、主要内容、重要观点、对策建议

（一）主要内容

本课题按照"理论研究—实证研究—对策研究"规范分析框架，综合运用混合研究方法，针对拟解决关键问题展开系统研究。首先，理论研究层面，在系统梳理相关文献和开展专家访谈基础上，从"创新、协调、绿色、开放、共享"探索"双碳"目标赋能旅游业高质量发展的具体机制；其次，实证研究层面，在明确旅游业绿色低碳转型这一关键环节基础上，运用系统动力学创新构建了"双碳"目标下旅游业绿色低碳转型的系统仿真模型，并展开趋势判别、国别经验比较、仿真模拟等具体分析；最后，对策研究层面，针对性提出旅游业在"双碳"目标下实现高质量发展的路径，并从总体思路层面、具体举措层面提出"4+12"政策建议体系。

（二）重要观点

观点 1："双碳"目标对旅游业高质量发展既是挑战也是机遇

一方面，"双碳"目标为旅游业高质量发展提出全新要求和约束条件；另一方面，"双碳"目标为旅游业提供改革动力，将倒逼旅游业绿色低碳转型，使绿色低碳发展理念和技术实施到旅游活动各环节、旅游产业各要素中，进而驱动旅游业高质量发展。

观点 2："双碳"目标赋能旅游业高质量发展的机制体现为三方面效应

一是"双碳"目标带来宏观发展环境和要素的优化效应；二是驱动旅游业绿色低碳转型的直接效应；三是响应旅游业绿色低碳转型的现实需求，推动旅游业创新发展、协调发展、共享发展、开放发展的间接效应。

观点 3：将旅游业绿色低碳转型融入旅游业高质量发展各方面和全过程

应当树立以旅游业绿色低碳转型融入旅游业高质量发展各方面和全过程的发展理念，使旅游业成为助力经济社会发展全面绿色转型重大战略的有力支撑和示范载体，进而提高旅游业产业地位和价值。

观点 4：旅游业绿色低碳转型任务艰巨且面临巨大挑战

根据系统仿真模拟结果，旅游业碳排放总量至少在 2035 年前仍保持稳步上升态势，旅游业"碳达峰"时间将滞后于国家 2030 年"碳达峰"战略目标时间节点。

观点 5：旅游业实现"碳达峰"的关键点是深化推动旅游碳排放效率提高

基于旅游业规模扩张和品质升级的中长期趋势判断，以及国际比较分析，旅游业绿色低碳转型和实现"碳达峰"关键点是推动单位旅游收入碳排放降低，同时警惕人均旅游碳排放攀升。

观点 6：推动旅游业绿色低碳转型的重点领域是旅游交通和旅游住宿

推动旅游业绿色低碳转型重点领域是旅游交通和旅游住宿，而非旅游活动。而且根据系统仿真模拟结果，"双碳"目标对旅游业绿色低碳转型产生主要赋能效应的部门也是旅游交通和旅游住宿。

（三）对策建议

1.总体思路层面

（1）推动旅游业从重视"双碳"、支撑"双碳"到借势"双碳"的认知升级

其一，从时间维度看，碳达峰、碳中和是一场广泛而深刻的经济社会系统性变革，是奠定未来中长期中国发展方式和发展路径的重要政策导向。旅游业全行业要敏锐洞察到"双碳"目标将长期伴随和深度介入中国旅游业发展进程，它对中长期旅游业高质量发展重要意义不言而喻。其二，从影响维度看，基于"双碳"目标对旅游业高质量发展赋能机制的科学认知，旅游业全行业要从开放的系统观、全局观视角，理解"双碳"目标对旅游业高质量发展的重大机遇。进而树立起"双碳"目标不仅推动旅游业自身绿色低碳转型，也能够对旅游业高质量发展其他维度提供发展机遇的意识。其三，从要素维度看，旅游业全行业要将"双碳"目标对旅游业高质量发展重要意义和重大机遇的科学认识，融入旅游项目策划、旅游产品供给、旅游业态创新、旅游经营模式、旅游行业管理等环节。

（2）将旅游业绿色低碳转型融入旅游业高质量发展的各方面全过程

其一，从顶层设计看，党和国家要求坚持将生态文明建设融入经济社会发展各领域全过程。将旅游业绿色低碳转型融入旅游业高质量发展的各方面和全过程，是旅游领域贯彻落实相关要求的必要手段和具体举措。其二，从作用机制看，"双碳"目标直接驱动旅游业绿色低碳转型，而旅游业绿色低碳转型的诸多现实需求能够渗透和驱动旅游业创新、协调、开放、共享发展。其三，从产业属性看，在经济社会发展全面绿

色转型重大战略下，旅游业必须成为推动生产方式和生活方式绿色转型的有力支撑和示范载体。因此，绿色应当成为旅游业高质量发展最鲜明的底色。其四，从核心任务看，旅游业规模扩张和品质升级趋势将引致旅游业"碳达峰"大大滞后国家"双碳"目标时间节点。自身绿色低碳转型是旅游业响应"双碳"目标的应有之义和必答题。

（3）尊重客观规律科学谋划旅游业绿色低碳转型目标、步骤和路径

其一，正视旅游业绿色低碳转型面临挑战和困境。旅游业在 2030 年仍然难以实现碳达峰目标，并且至少滞后国家"双碳"目标时间节点五年。其二，尊重产业发展客观规律，科学设定旅游业绿色低碳转型目标。一方面，不能盲目设定旅游业与其他经济部门同步碳达峰的目标；另一方面，更多关注单位旅游收入碳排放、人均旅游碳排放等反映碳排放效率指标。其三，尊重疫情发展和宏观经济规律，科学谋划旅游业绿色低碳转型步骤。一方面，根据 COVID-19 疫情变化趋势耦合旅游业绿色低碳转型的筹备期和起步期。另一方面，根据宏观经济发展趋势耦合旅游业绿色低碳转型的推进期和加速期。其四，尊重旅游业碳排放客观规律，围绕旅游业碳排放重点领域，科学谋划旅游业绿色低碳转型路径。

（4）外搭"顺风车"和内修"基本功"协同推动旅游业绿色低碳转型

"双碳"目标下，旅游业绿色低碳转型基本思路上应该遵循外搭"顺风车"和内修"基本功"两方面并进。其一，旅游业绿色低碳转型体现外部依赖性。"双碳"目标将推动国家整体层面绿色化和低碳化，对于旅游业而言要充分发挥和对接国家整体能源结构优化、公众绿色消费意识增强、低碳科技创新等外部环境利好变化，在能源利用、绿色旅游产品开发、低碳技术应用等方面以"搭顺风车"方式实现一部分绿色低碳转型目标。其二，旅游业要通过自身深化改革，在需求结构绿色化、要素供给低碳化、行业治理科学化、科技介入全面化等方面自练内功，实现旅游业绿色低碳转型。

2. 具体举措层面

（1）供给侧实现路径与策略

①响应公众绿色消费理念推动绿色旅游发展

"双碳"目标将加速推动全社会树立人与自然和谐相处的价值观和行为观，体现在消费领域则是绿色消费意识和观念的形成，以及绿色消费行为的催生。旅游业要顺应旅游者消费习惯和理念新变化，以需求变化带动供给改革。以提供游客高质量生态体验为核心，以良好生态环境基础和要素支撑为依托，以驱动旅游业逐渐生态性、绿色性、循环性、低碳性为方向，培育承载绿色发展理念的旅游新业态和新产品，推动绿色旅游发展。

②借势能源结构优化促进旅游能源消耗清洁化

"双碳"目标将优化国家整体能源结构，能源供应链中化石能源占比持续缩紧将有效推动能源清洁化。特别是电力领域将更多依靠风能、水能、核能、太阳能等清洁电力生产方式，而摒弃依靠化石燃料（煤炭、石油、天然气等）热能转化的火力发电方式，使得电能成为真正意义上的清洁能源。因此，旅游业在交通、住宿、餐饮等领域更多选择电能作为直接能源形式，才能更好借势"双碳"目标的能源结构优化效应，直接驱动各类旅游业碳排放系数有效降低，最终实现碳排放总量下降和旅游业绿色低碳转型。

③引入绿色低碳技术推动关键要素供给低碳化

"双碳"目标会极大推动能源环境领域开展绿色低碳理论和技术创新，旅游业应当引入这些绿色低碳技术创新成果推动。旅游交通和旅游住宿部门是旅游业碳排放的最主要部门，也是推动旅游业绿色低碳转型关键环节，这些环节要素供给低碳化对于旅游业整体绿色低碳转型意义重大。例如，旅游交通领域自驾游和景区小交通中更多提高新能源汽车使用占比。旅游住宿领域在房间设备上选择低能耗电器设备，在布草配置上适当简约，在一次性制品提供上一方面减少提供种类和数量，另一方面注意选用绿色可降解材料制品等。就总体目标而言，应该以旅游交通和旅游住宿领域低碳化平衡旅游活动领域碳排放增多。

④用好"双碳"定向金融拓展旅游发展融资渠道

落实国家"双碳"目标决策部署，金融支持手段必不可少。例如，2021 年中国人民银行推出低息、定向再贷款"央行碳减排支持工具"，将有利推动清洁能源、节能环保、碳减排技术等重点领域发展，并撬动更多社会资金促进碳减排。此外，围绕"双碳"目标设立的绿色信贷、绿色债券、绿色基金由于其政策性和定向性，在融资难度和融资成本上都明显优于市场化常规融资渠道。旅游业供给侧要关注和利用好上述"双碳"定向金融工具和融资渠道，为自身绿色低碳转型开拓更多资金来源并有效降低资金使用成本。

（2）需求侧实现路径与策略

①培养旅游者绿色低碳消费理念

强大国内市场驱动是中国旅游业发展的特殊实践情境。而且随着旅游权利广泛普及、旅游经验极大丰富，国内旅游者有什么样的需求和偏好，某种程度上决定旅游产业发展方向和发展质量。"双碳"目标和生活方式绿色转型战略能够促进公众环境意识、环境理念乃至绿色消费行为、绿色生活方式养成。现阶段应该抢抓这一趋势，通过多渠道多形式宣传、高质量生态体验、"数字藏品"精神奖励以及必要物质激励等方式，加速推动中国形成一批规模庞大且具有绿色、环保、低碳理念的潜在旅游者群体。他们是中国旅游业高质量发展的服务对象，通过用脚投票成为旅游业供给侧改革的内生动力。

②打通需求侧与供给侧信息通道

2021 年中央经济工作会议提出注重需求侧改革，要求形成需求牵引供给、供给创造需求的更高水平动态平衡。"双碳"目标下对需求侧的深刻变革需要有效传达到供给端，而供给端的创新产品也需要对接到需求侧。因此在市场调研和产品营销环节要进一步打通需求侧与供给侧的信息渠道。确保"双碳"目标下旅游业供给和需求耦合协同，并形成更高水平动态平衡。

（3）管理侧实现路径与策略

①加强宣传争取各方理解旅游业"双碳"进程

党的二十大报告提出"实施全面节约战略，推进各类资源节约集约利用"，但Gössling（2005）在开展估算全球旅游业碳排放量的开创性工作后，认为旅游业具有典型高碳属性，碳消费强度高于日常生活。其一，旅游行业主管部门要把握旅游业高碳消费属性和旅游业碳排放客观规律，联合专家智库加强科学宣传，争取使各方理解旅游业自身"双碳"进程所具有的客观规律。其二，要在此基础上制定稳健合理的旅游业绿色低碳转型阶段目标，不以牺牲旅游业品质化发展为代价，简单化处理旅游业碳减排。其三，旅游行业主管部门还要对旅游业绿色低碳转型典型案例做好宣传，进一步在"双碳"目标下争取各方对旅游业产业形象的认可。

②建立国家旅游碳排放核算制度并动态核算

瑞典和新西兰已经建立了完整的官方旅游碳排放统计体系，但是中国目前尚未建立旅游碳排放统计制度。面向"双碳"目标现实需求，应该从国家层面尽快推动建立旅游绿色卫星账户以及旅游碳排放核算制度。虽然学术界对中国旅游业碳排放估算开展了丰富而卓有成效的研究，但是总体来说，相关成果横向可比性不强、权威性不高，对产业宏观管理和决策的直接服务不够。权威机构从国家层面构建的旅游碳排放核算制度及其动态核算能够提高旅游业碳排放核算权威性和指引性，核算成果对于旅游业碳减排目标制定、旅游低碳产品认证、全域旅游示范区和生态旅游示范区建设验收等能够提供直接参考。

③推出绿色榜单案例引导鼓励低碳旅游发展

发挥行业管理和引导职能，文旅政府主管部门可以联合行业协会和智库机构。其一，制定低碳旅游或绿色旅游发展行业标准并开展品牌认证活动。其二，适时策划和发布若干旅游业绿色低碳转型下针对目的地、企业、旅游产品等不同对象的专题排行榜。其三，精选和发布若干旅游业绿色低碳转型典型项目案例。并通过有关媒体尽可能扩大影响力，放大上述举措的示范效应和引领作用，为旅游业绿色低碳转型提供良好政策支持和方向指引。

（4）技术端实现路径与策略

①推动旅游业绿色转型科学研究和人才培养

"双碳"目标催生大量复合型交叉创新"双碳"专业人才需求。教育部专门发布《加强碳达峰碳中和高等教育人才培养体系建设工作方案》，人力资源社会保障部专门发布关于碳排放管理员与国家职业技能标准（包括碳排放管理员、碳排放监测员、碳排放核算员、碳排放核查员、碳排放交易员、碳排放咨询员、民航碳排放管理员）等。借此契机，文旅部门要提出人才培养需求，鼓励和推动上述专业领域和职业门类在旅游业设立细分方向，加强对旅游绿色转型科学研究和人才培养。在科研立项、人才工程等方面面向交叉学科设立一定专向和配比，激励交叉学科服务旅游业绿色低碳转型。

②促进绿色低碳前沿技术在旅游领域的应用

"双碳"目标促进很多绿色低碳前沿技术产生，旅游业产业要素多元能够为这些技术提供丰富应用场景。要积极推动清洁生产技术、低碳技术、绿色设计制造技术等环境友好型技术在旅游领域应用。例如，在清洁能源替代上，山岳型旅游区可利用光板收集太阳能，海拔落差大的旅游景区可借助水电实现一部分能源自给自足；在提高能源使用效率上，景区或酒店的照明系统采用声控、改进酒店热导技术以避免能量传导过程中产生漏损、引入热泵实现不同能源低碳转化等实现旅游业低碳发展。

③激活旅游业自身绿色技术研发和方案创新

其一，在绿色技术研发上，元宇宙和 COVID-19 疫情共同催生虚拟旅游、云旅游等新业态概念产生，结合 VR、AR 全景成像技术和沉浸式技术可以开发"云端旅游"让游客足不出户体验"诗和远方"甚至国家公园等自然保护区核心区景观风貌。其二，在方案创新上，景区或旅游供应商可将绿色理念融入时下新潮，如推广"只此青绿"实景舞蹈演出、打造以生态为主线的景区"剧本杀"、推出室外露天用餐等具体服务产品等，推动旅游业高质量发展。其三，在旅游产业管理上，利用大数据、云计算、区块链等高新技术手段推动管理科学化和现代化，为旅游业绿色低碳转型引导和管理提供技术支持。

三、学术价值、应用价值及社会影响和效益

（一）学术价值

（1）完善了"双碳"目标下绿色低碳发展和高质量发展理论体系；

（2）形成和提升了旅游领域对"双碳"目标和高质量发展互动关系的理论认识；

（3）将系统动力学方法引入旅游业绿色低碳转型领域并模拟了"双碳"目标对旅游业低碳绿色转型的驱动作用。

（二）应用价值

（1）成果加快推动旅游业积极有效响应和支撑"双碳"目标；

（2）"双碳"目标下旅游业绿色低碳转型系统构建和情景仿真结果，为《"十四五"旅游业发展规划》提出的旅游业绿色低碳发展提供了科学依据；

（3）凝练形成的"4+12"政策体系可以运用于各级旅游行业主管部门制定相关产业政策之中，充分发挥"双碳"目标对旅游业高质量发展的赋能作用和改革动力。

（三）社会影响和效益

本课题将在以下两方面提升成果的社会影响和效益。一方面，进一步选取部分成果内容向《中国旅游报》等报刊投稿，宣传课题成果和观点；另一方面，将研究成果转化为专题讲座，向相关政府部门和旅游企业进行宣讲。

文旅融合背景下我国中医药健康旅游产品发展成效评估与推进机制研究

负 责 人：王国为
依托单位：中国中医科学院中医基础理论研究所
起止时间：2022 年 4—10 月

一、研究的目的和意义

习近平总书记在党的二十大报告中指出，"坚持以文塑旅、以旅彰文，推进文化和旅游深度融合发展"。中医药健康旅游作为我国旅游的一种新兴业态，以中医药文化为载体，以旅游为方式，在推进我国文化和旅游深度融合发展上大有可为。新冠肺炎疫情对旅游行业产生了巨大冲击，与此同时，也引发越来越多人关注中医药健康旅游，中医药健康旅游发展迎来了重要的战略机遇期。《"十四五"文化和旅游发展规划》指出要发展中医药健康旅游，《"十四五"旅游业发展规划》进一步强调要加快推进旅游与健康、养老、中医药结合，打造一批国家中医药健康旅游示范区和示范基地。《"十四五"中医药发展规划》也强调要拓展中医药健康旅游市场，推动中医药健康旅游高质量发展。但由于我国中医药健康旅游起步较晚，相关产品的发展成效尚不足，运营机制不完善，目前还存在不少亟待解决的问题。在此背景下，系统评估我国中医药健康旅游产品的发展成效，并提出建设性的推进机制建议，成为一项重要的研究任务。

本课题基于政策分析和现实需求，以国家中医药健康旅游示范区（基地）和北京中医药文化旅游示范基地为调查对象，通过调查研究分析中医药健康旅游产品的发展现状，针对存在的问题提出相应的推进机制及建议。课题的实施，一方面有助于解决当下我国中医药健康旅游产品发展所面临的瓶颈问题，另一方面也可为国家文旅相关部门加快旅游与中医药健康产业融合，推进中医药健康旅游产品的发展提供参考。

二、主要内容、重要观点、对策建议

（一）主要内容

第一，关于消费者对中医药健康旅游的认知和需求调研。本课题首先通过问卷调查的方式对全国全年龄层的 358 位消费者进行中医药健康旅游的产品认知和产品需求调查。调查内容涵盖调查对象的基本信息、中医药健康产品的认识情况和中医药健康产品的需求状况 3 部分。研究结果可以分成两部分：

消费者对中医药健康旅游的认知上主要存在两个问题：一是消费者对中医药健康旅游产品的认知较少。在调查对象中，43.3% 的人群对中医药健康旅游产品完全不了解，92.7% 的人群表示没参加过中医药健康旅游，71% 的人群不知道中医药健康旅游示范基地。二是消费者对中医药健康旅游产品的满意度整体偏低。通过对种类多样性、服务质量、基本设施、广告宣传、产品价格和产品特色这六个方面的调查发现，消费者在种类多样性和服务质量这两个方面的认可度较高，满意度却分别只有 50% 和 58%。在基本设施、广告宣传、产品价格和产品特色方面，消费者认为表现一般的人数占比最多，其中，27% 的人群对广告宣传工作不认可，23% 的人群认为产品缺乏特色。

消费者对中医药健康旅游的市场需求主要表现为两方面：一是调查对象中，63.7% 的人群认为身体处于亚健康或疾病状态，说明人们对身体健康状况更加重视，中医药健康旅游的潜在消费者较多，市场前景乐观。二是调查对象对中医药景区观光旅游、中医药文化及科普传播导赏及体验类旅游、中医药养生保健服务类旅游较感兴趣。在产品决策影响因素中，养生、文化体验和观光占比较高。在未来计划选择中医药健康旅游产品时，被调查者优先考虑的三大产品属性为产品性能、服务质量和产品价格。这些研究成果可为中医药健康旅游产品的开发提供重要的参考价值。

第二，中医药健康旅游产品评价指标体系构建。结合前期问卷调查整理有关中医药健康旅游产品评价指标集，并参考吴必虎等相关专家学者的文献资料，又通过课题小组谈论法对指标从可行性和必要性进行筛选和梳理，最后确定从产品供给、产品支持、产品特色和产品配套四个方面进行指标体系构建。

具体而言，产品供给指标下设产品种类、产品数量、产品功能、产品性价比和产品定位 5 个指标，产品支持指标下设政策支持和资金支持 2 个指标，产品特色指标下设中医药特色、中医药 + 旅游的融合程度和产品创新性 3 个指标，产品配套指标下设人才队伍、服务质量和基础设施 3 个指标。

本课题对中医药健康旅游产品主要从中医药健康六大产品类别进行发展成效评估，在权重设计上，运用了层次分析法得到了相应的权重值，研究成果丰富了中医药健康旅游产品发展成效的评价体系。

第三，中医药健康旅游示范区（基地）调研。遵照疫情防控常态化要求，结合前期工作基础，同时参考专家意见建议，课题组以北京地区的国家中医药健康旅游示范区（基地）创建单位及北京中医药文化旅游示范基地为研究对象，以上述构建的指标体系为主要内容初步开展了调查研究。调研对象包括北京地区的国家中医药健康旅游示范区（基地）和 11 家涵盖 5 批次的北京中医药文化旅游示范基地。通过问卷调查和实地访谈收集一手资料，结合构建的评估模型发现以下问题，具体表现如下。

产品供给情况：一是中医药健康旅游产品的种类和数量较单一，有待增加。二是中医药健康旅游产品整体市场定位不够清晰，正面广告宣传不够到位，相当一部分人不了解中医药健康旅游及其产品属性。三是大众对中医药景区观光旅游、中医药文化及科普传播导赏及体验类旅游、中医药养生保健服务类旅游较感兴趣，其中，中医药景区观光旅游的占比最高，而对中医药健康产业参观购物类旅游最不感兴趣。四是因为疫情防控政策，很多基地控制客流量，甚至不对外开放，旅游产品功能尚未得到常态发挥，而医疗机构类基地多存在日常医疗业务工作量大，医疗旅游相关产品未充分发挥作用。

产品支持力度：一是政策支持方面：首先，中医药健康旅游相关政策的落实还待加强；其次，一些示范基地还仅停留在原本中医药业务范围内，中医药健康旅游是中医药与旅游的融合，亟须相关政策引导；再次，新冠肺炎疫情影响下，中医药健康旅游产品的发展也遭遇困境，需要政府适时适度出台优惠政策；最后，产品开发过程中，土地使用权问题还有待相关政策支持。二是财政资金方面，资金的使用效率还有待提升，相关企业机构应积极主动作为，多部门机构合作，加强建设资金保障。

产品特色方面：大部分基地的相关产品会呈现一定的中医药特色，但多是简单地呈现中医药元素，同质化倾向比较明显，创新产品少，创新意识较差，尚未实现中医药 + 旅游的深度融合。在实地调研中，同仁堂知嘛健康零号店主打中医药新零售模式，草根堂种养殖专业合作社探索林下中草药种植文旅多元化模式，其旅游产品特色均较鲜明，创新性较强，产业融合度较高，值得进一步研究和参考借鉴。

产品配套条件：一是在基础设施方面，许多中医药健康旅游产品所在基地的地理位置较偏远，交通不方便，酒店住宿配套不全，基础设施跟不上，中医药相关人才技术缺乏，信息化程度低。二是在服务质量上，通过问卷调查发现，参与中医药健康旅游的游客对服务的满意度仅为58%，产品服务质量还有待提高。三是在人才队伍方面，专业人才资源不足。一方面，由于中医药学的专业性强，兼具多学科属性，与旅游产业融合后，要求从业人员要同时具备中医药学与旅游专业知识，相关人才匮乏，亟须积极培养。另一方面，当前专门从事中医药健康旅游研究的机构和人员更少，制约行业水平提升。

第四，中医药健康旅游产品发展成效评估与推进机制建议。在上述研究基础上，通过小组讨论和专家研判，结合构建的指标体系及示范基地的调研结果对中医药健康旅游产品高质量发展的推进机制提供建议（详见下文"对策建议"）。

（二）重要观点

第一，中医药健康旅游产品是具有中国特色的文旅融合旅游产品代表，在传承弘扬中华优秀传统文化方面能发挥重要作用，在推进我国文化和旅游深度融合发展上大有可为。

第二，中医药健康旅游产品的发展方兴未艾，潜在消费需求旺盛，未来发展潜力巨大，但目前还面临产品种类和数量较单一、市场定位不清晰、品牌效应有待提升、创新性不足、宣传推广不够到位、服务质量有待提升、政策落实有待加强、人才队伍匮乏等不少亟待解决的问题。

第三，中医药健康旅游在供给侧发力的同时，要充分重视结合消费者的实际认知和需求进行产品规划与开发，研究发现消费者对产品性能、服务质量和产品价格更加重视，在产品开发中需重点关注。

第四，中医药健康旅游是多产业融合的新兴业态，其发展需要多部门、多产业、多学科、多渠道的有机合作与共同推进。

（三）对策建议

从中医药健康旅游产业的宏观层面看，今后要进一步加大对中医药健康旅游的政策引导和扶持力度，完善中医药健康旅游行业协会的协调监管机制，加强中医药健康旅游产业与其他产业的融合互补，积极培育专业人才团队，注重中医药健康旅游的正面宣传推广。具体聚焦到中医药健康旅游产品层面，从以下四个方面提出建议。

（1）产品供给

一是要积极发挥中医药优势，促进旅游资源与中医药资源有效结合。加大产品开发的力度，形成体验性强、参与度广的中医药健康旅游产品体系。特别应侧重中医药景区观光旅游、中医药文化及科普传播导赏及体验类旅游、中医药养生保健服务类旅游的产品开发。

二是要提高中医药健康旅游产品的多样化程度。围绕"吃、喝、玩、乐、睡、养、医、购"八大要素，充分利用各地旅游资源优势和中医药文化元素，开发鲜明特色、内容丰富的中医药健康旅游产品，提高产品多样化程度。

三是要加强中医药健康旅游产品的宣传推广工作。第一是依托各大中医药会议、论坛、展览、文化节等，加大中医药健康旅游产品的宣传和推广力度。第二是充分利用广播电视、新闻报刊、微博、微视频等媒介，深入开展中医药健康知识宣传，普及中医药健康知识，夯实中医药健康旅游的群众基础。第三是充分发挥中医药健康旅游示范基地和示范区的作用，加大示范区和示范基地宣传力度，提升品牌效应。

（2）产品支持力度

一是要进一步制定和贯彻落实有利于中医药健康旅游发展的财政、金融、税收，土地等政策，特别是加大乡村旅游用地的政策扶持，进行试点改革探索，鼓励地方政府依托当地资源优势开发中医药健康旅游产品。

二是要加大资金投资力度，充分发挥监管部门监督机制，落实资金的发放。吸引社会资本投资，鼓励社会力量投资参与中医药健康旅游产业。

（3）产品特色

一是要充分利用中医药文化元素，打造特色鲜明、优势明显的中医药健康旅游产品。一方面，各地要结合本地区中医药资源优势，开发具有地域特色的中医药健康旅游产品；另一方面，要充分发挥中医药优势，使旅游资源与中医药资源有效结合，推进中医药健康旅游产品的特色化。

二是要积极推动各级旅游机构与中医药机构的全面合作。建立合作机制，开展紧密协作。加快探索旅游业与中医药健康服务业融合发展的新理念和新模式，创新发展体制机制，推动旅游业和中医药健康服务业的深度融合。

三是要注重产品的守正创新，创新是第一动力，在传承中医药文化精华的基础上，要守正创新，积极借鉴最新科学技术研究成果，探索研发智慧中医药健康旅游产品，实施创新驱动发展战略，开发新产品，打造新亮点。此外，还应加快探索旅游业与中医药健康服务业融合发展的新理念和新模式，不断完善政策措施，创新发展体制机制。

（4）产品配套条件

一是要逐步增加中医药健康旅游服务设施建设的资金投入。加快中医药健康旅游公共服务和基础设施建设，加快构建中医药健康旅游综合服务信息化平台，健全服务体系，提升服务水平。加快推动大数据、云计算、物联网、区块链及 5G、北斗系统、VR、AR 等新技术的合理应用，增强旅游产品的体验性和互动性，提高服务的便利度和安全性。

二是要加强中医药健康旅游的规范管理，通过中医药健康旅游相关部门和行业协会建立监督机制，维护消费者利益，引导市场公平竞争。加快制定完善中医药健康旅游服务相关行业标准，推进中医药健康旅游标准化建设，提高服务质量和服务水平。

三是要积极培育中医药健康旅游专业复合型人才。鼓励各级中医药及旅游相关院校和单位培养中医药健康旅游专业人才，通过专业人才的培养，研发更多的中医药健康旅游新产品、好产品。

三、学术价值、应用价值及社会影响和效益

中医药健康旅游作为新兴的旅游新业态，未来发展潜力巨大。本课题立足文旅融合背景，集合中医药、旅游、文化、信息技术等多学科领域专家智慧，对中医药健康旅游产品从需求侧、供给侧两方面开展研究，构建相应评价指标体系，并针对性地提出相关对策建议。研究成果在学术价值上进一步丰富了中医药健康旅游产品的发展成效和推进机制相关理论；在应用价值上，契合《"十四五"旅游业发展规划》"加快推进旅游与健康、养老、中医药结合，打造一批国家中医药健康旅游示范区和示范基地"要求，可以为政府出台相关产业支持政策提供参考，也可为相关行业发展提供理论借鉴，产生良好的社会影响和效益。

共同富裕视域下
民族地区红色旅游高质量发展研究

负 责 人：王金伟
依托单位：北京第二外国语学院
起止时间：2022 年 4—10 月

一、研究的目的和意义

（一）研究目的

本课题的研究目的在于揭示共同富裕战略下民族地区红色旅游高质量发展的要素构成和层次结构，建立一套科学有效的红色旅游高质量发展评价指标体系，在此基础上探索适合民族地区红色旅游特点的高质量发展路径模式，为进一步促进民族地区红色旅游高质量发展并有效助力实现共同富裕提供决策参考。

（二）研究意义

红色旅游是一项集政治、经济、文化、教育于一体的国家工程。本课题集中围绕民族地区红色旅游资源开发与发展效果进行评价，并将从中总结出的经验教训应用到共同富裕战略下民族地区红色旅游高质量发展决策之中，为未来发展提供战略指引，具有重要的现实意义。

二、主要内容、重要观点、对策建议

（一）主要内容

本课题在深入研究红色旅游和高质量发展相关理论、政策的基础上，围绕以共同富裕视域下红色旅游高质量发展的内涵、全国红色旅游网络热度、民族地区红色旅游发展效果测度、国内外经验借鉴及我国民族地区红色旅游高质量发展的优化模式与对策构建等方面展开。课题研究主要包括以下 4 项内容。

研究内容 1：民族地区红色旅游高质量发展理论政策研究

（1）收集整理近年来国家和地方发布的关于共同富裕、民族地区、红色旅游、产业高质量发展相关的政策文件，并进行系统梳理和解读。

（2）梳理高质量发展、红色旅游等相关领域的理论，把握国内外相关研究动态，凝练出研究的主要科学问题，进一步明晰本课题的科学问题和研究方向。

（3）通过文献研究法、德尔菲法等，阐释共同富裕视域下红色旅游高质量发展的内涵，为后续研究提供理论支撑。

研究内容 2：民族地区红色旅游高质量发展效应评估

（1）通过文献研究、问卷调查、德尔菲等方法，结合红色旅游发展特点和高质量发展的理论基础，从旅游规模、发展规模、资源禀赋和发展支撑等方面，对我国民族地区红色旅游总体发展背景进行总结。

（2）选取典型案例，分析我国民族地区红色旅游发展的现状与特征。

（3）在充分考虑时代背景和民族地区红色旅游发展实践的基础上，凝练出当前民族地区红色旅游发展面临的问题与挑战。

研究内容 3：民族地区红色旅游发展评价指标体系

（1）利用德尔菲技术、文献研究、熵权法等构建全国红色旅游网络热度和总体发展指数的评价指标体系，对省级层面、全国红色旅游重点城市、重点红色旅游区、部分红色旅游经典景区的网络热度、发展指数进行综合评价。

（2）在结合全国红色旅游网络热度和总体发展指数的基础上，构建符合民族地区特点的红色旅游高质量发展评价指标体系，对 76 个地级市的红色旅游发展情况进行综合评价。

（3）通过对民族地区红色旅游网络热度以及红色旅游发展指数的分析，进一步明晰民族地区红色旅游高质量发展的方向。

研究内容 4：民族地区红色旅游高质量发展优化路径研究

（1）基于上述分析结果，结合时代发展背景、乡村振兴战略和共同富裕的本质内涵，探讨民族地区红色旅游高质量发展的战略要求。

（2）结合高质量和共同富裕的本质内涵，探索兼顾社会、经济、文化、共享、环境等多维度的发展路径。

（3）针对红色旅游发展实际，提出顺应时代发展要求和民族地区发展需要的政策建议，为相关政策的制度提供理论支撑和决策参考。

（二）重要观点

（1）红色旅游是加强革命传统教育、弘扬和培育中华民族精神、助力革命老区社会经济振兴发展的重要手段和有效途径。

（2）重视红色旅游高质量发展，不仅是"两个一百年"奋斗目标的任务要求，同时也是"十四五"文旅产业发展的战略安排。

（3）探索共同富裕视域下民族地区红色旅游高质量发展的优化模式和路径，不仅有利于落实党的二十大精神，同时也有利于推进民族地区共同富裕，高效发挥红色旅游的政治功能、文化功能和经济功能。

（三）对策建议

（1）以服务国家发展战略为导向

2022 年不仅是"十四五"规划的重要时期，也是全面推进乡村振兴，建成小康社会，实现共同富裕的关键一年。红色旅游高质量发展是助力民族地区乡村振兴与共同富裕的有效途径。第一，结合《全国红色旅游发展规划纲要》，敦促各省（区、市）相关部门出台《民族地区红色旅游发展规划》《民族地区红色旅游资源保护与开发》等政策文件，实现多规合一，对各省（区、市）的民族地区红色旅游发展做出顶层设计和详细规划。第二，整合民族地区红色旅游资源，制定《民族地区红色文化与旅游产业融合可持续发展规划》等政策文件，发挥各方优势，推动民族地区民俗文化和红色旅游融合发展。第三，充分调动各方主体的参与积极性，通过政企合作、社区合作等形式实现民族地区红色旅游各层级的全民参与。要坚持在规划红色旅游景区时，结合乡村规划，注重民族地区独具特色的风土人情和民风民俗，推动当地人参与到经济活动中，共同推进红色旅游产业质量，增加农民受益，加速实现共同富裕。第四，建立民族地区红色旅游样板示范区，激发人们"敢拼""敢干"的精神，深入挖掘红色旅游资源，通过红色旅游资源带动乡村振兴和共同富裕。

（2）以培育红旅产业体系为基石

以民族地区的红色旅游产业为主导，整合相关资源，推进民族地区红色旅游与文化产业、农业产业等产业深度融合。第一，推进民族地区城乡旅游全域化。按照"突出特色、发展富民"的原则，大力实施"红色旅游+"战略，将红色旅游与文化产业、工业产业、农业产业以及生态产业等产业融合发展。第二，深度挖掘民族地区当地的红色旅游特色，将红色文化和历史文化、民俗文化、乡村文化等融合发展，形成一条横向联动的红色旅游产业链。第三，挖掘片区内的红色旅游景点，将"点"连成"线"，串成一条独特的、具有民族地区特色的红色旅游产业链。同时，可以将"线"连成"面"，形成复合型的旅游产业链。第四，整合民族地区红色旅游资源，国务院先后出台了一系列鼓励发展民族地区红色旅游的政策，民族地区的各个领导人应该抓住机遇，提高资源整合的效果，充分发挥红色资源的优势与特色，形成真正的高质量红色文化产业。第五，牢牢把握红色旅游的教育功能，紧扣爱国主义教育和革命传统教育主题。打造独具特色的民族红色旅游品牌，创新红色教育载体，发挥红色育人作用。

（3）以维护社会和谐发展为重心

和谐稳定的社会发展环境是实现民族地区共同富裕的基本前提。民族地区红色旅游高质量发展要注重促进社会主义政治建设、弘扬爱国主义精神，并协调好社会发展的公平与效率。首先，应坚守红色底线，传承好红色基因，加强新时代社会主义核心价值观的培育。民族地区的红色旅游资源凝聚着中国革命先辈顽强斗争、赤诚为民的政治品格和革命精神。在民族地区红色旅游发展过程中，要进一步加强红色资源政治性和精神性内涵的传达，不断锤炼忠诚于党的政治品质。其次，强化红色旅游"铸魂育人"效果，培育时代新人。通过开展"红色旅游进校园"、红色研学旅行、红色旅游演艺等活动，将民族地区的红色教育融入社会发展和学校育人工作的各环节，激发人民群众特别是青少年群体的爱国情怀，巩固和谐社会的思想基础。最后，处理好公平与效率在民族地区红色旅游发展过程中的辩证统一关系，积极推进和谐社会建设。既要促进资源配置的有效利用，提高产业整体的发展效率，为人民群体提供更好的物质条件，也要全面构建平等、公正的产业发展大环境，实现经济发展成果的合理分配，促进公平与效率的有机协调，推动共同富裕取得更为明显的实质性进展。

（4）以促进经济健康发展为抓手

民族地区红色旅游高质量发展要契合我国经济发展新格局，高效发挥产业优势，促进经济健康、可持续发展，为推进实现共同富裕提供经济基础。首先，树立协调发展的理念，构建产业内部和区域"双协调"的红色旅游产业格局。既要完善红色旅游地基础服务设施建设，推进产业内部"六要素"的协调发展，强化红色旅游高质量发展的物质基础，又要加强区域间交流合作，通过整合区域内红色资源，打造区域特色文化品牌形象，推动区域红色经济一体化发展。其次，推动多元产业深度融合，培育红色旅游发展新业态。全力推进红色旅游与现代农业、研学旅行、乡村旅游、康养产业等业态的融合发展，强化产业间的优势互补，提升红色旅游发展的附加值和竞争力，实现多产业的协同共赢。最后，用好新技术红利，激发红色旅游高质量发展的经济活力。利用人工智能、大数据、物联网、5G、云计算等新兴信息技术，构建红色旅游数字化管理平台，提升红色旅游智能化管理水平；借助全息影像、三维影像、虚拟现实等科技手段，打造红色旅游沉浸式体验场景，丰富优质产品供给；运用大数据的计算分析能力，做好和用好用户画像，满足游客个性化消费需求，提升红色旅游体验品质。

（5）以坚定人民文化自信为责任

凝聚红色文化力量，厚植人民精神共同富裕的文化氛围是时代赋予民族地区红色旅游的责任与担当。首先，深入挖掘民族地区红色文化资源，提升人民群众文化生活品质。在尊重史实的前提下，加强民族地区红色遗产的保护利用，打造民族地区独具特色的红色旅游 IP、塑造民族地区红色目的地品牌形象、构建民族地区红色旅游产品体系，切实提升民族地区红色旅游的精神引领作用，丰富人民群众精神文化生活。其次，创新民族地区红色文化传播形式，大力弘扬红色精神，坚定人民文化自信。红色文化是人民群众文化自信的源泉和根本，也是共同富裕的重要基础。而民族地区红色旅游是以民族地区红色文化为核心的新型教育旅游形式。未来在民族地区红色旅游发展过程中，应进一步拓宽民族地区红色文化传播路径，提升红色文化传播效果，为新时代推动共同富裕提供精神动力。最后，加强国际交流合作，提升文化自豪感。以重大事件纪念日为契机，举办丰富多样的红色文化节事活动，以民族地区红色文化交流与互鉴为主题深化与友好国家之间的旅游产品开发和项目合作。特别是在新时代背景下，通过红色旅游积极宣传中国发展成就，为"讲好中国故事、传播好中国声音"贡献"红色"力量。

（6）以人民共享发展成果为核心

共享是共同富裕视域下民族地区红色旅游高质量发展的核心和本质要求。通过引导多元主体参与民族地区红色旅游治理，完善利益联结机制和打造新型城乡关系，使人民群众共享红色旅游高质量发展的成果。首先，引导多元主体参与民族地区红色旅游决策。发挥地方政府的引导作用，为红色旅游发展指明前进方向；鼓励社区居民积极主动参与到民族地区红色旅游发展之中，实现革命老区人民的充分就业，进一步缓解就业的结构性矛盾，提升当地群众的经济收益和生活水平；出台优惠政策和激励机制，支持文旅企业、社会组织、科研机构等参与到红色旅游项目开发建设之中，为民族地区红色旅游资源高效利用和利益共享搭建开放平台。其次，完善收入分配制度，让更多社区居民和从业者享受社区建设红利和红色旅游发展成果。通过构建多方认可的利益分配机制，提升劳资分配的公平和效率，扩大中等收入群体比重。最后，努力缩小区域间发展差异，提升城乡公共服务均等化水平。将红色旅游发展融入乡村建设全局，与乡村地区的"三农"生态特色和城乡综合环境整治相结合，促进城乡地区基本公共服务的均等化，打造新型城乡发展关系，让人民群众能够均等享有民族地区红色旅游发展成果。

（7）以打造生态宜居环境为使命

生态宜居是共同富裕的重要表征和核心基础。打造生态宜居环境、探索民族地区红色旅游的绿色发展道路也是民族地区红色旅游高质量发展的应有之义。首先，贯彻低碳绿色发展理念，加强民族地区红色旅游生态化和绿色化发展的顶层设计。建立由多主体参与的决策机制，统筹做好民族地区红色旅游绿色发展规划，构建红色旅游绿色发展监督体系，为相关景区、企业探索绿色低碳的发展路径提供行动遵循。其次，依托民族地区丰富的红色资源，推动民族地区红色旅游与美丽乡村建设相结合，服务乡村振兴战略。我国革命老区拥有丰富的自然资源，通过打造具有区域特色的"红色＋生态"旅游发展模式，满足旅游者的多样化的旅游需求，实现"绿水青山"和"金山银山"的有效转化，推进革命老区生态文明建设和全面乡村振兴。最后，建立健全民族地区红色旅游资源开发的生态补偿机制。我国革命老区多位于偏远山区，对红色旅游资源进行开发可能会在一定程度上对当地生态环境产生不利影响。有必要通过制定明确的生态补偿标准和探索有效的补偿途径，实现生态环境的可持续发展和红色资源的科学开发。

三、学术价值、应用价值及社会影响和效益

（一）学术价值

本课题综合运用大数据方法、数理统计等多元研究方法，拓展和深化高质量发展的研究对象和研究层次，深入剖析红色旅游高质量发展的要素构成和逻辑结构，从宏

观和微观多视角构建红色旅游高质量发展的评价指标体系，采用面板数据与微观调查数据揭示红色旅游高质量发展的影响机制，并在此基础上提出红色旅游高质量发展的优化模式和路径。

（二）应用价值

本课题以当前红色旅游发展实际为出发点，结合大量实践与案例分析，对红色旅游当前面临的重大实践问题进行深入探索，力求构建出一套切实可行的红色旅游高质量发展方案体系。因此，课题研究具有较为显著的实践意义和应用价值。

（三）社会影响和效益

1. 推进民族地区全面振兴与共同富裕

"扎实推动共同富裕"是我国"十四五"时期经济社会发展主要目标和重大任务之一。民族地区是我国的资源集聚区，对实现共同富裕战略具有重要的地位。红色旅游是一种集经济、文化、政治、社会等功能于一体的特殊旅游形态，能够有效助力推进民族地区实现共同富裕。

2. 推动民族地区红色旅游高质量发展

红色旅游的高质量发展不仅是时代的要求，也是红色旅游市场发展的需求。本课题立足于国民社会经济发展的新特点、结合民族地区红色旅游市场发展需要，在疫情防控常态化的条件下，提出民族地区红色旅游发展的基本思路和发展框架，助推红色旅游实现高质量发展。

共同富裕视角下文旅
融合发展的模式与路径研究

负 责 人：徐　彤
依托单位：内蒙古大学
起止时间：2022 年 4—10 月

一、研究的目的和意义

（一）研究目的

2020 年脱贫攻坚战顺利结束，中国完成了消除绝对贫困的艰巨任务，文旅融合作为主要扶贫富民方式，成为我国脱贫攻坚重要生力军。党的二十大报告中，习近平总书记指出共同富裕是中国式现代化的重要特征，认为共同富裕是全体人民的共同富裕，是人民群众物质生活和精神生活都富裕。随着全面建成小康社会任务完成，我国进入文化强国和共同富裕建设新阶段，文旅融合发展迅速拓展深化、相互赋能不断增强，凭借文旅产业综合性强、关联度广和带动性大等特征，文旅融合发展可充分发挥文旅资源特色优势，有效带动文旅产业集群发展，进而优化区域产业结构和构建经济发展长效机制，成为促进区域实现共同富裕的重要路径。与此同时，文旅融合发展中也面临要素流动制度性障碍、旅游收入分配体系不完善和文旅公共服务体系不健全等系列问题，阻碍了文旅融合发挥富民、安民和乐民的价值和功能。为此，以文旅融合促进共同富裕的现状和背景分析为基础，深入剖析文旅融合发展促进共同富裕的内在机制，并提出文旅融合发展促进共同富裕的路径建议对新时期文旅融合发展和推动共同富裕具有重大意义。

（二）研究意义

理论意义：本课题响应文旅融合发展和共同富裕等重大国家战略问题，从共同富裕视角切入研究文化和旅游产业融合发展，从"学理—机制—治理"三位一体分析文旅融合发展的富裕功能和富裕价值，并对共同富裕视角下的文旅融合模式构建和路径选择进行深入探究。相关研究能够揭示文旅融合发展赋能共同富裕的内在机制；提炼文旅融合发展的特色模式，明确文旅融合发展的路径选择，丰富文旅融合和共同富裕理论体系，为文旅融合发展赋能共同富裕提供理论支撑。

实践意义：第一，研究文旅融合发展赋能共同富裕的内在机制与规律，有助于探索人们对共同富裕生活向往的"致富通道"，为文旅融合发展赋能共同富裕提供经验支撑与实践参考；第二，探索赋能共同富裕的文旅融合典型模式，为区域文旅融合发展提供顶层设计与决策参照；第三，提出共同富裕视角下的文旅融合发展路径与对策，切实推动文旅融合发展，赋能共同富裕。

二、主要内容、重要观点、对策建议

（一）主要内容

研究报告分为四个部分，其中：第一部分重点分析文旅融合发展促进共同富裕的发展背景与现状研判；第二部分结合利益相关者理论，剖析文旅融合发展促进共同富裕的内在机制；第三部分立足案例分析和理论研究，提出文旅融合发展促进共同富裕的六类典型模式；第四部分为建议部分，围绕六条实现路径提出文旅融合发展促进共同富裕的对策建议体系。

1. 文旅融合发展促进共同富裕的现状分析

共同富裕新阶段，共同富裕对文旅融合发展提出新要求，旅游成为共同富裕建设背景下人民生活的刚需和权利，在此背景下，文旅融合发展跃升为重大国家产业发展战略。现阶段，文旅融合发展促进共同富裕优势突出。首先，文化强国战略、美丽中国建设等多重战略叠加为文旅融合发展促进共同富裕提供重要发展机遇；其次，国内文旅产业巨大市场规模为共同富裕提供坚实发展支撑；再次，中央到地方各级系列利好政策的推出有效助力各地共同富裕建设；最后，"老少边穷"地区文旅资源比较优势为突破共同富裕攻坚地提供了重要依托。与此同时，文旅融合发展也有利于共同富裕探索全新模式，有助于共同富裕提供发展平台，有益于推动区域实现经济富裕和精神富足。但文旅融合发展促进共同富裕进程中也面临要素流动制度性障碍、旅游收入分配体系不完善和文旅公共服务体系不健全等系列问题，阻碍文旅融合发挥富裕价值和富裕功能。

2. 文旅融合发展促进共同富裕的内在机制

文旅融合发展涉及政府、市场、企业、居民、游客和媒介等多个利益相关者，其参与动机主要涉及推动经济发展、实现企业盈利、共建共享富民和满足优质旅游体验等。各主体投入土地、资本、劳动力和技术等生产要素，政府通过制定制度约束、提供增权奖励和完善优质公共服务，市场通过创新消费业态和塑造产业集群，企业通过优化经营管理和打造利益共同体，居民通过摄入生产要素和主客价值共创，游客通过传导消费需求和参与价值共创，媒介通过强化科技嫁接、畅通渠道通路和增强流量变现等诸多途径参与文旅融合发展。文旅融合能够发挥产业收入效应、要素流动效应、就业增收效应、美好生活效应和创新提质效应，促进文旅产业发展、助力产业共生、推动居民增收、满足休闲旅游消费需求、价值增值和收入再分配等，赋能共同富裕。

3. 文旅融合发展促进共同富裕的典型模式

文旅融合发展促进共同富裕的典型模式包括主题生活沉浸富裕模式、文化休闲街区富裕模式、城郊文旅融合富裕模式、文旅特色小镇富裕模式、休闲农业富裕模式和工业区复兴富裕模式。主题生活沉浸模式指依托地区的文化特色，设计推出特定的文化主题，沉浸式体验旅游地居民生活方式，通过文旅产业延伸、多主体参与共创等方式，实现增产增收，推动共同富裕的一种发展模式。文化休闲街区富裕模式是以城市休闲商业街区为基础，依托城市旅游发展、文旅产业兴盛、政府政策引导，通过兼顾主客需求、挖掘文化特色、融合商业多元业态等手段，吸引本地居民与外来游客进行休闲活动，发挥文旅产业规模效应，做大经济发展蛋糕，实现共同富裕的发展模式。城郊文旅融合富裕模式是城郊乡村依托都市文旅规模消费市场，立足旅游化与城市化双轮驱动，通过多产业融合发展和产品业态创新等推动区域共同富裕的发展模式。文旅特色小镇富裕模式是以产业、文化、旅游三位一体的特色小镇为载体，以文旅融合理念为指导，多主体共建共享，积极开展文化演艺、节事活动和会议会展等消费新业态，通过特色小镇打造推动目的地共同富裕的发展模式。休闲农业富裕模式是以三农为基础，通过市场化和公司化运作，充分发挥农文旅资源优势，发展乡村文旅消费业态，推动农文旅协调发展，促进农民增收致富，实现乡村振兴和共同富裕协调互促的发展模式。工业复兴模式是以工业资源为基础，通过开发研学旅游、商业旅游、工业旅游等产品，深度挖掘工业文化内涵与旅游价值，借助文旅产业发展推动工业区转型和带动周边居民增收致富的一种模式。

4. 文旅融合发展促进共同富裕的路径与建议

报告从政府保障、市场引领、媒介赋能、居民参与、企业主导和游客合力等具体路径提出文旅融合发展赋能共同富裕的对策体系。其中，夯实政府保障职能包括强领导、抓保障、促协调和推示范；强化市场引领作用包括推创新、增投资和树典型；树立企业主导逻辑包括促就业、创品牌和优服务；推动居民参与共享包括提增权、兴创业和优环境；促进游客合力共创包括乐消费、强参与和献建议；发挥媒介赋能功效包括强技术、做引导和重宣传。

（二）重要观点

（1）文旅融合发展受制度保障、市场需求、资源禀赋、技术创新和产业迭代等驱动因素影响。系列驱动因素在文旅融合发展中发挥了各具特色的作用，共同推动文旅融合蓬勃发展：市场需求是文旅融合发展的核心驱动力；制度保障为文旅融合发展提供了重要的保障作用；资源禀赋是文旅融合发展的夯实基础；技术创新是文旅融合发展的重要手段；产业迭代在文旅融合发展中发挥了重要的路径作用。

（2）文旅融合发展通过发挥产业收入效应、要素流动效应、就业增收效应、美好生活效应和创新提质效应等促进共同富裕。产业收入效应：文旅融合发展可通过推动文旅资源价值化和货币化，创造产业发展效益，促进区域经济发展。要素流动效应：文旅融合发展可通过推动资本、人力和技术等生产要素流动和正向循环累积，减缓区域和城乡发展不平衡问题，促进经济均衡发展。就业增收效应：文旅融合发展能够激活目的地剩余劳动力存量，创造就业和创业机会，切实增加居民收入，发挥旅游收入效应和就业功能，缓解要素收入分配不平衡问题。美好生活效应：文旅融合发展能够顺应现代消费发展趋势，满足居民和游客日益增长的美好生活需要，提升大众共同富裕品质。创新提质效应：文旅融合发展可以有效带动产业全面创新，优化旅游资源配置，提升发展创新含量，推动经济高质量发展，做优做强共同富裕大蛋糕。

（三）对策建议

（1）夯实政府保障职能："强领导"，倡导各地设立"文旅融合发展促进共同富裕"领导小组；"抓保障"，完善文旅融合发展促进共同富裕的基础服务和公共保障体系，提升公共文化服务均等化水平；"促协调"，围绕共同富裕核心目标，设立文旅行业共富协同联盟，协调各利益相关者的权益；"推示范"，推动建设覆盖全国的各级各类文旅融合发展促进共同富裕示范区体系。

（2）强化市场引领作用："推创新"，推动产品、业态创新，充分释放文旅融合发展促进共同富裕的产业潜能；"增投资"，依托市场传导功能，强化对于文旅融合促进共同富裕项目的投资引导力度，形成投资新浪潮；"树典型"，评选文旅融合促进共同富裕的先进个人和先进企业，树立学习榜样，推动文旅市场形成合力共富好局面。

（3）树立企业主导逻辑："促就业"，结合市场需求，强化文旅企业社会责任，为目的地创造更多就业岗位；"创品牌"，以共同富裕为主导逻辑，充分发挥企业在促进共同富裕的主导作用，擦亮企业文旅融合产品品牌，依托品牌提升附加值、创造盈利点；"优服务"，以精益服务为准则，为游客提供优质旅游产品和服务，以优质服务推动企业效益提升，促进企业做优做靓，推动文旅产业蓬勃发展。

（4）推动居民参与共享："提增权"，借助共创机制与共创平台的完善，深度参与文旅产业发展，切实提高经济增权；"兴创业"，借助"大众创新、万众创业"政策实施，积极参与文旅创新创业，共享文旅融合发展红利；"优环境"，发挥主人翁精神，为文旅融合大发展奠定良好社会环境，营造共享的社会氛围。

（5）促进游客合力共创："乐消费"，拥抱文旅融合消费浪潮，积极购买助农、扶贫主题文旅产品，为目的地共同富裕做贡献；"强参与"，营造友好、平等、多元的文旅共创环境，探索游客就业创业和投资新路径；"献建议"，结合现代消费趋势和自身消费兴趣，为各地文旅融合发展贡献新想法，此外，踊跃为目的地推动共同富裕建言献策。

（6）发挥媒介赋能功效："强技术"，立足 VR、AR 和虚拟现实等现代数字科技，发挥科技赋能强力，推动文旅融合转型升级，助力文旅融合促进共同富裕；"做引导"，借助各类媒介，积极引导各地游客到访，增加旅游地收入，促进各类文旅企业建设投资项目落地，推动旅游地文旅融合大发展；"重宣传"，依托各类媒体和专业协会，积极宣传各地典型成功案例，推动形成文旅融合发展促进共同富裕的宣传热潮。

三、学术价值、应用价值及社会影响和效益

（一）学术价值

研究成果响应共同富裕国家重大战略，基于共同富裕视域研究文旅融合发展问题，

从"学理—机理—治理"研究逻辑探索文旅融合发展对实现共同富裕的重要作用。研究成果从驱动因素、参与动机、作用过程和作用结果等方面揭示了文旅融合发展促进共同富裕的内在机制，提炼了文旅融合发展促进共同富裕的典型模式，构建了文旅融合发展促进共同富裕的对策体系，丰富了文旅融合发展和共同富裕理论体系，为文旅融合发展促进共同富裕提供理论支撑。

（二）应用价值

第一，研究成果揭示了文旅融合发展促进共同富裕的内在机制与规律，为各地依托文旅融合发展促进共同富裕提供经验支撑与实践参考；第二，提出了促进共同富裕的文旅融合发展路径和对策，为各地文旅融合提供顶层设计与决策参照，能够通过机制保障、政策护航和对策落地等切实推动共同富裕实现。

（三）社会影响和效益

一是研究报告和典型案例库等研究成果报送中国旅游研究院，以更好地服务文旅融合发展。

二是依托研究报告撰写的部分研究成果由《旅游科学》《干旱区资源与环境》等CSSCI 期刊收录发表，可为旅游学界和文旅业界提供思维启迪和决策参考。

三是课题组正积极依托该课题研究撰写文章向《Annal of tourism research》《旅游学刊》《地理科学进展》《中国旅游报》等期刊、报社和网络媒体等投稿，以争取为各地文旅融合促进共同富裕提供经验参考。

节假日高聚集游客群的风险防范与智能化安全管控研究

负 责 人：殷　杰
依托单位：华侨大学
起止时间：2022 年 4—10 月

一、研究的目的和意义

（一）研究目的

（1）立足案例，深描节假日高聚集游客群特征。建构 2010—2020 年中国节假日高聚集游客群安全事故案例数据库，剖析高聚集游客群时空分布特征，刻画高聚集游客群风险类型、风险表征，厘清高聚集游客群风险防范要点。

（2）双重解构，捕捉高聚集游客群的安全需求。基于质性探索和量化验证双重视角捕捉高聚集游客群智能化安全需求，识别高聚集游客群安全管理的优势巩固元素（重要性高—实施性高）与重点改进元素（重要性高—实施性低）。

（3）瞄准实践，提出高聚集游客群的智能化安全管控体系。依托节假日高聚集游客群特征深描、风险刻画、需求捕捉等前期研究发现，基于宏观、微观双重视角提出高聚集游客群形成前的预警阻断策略、形成后的快速疏解策略、游客群风险的智能防范策略、游客群安全需求的供给满足策略。

（二）研究意义

1. 理论意义

一方面，高聚集游客群安全研究备受关注，且集中在时空分布、影响因素以及疏散管理等方面。本课题针对高聚集游客群开展特征深描、风险刻画、需求捕捉、智能响应等系统研究，丰富了高聚集游客群安全研究，补充和深化了高聚集游客群的研究成果。另一方面，基于质性探索和量化验证双重视角捕捉了高聚集游客群的安全需求，厘清了高聚集游客安全管理的优势巩固元素与重点改进元素，这不仅深化了安全需求的量化研究，一定程度上也弥补了安全需求与安全供给视角下高聚集游客群智能化安全管理的研究不足。

2. 实践意义

结合高聚集游客群风险的时空性、高聚集游客群特征、高聚集游客群安全需求以及高聚集游客群安全智能化管理的相关研究发现，提出因时制宜、因地制宜、因需制宜的智能化安全管控策略体系，为提升高聚集安全管理效度、促进后疫情时期旅游业可持续发展具有重要意义。

二、主要内容、重要观点、对策建议

（一）主要内容

1. 人群深描：节假日高聚集游客群特征深描

本课题搜集了 2010—2020 年间节假日高聚集游客群的典型案例，对案例进行逐一分解，厘清高聚集游客群分布的时间特征（发生年度、发生时段）以及空间特征（出现省域、空间类型、出现环节）。

2. 风险刻画：节假日高聚集游客群风险刻画

（1）归纳风险类型：通过案例分析与深度访谈高聚集游客群，总结梳理与归纳提炼节假日高聚集游客群风险类型及其基本样态。

（2）剖析风险表征：借助最优尺度分析揭示风险类型与时空要素间的关联关系，从时空双维视角揭示节假日高聚集游客群的风险特征。

3. 需求捕捉：节假日高聚集游客群的安全需求捕捉

（1）质性探索需求：系统分析高聚集游客群典型案例，并借助百度新闻、新浪微博、微信公众平台结合半结构化访谈，提炼高聚集游客群安全需求。

（2）量化验证需求：通过实地问卷调查游客对安全需求的重要性感知及安全需求的实施性感知，借助 IPA 分析识别出高聚集游客群安全管理的优势巩固元素（重要性高—实施性高）与重点改进元素（重要性高—实施性低）。

4. 智能响应：节假日高聚集游客群的智能管控体系

结合高聚集游客群风险的时空性以及高聚集游客群安全需求的差异性，因时制宜、因地制宜、因需制宜地提出高聚集游客群风险防范与智能化安全管控体系，具体提出包括高聚集游客群形成前的预警阻断策略、形成后的快速疏解策略、高聚集游客群风险的智能防范策略、高聚集游客群安全需求的供给满足策略。

（二）重要观点

（1）2010—2020 年高聚集游客群呈现明显的时间分布特征与空间分异规律；且高聚集游客群风险与发生时间、发生空间具有一定的关联关系。

（2）高聚集游客群安全风险样态主要包含个体高风险行为与群体高风险行为。个体高风险行为主要包括违反行为、破坏行为、竞争行为与冲突行为，而群体高风险行为主要包括竞争行为和骚乱行为。

（3）高聚集游客群安全需求包含智能风险防范（如自动消毒机器人、智能环境监测系统等）、智能应急处理（如人工应急广播、智慧医疗救治点等）、智能后台支持与辅助（如安全事故案例数据库、智能物资调配系统、舆情分析平台等）三大维度。

（4）高聚集游客群安全管理的优势巩固元素有"健康码追踪""高清视频监控""红外体温监测""远程呼叫对讲系统""人工应急广播""智慧医疗救治点""应急指挥中心""疫情信息汇总平台""安全保障管理系统"；重点改进元素主要包括"危险识别系统""接处警系统""自动体外心脏除颤器""SOS 接警系统"。

（三）对策建议

1. 高聚集游客群安全事故的时空管控策略

（1）宏观层面的高聚集游客群安全管理

·因时制宜的游客安全管理策略

①加强时段管理，形成动态监察

首先，强化问题意识，增强安全管理。我国游客安全事件数自 2010 年呈逐年递增态势，尽管受疫情影响，大众旅游人数减少，但游客安全事件仍时有发生。因此，旅游管理部门应加强对高聚集游客群安全问题的关注，将其纳入旅游安全管理的工作重点，以期提升游客体验质量，减少游客安全事故发生，促进旅游业高质量发展。

其次，聚焦高发月份，注重安全防控。2010—2020 年我国高聚集游客群安全事故的高发月份为 10 月，次高发月份为 2 月、5 月、8 月。因此，旅游景区、非景区景点应在游客安全事件发生的高发期以及次高发期时段严格按照最大承载量做好游客接待工作，以免因游客聚集、拥挤引发安全事故。旅游行政管理部门可在游客安全事件的高发月份以及次高发月份展开旅游安全检查与隐患排查，一旦排查发现安全隐患，及时采取补救措施。

最后，关注高发时段，加强安全管理。2010—2020 年我国游客安全事故的高发时段为"十一"黄金周、"五一"小长假以及周末等重要节假日。旅游管理部门应在"十一"黄金周、"五一"小长假等重要时段来临前，发布管理游客安全的管理建议与风险防范规范，以期为不同类型、空间场所的高聚集游客群风险治理提供实践参考。

②推行带薪休假，避免集中出游

"十一"黄金周、"五一"小长假、春节等节假日的推行使得出游时间呈现集中性态势，易引发高聚集游客群安全事件的发生。因此，相关部门可出台并完善带薪休假制度，分散个体的出游时间，避免集中出游，形成有效分类，避免高聚集游客群形成。

·因地制宜的游客安全管理策略

①加强分类管理，避免游客聚集。2010—2020 年我国游客安全事件多发于山岳类景区，其比例高达 39.03%，另外在主题公园类、江河湖泊类、遗址遗迹类景区较为多发。旅游管理部门应根据旅游场所的性质进行分类管理，对于山岳类等高聚集游客群的高发景区，严格按照其最大承载量进行管理排查，尽量减少游客安全事件的发生，提高游客体验质量。

②注重节点事件，及时疏解客流。2010—2020 年我国游客安全事件多发于游览以及交通环节，分别占比 62.0% 与 25.6%，而住宿、餐饮、购物以及娱乐等环节的安全事件较少发生。因此，旅游管理部门应在关键道路、重要节点等设置提醒标志，增派拥挤疏散人员，以及时疏解客流，避免安全事件发生。

（2）微观层面的高聚集游客群安全管理

·高聚集游客群形成前的预警阻断策略

①监测游客流动，识别异常行为。相关部门和管理机构应时刻监测游客群的流向、流速和流量等，预防高聚集游客群的形成。此外，应充分聚焦游客群的异常行为，加强游客的安全教育，提升其安全意识，达到规范其安全行为的目的。另外，游客群中

的老、弱、病、残、孕等脆弱性个体，应给予特殊关注，为他们提供特别的照顾，保障他们旅游行程的安全。

②制定标准规范，编制应急预案。政府管理部门应根据所在省份旅游场所特点、规模等建构高聚集游客群安全管理体系以及实施规范。此外，游览场所应根据实际情况，划定本场所的关键区域、关键节点以及重要路段，并针对性制定高聚集游客群的安全应急预案。一旦发生游客安全事件，可根据所制定的预案实现人群快速疏散。

③增加基础设施，提升接待能力。索道排队、厕所排队、公交车排队、拍照排队这些活动会引发拥挤、滞留、踩踏等安全事故，进而引发身体状态变异，负面情绪增长。因此，旅游场所需根据最大承载量测算基础设施的合理数量，必要时可通过扩建范围、增设临时设施等方式提升接待能力，这能够有效节约游客等待时间，降低安全事故发生率。

④推动周边合作，提高分流能力。旅游政府管理部门应根据历年景区客流情况，对新开发或知名度不高的景区进行大力宣传，增强其知名度，这样能够有效分散热门景点的客流量。此外，在旅游旺季景区应注重与周边景区之间的互联互通，可采取错时预约，分时段引流措施，这往往能够降低热门景区的客流密度，进而减少高聚集游客群的安全事故发生。

· 高聚集游客群形成后的快速疏解策略

①监测设施运行，减缓设备负荷。设施设备的损毁易引发服务功能的失效，设施设备的损耗易引发安全问题。因此，景区管理部门需重点关注景区内设施设备的运行状态，通过每日运行前检查，运行中排查，运行后检修等措施维护、管理设备的运行状态，以保障游客在游玩过程中的良好体验。

②实施列队管理，有效引导进出。在特定节假日，如"十一"黄金周、"五一"小长假等采取列队管理措施，避免在特定节点形成客流拥堵，进而引发安全事故。一方面，当节假日游客数量超过景区最大承载力时，景区管理部门可在景区入口、娱乐设施入口以及餐饮中心等关键节点采取迂回队伍的排列方式，进而提高游客感知等待速度。另一方面，在游客排队的环节，安排管理人员在游客群高密集的关键节点进行游客的疏散与管理，避免在特定节点游客的过度集中，解决局部人满为患的旅游现象。

③加强设备监察，缓解运行压力。严格按照设施设备的最大承载量进行游客接待，一旦设施设备出现超载或过载情况，应及时关闭设备，并引导游客更换旅游活动或更改旅游时间，这能够有效缓解因设施设备带来的人员拥挤、骚乱等，提高游客的体验质量。

④关注客群感知，缓解焦虑情绪。在节假日高聚集游客的情境下，人群挤压、碰

撞等行为会加剧游客的负面情绪，使得游客身心疲惫，焦虑情绪递增，甚至可能会引发个体的绝对替换行为。因此，可通过视频监测等高新技术，识别与监测游客的情绪状态。此外，景区管理部门还可以通过打造当地特色文艺活动以及文化表演以转移游客注意力，缓解游客焦虑情绪，进而提高游客体验质量。

·高聚集游客群安全风险的智能防范策略

本课题依托现有研究成果，基于预防预备、监测预警、控制响应以及善后恢复等几个阶段提出高聚集游客群安全风险的智能防范策略，具体而言：

①预备预防：设置智能化安全系统，实施智能化安全追踪

旅游管理部门应实现智慧化信息技术对游客、景点、酒店、旅游线路、交通工具等旅游资源的智慧化管理，全面提高智慧化管理水平，增强管理效度。具体而言，在游客食、住、行、游、购、娱的多个阶段实行健康码追踪，切实掌握游客的健康行程信息；此外，在游览场所出入口设置 ETC 车辆通道，尽量减少人员之间的接触与聚集；其次，游览场所内部配备自动消毒机器人、语音导游导览系统、移动充电设施设备以及智能排队管理系统，最大化减少游客之间的面对面接触，避免高聚集游客群安全事故的发生。

②监测预警：实时智能化疫情监测，提高智能化安全预警

通过景区相关部门工作人员的巡查监督，结合景区内视频监控信息快速搜集和汇总关于景区内部的高聚集游客群的环境信息与人群动态，如在景区内设置红外体温监测系统、高清视频监测系统、动态人流监测系统、智能环境监测系统以及危险识别系统，以便及时了解游客体温状况，掌握游客安全状态，及时准确地预测高聚集游客群的发展动向及可能发生的突发事件，进而采取有效的规避措施，与此同时，防止高聚集游客群引发的疫情扩散问题。

③控制响应：配备智能化安全系统，构建智能化应急体系

后疫情时期，高聚集游客群安全事故的发生不仅会导致游客内心恐慌，影响游客体验质量，还会降低景区声誉，挫败目的地形象，因此，高聚集游客群的控制响应问题尤为重要。游览场所需配备远程呼叫对讲系统、人工应急广播，建设景区应急指挥中心，以强化高聚集游客群的应急管理，避免高聚集游客群引发的安全冲突。此外，还需配备自动体外心脏除颤器、智慧医疗救治点、智能物资调配系统等完善景区医疗系统，提高景区的智慧应急体系，进而满足游客安全需求。

④善后恢复：建设智能化信息平台，打造智能化媒体矩阵

新冠肺炎疫情的暴发对游客出游、景区经营、政府营收形成了巨大的挑战，严重

影响旅游业的可持续发展。因此，构建智能化信息平台，建设安全事故案例库，完善疫情后续追踪工作，管理疫情舆情信息十分重要。具体而言，旅游场所应安排专人打造智能化信息平台，及时向游客传输、播报景区安全状态；此外，建设景区安全事故案例数据库，通过汇总、剖析安全案例数据库，了解游客切身的安全诉求，明晰安全事故发生的多重诱发因素；最后，打造景区舆情分析平台，一旦高聚集游客群安全事故发生，应及时做出回应以及舆情管理，进而维护景区形象，避免负面信息的螺旋效应。

2. 高聚集游客群安全需求的满足策略

依托高聚集游客群安全管理的优势巩固元素与重点改进元素，提出如下管理措施。

（1）巩固优势项目，优化安全保障系统

①增加疫情防护智能化技术，预防疫情扩散风险

2020 年伊始，新型冠状病毒肺炎（COVID-19）疫情暴发，给大众的身心健康带来了严重伤害，疫情防控引起了社会各界的高度关注。相较于 2003 年的非典型肺炎疫情而言，新冠肺炎疫情具有潜伏期长、传染性强等特征，故在新冠肺炎疫情这场战役中，亟待关注人员流向的监控、潜在传染人员的监控及迅速切断传染源的问题。由于新冠病毒具有传染性，高聚集游客状态下，一旦游客感染新冠病毒，对于景区工作人员和相关游客安全将造成严重伤害。

红外体温监测主要用于"热成像测量体温"及"安检门测温"等方面，在旅游景区的检票处和客运索道等一些公共旅游场所实现对游客体温筛查和人员信息登记，快速、高效地改善了人工测量体温的低效率，高风险；健康码追踪可以对游客进行实时检测，健康码一旦发生变异，旅游场所可以立即采取相应措施予以安全处理；疫情信息汇总平台可以科学有效地监控疫情的动态变化趋势，提供疫情防控的动态的实时播报；智慧医疗救治点可以快速分清是否为新冠病毒感染者，以确保后续诊治高效快捷。因此，在旅游场所检票处、酒店大门处设置红外体温监测装置，精准识别游客体温的异常情况；在旅游景区遍及健康码追踪技术，及时发现健康码状态变异游客；旅游相关企业要普及疫情信息平台，便于及时快捷汇总疫情信息，对于高聚集游客群的疫情防护具有重要的作用，进一步保障人员安全。

②促进多元协同共治，提高分流能力

旅游场所的售票中心、出入口等重点场所应该实现高清视频监控全覆盖，对易形成高聚集游客群的地点实时监控，便捷分流；提供免费的人工应急广播设施，当出现紧急状况时，人工应急广播可以实现大区域的信息交流，使游客有序、科学地分流，

以免形成高聚集游客群，造成重大安全事故；旅游场所的应急指挥中心是指挥游客分流的助力，在应急指挥中心的协调下，才可以更好地实现游客分流与分散。因此，在相应的旅游企业应该实现高清视频监控全覆盖、人工应急广播设备普及，且设立应急指挥中心，以及时解决突发性安全事故。

③完善各类保障系统，促进安全保障体系高效运转

危险识别系统是针对旅游景区边缘处、湿滑处以及其他具有为危险的地方，采取检测与监控的设施设备。一旦发现异常，立即进行抓拍和触发警报，也可以联动现场语音提示，有效协助管理人员的监管工作；SOS 接警系统主要是涉及景区的一键报警和接警，针对旅游景区中出现的消防安全、入室防盗和紧急求助可以快速做出反应，解决风险问题；安全保障管理系统对于当下的疫情防控工作、旅游景区的安全管理提供了基础，可以构建预防和救援两方面并重的旅游安全保障体系。旅游景区在后续发展过程中也应当查漏补缺，使景区的安全保障体系高速运转，发挥在安全保障中的重要作用。因此，在易发生高聚集游客群的区域全面安装危险识别系统、SOS 接警系统和安全保障管理系统，使地区对于风险的识别、预防、解决和防护能够做到方便快捷。

（2）改进重点项目，强化弱势群体保护

①识别弱势群体，避免安全事故

在旅游情景下，弱势群体是指旅游过程中的老年人、儿童、孕妇和残障人士等，由于其身体和生理上的限制，行动能力、反应能力及自我保护能力比较弱，一旦发生高聚集情况，极易对他们形成伤害。因此，在旅游过程中应当关注弱势群体的安全与防护。当前旅游景区的工作数据来源多、数据量大、定位要求高，因此，接处警系统应运而生。高聚集游客群很容易造成幼儿和老年人丢失，接处警系统利用 GIS 技术迅速定位事发位置，借助语义分析精准识别信息，派遣相关工作人员赶赴现场处理。因此，旅游景区应普及接处警系统，可以提升景区应急处理能力。

②关注客群感知，缓解焦虑情绪

在高聚集情境下，人群的挤压、碰撞等行为容易加剧游客的拥挤感知，造成游客身心疲惫，产生焦虑情绪。尤其是特殊人群，像老年人极易发生紧张反应，容易造成心脏不适。因此，旅游景区应该设置老年人救援的设施设备，例如自动体外心脏除颤器等，保障老年人群的安全，吸引老年人外出旅游。同时，对于其他弱势群体，也应当设置必要的救护设施设备，提高景区应急处理能力，避免事故负面发展，进而提升景区声誉。因而，景区需配备自动体外心脏除颤器等相关设施，保证其高聚集游客群安全，尤其是幼儿、老年群体的防护不可或缺。

③关心游客状态，动态监测人群

在游客高聚集的情境下，往往会引发游客肢体碰撞、游客利益冲突等，这容易加剧游客的拥挤感知，降低游客的体验质量。因此，景区管理部门可以依托视频监控技术，监测景区内游客行为，尤其关注弱势群体的安全和感受，保障他们安全的基础上提高体验质量。此外，安排安全监督人员进行景区巡视、搜查，密切关注人群行为状态，一旦发现游客冲突、破坏行为等，应及时处理，避免事态扩大（图1）。

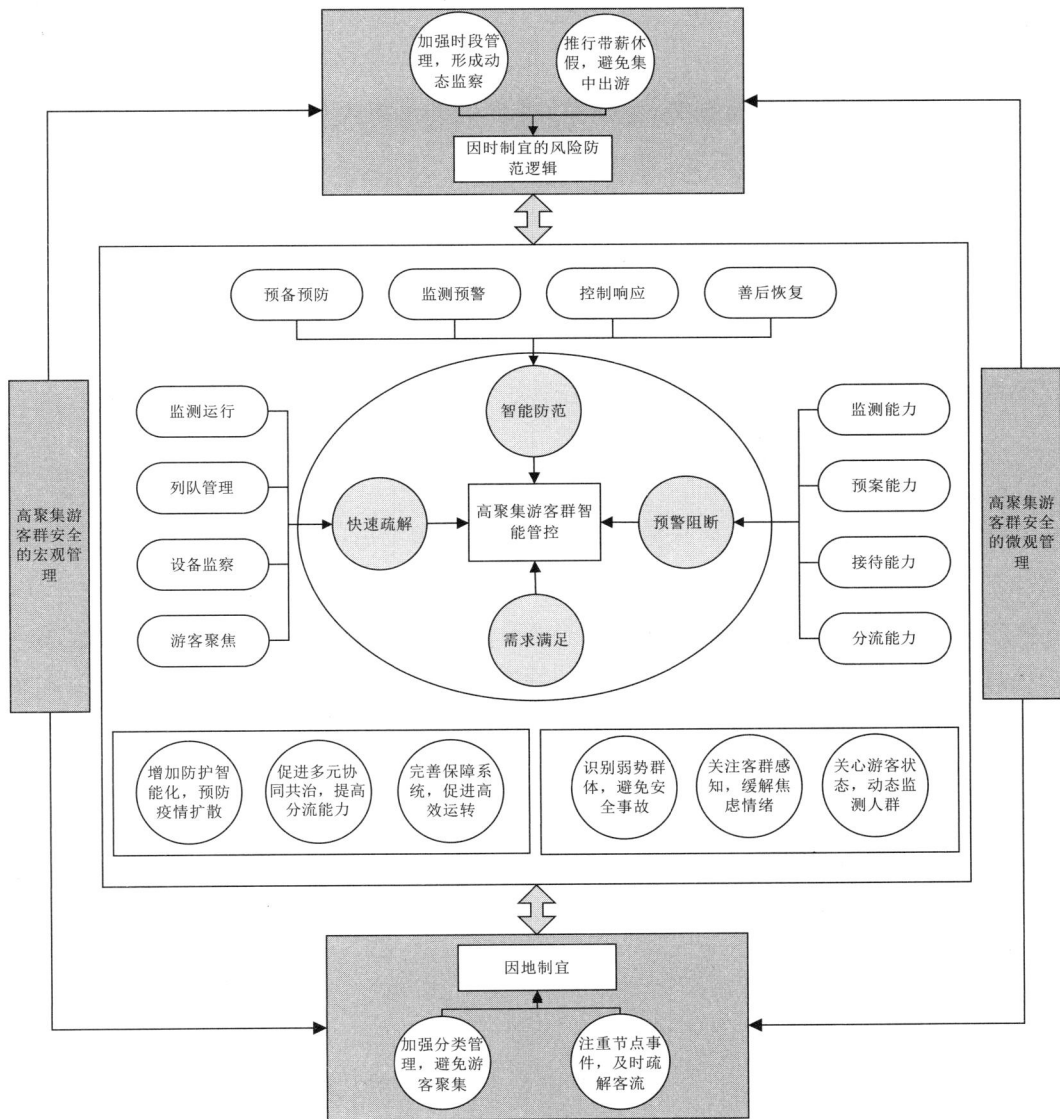

图 1　高聚集游客群风险防范与智能管控体系

三、学术价值、应用价值及社会影响和效益

（一）学术价值

借助时空分析、最优尺度、探索性因子分析以及 IPA 等方法，从人群深描、风险刻画、需求捕捉等多视角揭示节假日高聚集游客群安全事故的时空性与风险性，识别游客群安全需求与景区安全供给的差异性，进而提出智能化安全管控的策略体系。多重方法、多维视角的系统性分析，揭示了高聚集游客风险特征、安全供需以及安全管理的实施情况，完善了高聚集游客群安全管理的理论研究体系。

（二）应用价值

提出节假日高聚集游客群智能化安全管控策略体系，即高聚集游客群形成前的预警阻断策略、高聚集游客群形成后的快速疏解策略、高聚集游客群风险的智能防范策略、高聚集游客群安全需求的供给满足策略，为因时制宜、因地制宜和因需制宜地强化高聚集游客群智能化安全管控提供策略参考。

（三）社会影响和效益

疫情常态化防控阶段，防止游客聚集以及游客聚集后的快速疏散尤为关键。本课题在总结以往高聚集游客群安全事故案例的基础上，揭示了高聚集游客群的时空特征、风险类型及其安全需求，并且测度高聚集游客群安全管理的优势巩固项目以及重点改进项目，提出高聚集游客群的风险防范与智能化安全防控体系，一定程度上为广大旅游场所防范游客聚集、实现游客聚集的快速疏解提供了管理实践参考，也为旅游场所防范聚集性疫情提供了行动指南。

短视频助力乡村旅游发展与人才培养研究

负 责 人：张佳仪
依托单位：中国旅游研究院（文化和旅游部数据中心）
起止时间：2022 年 4—10 月

一、研究的目的和意义

本课题拟从短视频内容创作、传播和商业运营视角切入，分析短视频平台助力乡村旅游发展和人才培养的作用机制，探索乡村旅游人才培养的可行路径，科学引领乡村人才的培养方向。

二、主要内容、重要观点、对策建议

（一）主要内容

乡村旅游是现代旅游业体系的重要组成，也是乡村振兴全面发展的重要领域。乡村旅游发展迎来重大机遇期，对于人才的需求也更加迫切。当前，乡村旅游发展面临人才缺口较大、人才引进困难、人才培养缺乏支撑的问题。近年来，抖音、快手、小红书、B 站等短视频平台发力乡村文化和旅游市场，短视频平台成为旅游目的地传播推广的重要工具。短视频通过优质内容创作、流量分发与营销，展示乡村全新生态，也吸引了更多人才关注乡村、投身乡村。本课题拟研究短视频平台对乡村旅游发展和人才培养的积极作用，主要内容如下。

第一部分　短视频平台助力乡村旅游发展

报告首先分析了短视频布局乡村市场的主要优势：

（1）短视频平台基于用户创作汇聚优质内容，打造乡村文化和旅游活跃阵地；

（2）流量引导、智能分发传播美好乡村生活，助力旅游精准营销；

（3）短视频平台通过文化和旅游内容生产、传播、营销创新，助力乡村经济发展。

基于内容生态、流量扶持、技术支撑、商业运营优势等平台优势，报告从文化赋能、消费促进、产业升级角度研究短视频助力乡村旅游发展的路径机制，核心内容如下。

路径一，需求引领下的乡村文化赋能。

（1）乡村出行日益成为居民常态化休闲方式，以文化底蕴为内核的乡村场景与氛围体验成为主流需求。

（2）短视频发掘文化亮点，守护乡村精神遗产。立足市场需求，短视频平台以群体创作、创意设计为支撑，站在居民、游客的视角发掘乡村美好生活，以文化赋能旅游，以旅游助力乡村发展。抖音"宝藏古村""村落守护人"快手"匠人扶持计划"等短视频项目在全国范围内推广，让民俗、非遗等珍贵乡村文化的用户触达更加广泛。

（3）短视频整合文化数据，推高乡村文化热度。短视频后台利用大数据技术全方位地整合乡村文化数据，通过机器算法＋人工精选的推荐方式精准推送乡村文化体验内容，进一步提升乡村文化和旅游热度。

路径二，创新推动下的旅游消费促进。

（1）立足文化内核，打造乡村旅游 IP。聚焦乡村领域，短视频通过深度挖掘乡村特色文化，因地制宜打造乡村专属 IP，开发定制化、差异化、特色化的乡村美好目的地，重塑乡村价值。

（2）推荐优质产品，拉动旅游消费。短视频平台不断推出热门话题，围绕"食、住、行、游、购、娱"环节推荐乡村美景美食美物，激发游客体验意愿和消费热情。作为文化和旅游营销的重要渠道，短视频平台联合旅行探店达人和国内民宿推出民宿节等推广活动，为消费者提供预订民宿的优惠福利，带动乡村旅游消费。

（3）短视频推送乡村夜游场景，通过短视频打卡记录美好夜间生活，实现线上场景与线下消费的紧密联动。

路径三，融合发展下的产业转型升级。

（1）农文旅融合扩大产业协同效应。短视频将对特色农产品有潜在消费兴趣的用户端、短视频内容生产端和乡村资源端连接起来，形成完整的生产和消费闭环。通过挖掘乡村特色景点、农特产品和旅游市场，短视频平台有效带动了旅游消费和农特产品销售，引导乡村多产业融合发展。

（2）"短视频＋直播＋电商"模式振兴产业。短视频平台依托渠道流量和电商平台优势助力乡村商贸流通体系升级改造，推动乡村产销一体化。在以助农直播为主的新兴服务业态推动下，我国正涌现出一批特色的"农产品带货之城"。

（3）话题流量提振行业信心。短视频赋能乡村农文旅体商多领域，乡村话题热度和流量趋势提振了行业信心，社会投资乡村的意愿不断增强。短视频让乡村被更多地看到、找到和体验到，不仅吸引了游客，也帮助乡村获得更多政府支持、社会投资和人才资源。

第二部分　短视频助力乡村旅游人才培养

1. 乡村新气象带动的人才吸引

短视频平台主要通过话题热度、旅游发展和美丽乡村建设实现人才引进，作用机制包括：

（1）乡村话题热度吸引人才关注。短视频平台通过发起美丽乡村、乡村振兴、乡村特色文化和旅游休闲等话题，吸引社会人群对乡村领域的广泛关注。依托乡村内容的持续曝光和热度维持，短视频为乡村积蓄潜在人才。抖音平台数据显示，2021 年上半年"乡村"相关话题视频量达 1000 多万条，共产生 490 多亿的播放量。2021 年，快手新增三农原创短视频突破 2 亿条，三农创作者生产的短视频日均播放量超过 10 亿，短视频日均消费时长超过 900 万小时，日均点赞超过 1500 万。

（2）乡村旅游发展吸纳人才流入。短视频平台吸引了更多人才流入乡村，主要包括：

①吸引内容创作人才。短视频平台为创作者提供了广阔的创意空间，创作者不仅创造了内容价值，也重新"定义"了农村，创作人才与乡村发展相互成就。

②吸引旅游运营人才。随着乡村旅游市场日益繁荣，投身乡村民宿、夜游、娱乐等领域的创业者不断增加，借力短视频抓住乡村旅游发展新风口。

③吸引电商运营人才。短视频吸引大批新农人返乡创业，返乡人才拍摄短视频通过电商渠道售卖农产品，"三农"题材短视频实现暴发式增长。

（3）美丽乡村建设留住本土人才。短视频平台积极回应乡村振兴国家战略，参与美丽乡村建设，为乡村培养留得下、靠得住、用得上的本地旅游人才。字节跳动推出"乡村守护人"项目，通过培训、创作者扶持的方式发掘本地乡村创作者。快手推出"连乡兴农"计划，推动幸福乡村 2.0 建设，做好用户与家乡之间的情感连接，通过内容连接时空，为外乡人提供连接家乡的渠道。

2. 高质量发展引导的人才培养

（1）以文化赋能旅游的创作人才培养。短视频平台通过内容创作培训、经验交流等形式，培养优秀乡村创作人群体，发掘和传承乡村文化，培养模式包括文化创意团队组建和乡村非遗人才吸纳。国内各大短视频平台积极落地乡村文化和旅游项目，组建高水平创作团队，依托活动开展、话题营销、矩阵宣传、精准推流等运营，打造乡村文旅融合样板。短视频平台致力于乡村非遗人才吸纳和文化传承，在非遗内容生态不断完善的基础上，借助运营扶持、智能推荐技术、电商功能等多维度举措，帮助乡村非遗手艺人获得收入，为非遗传承开拓了可持续发展的新路。

（2）乡村旅游业态的运营人才培养。短视频平台与乡村民宿、休闲娱乐场所的市场主体合作，通过平台引流、产品创新等模式助力乡村旅游业态创新，提升乡村旅游从业人员的互联网运营思维和线下服务水平。线上平台运营领域，短视频平台全方位助力乡村文旅商家实现数字化转型。旅游直播领域，短视频平台举办直播培训、主播培养等活动，甄选优秀人才提供流量资源扶持，树立优秀标杆，提升乡村文旅内容曝光和销售转化。乡村好物带货领域，短视频平台搭建产销一体化电商平台，依托"电商＋短视频＋直播＋培训"模式培养乡村电商人才，带动乡村好景好物出圈。

（3）聚焦三农内容的新农人培养。短视频平台回应国家战略，加大了三农相关内容的创作、项目拓展，加速开发下沉用户，先后推出"新农人计划"等各类活动，增设"任务充电站""入驻激励"等扶持措施，吸引更多新农人入局创作。农业信息普惠方面，短视频平台在扶贫助农、农旅融合、农业数字化推广等领域积极推广信息普惠工作，践行共享价值之路。乡村振兴带动领域，短视频平台积极发起话题讨论、人才对话活动，通过平台优势、流量优势、政策优势孵化乡村人才，助力当地产业振兴。

（二）重要观点

依托内容创作、流量扶持、技术支撑、商业运营等优势，短视频平台可在乡村领域的品牌输出、精准营销、资源导入、产业带动等方面发挥积极作用。

短视频平台对乡村旅游市场的贡献主要体现为需求引领下的乡村文化赋能、创新推动下的旅游消费促进以及融合发展下的产业转型升级。

短视频平台通过话题热度吸引人才关注，通过乡村旅游振兴和美丽乡村建设吸纳人才流入，以乡村新气象实现高质量的人才吸引。

围绕乡村高质量发展形势，短视频平台通过乡村文化创作、旅游专业化运营、新农人团队建设助力乡村旅游人才培养。

（三）对策建议

1. 以制度优化与创新留住人才

围绕乡村旅游人才在生活、工作中的困难和诉求，建议通过相关制度优化和创新以留住人才。

（1）优化乡村产权制度、投融资制度，形成有效的旅游经营激励机制。探索更加灵活的"企业＋村民""村民＋合作社"股份合作制，充分吸纳居民手中的闲余资金，并拓展村民入股形式，包括但不限于土地、有形或有形文化、人力等作为股份投入经营。同时，建立科学的乡村旅游股权评估体系，合理界定各方的贡献和风险，有效提高旅游经营积极性。

（2）以专项基金、财税制度为旅游人才提供资金扶持。建立乡村旅游发展专项基金，各地结合自身禀赋和需求细化基金扶持方向，鼓励乡村旅游人才创业创新。设置人才激励计划，鼓励在专项领域取得突出成就的乡村旅游人才。引导金融机构为乡村旅游创业者提供优惠贷款。制定减免税收优惠政策，通过引导民间资本投资，形成多渠道的旅游开发融资体系。

（3）创新人才交流交换机制，鼓励更多的人才留下来。加大干部人才、特别是旅游专业人才到乡村一线挂职力度，加强与旅游高等院校、职业院校合作，通过"前村后校"模式鼓励更多大学生走出酒店、旅行社等传统企业实践模式，深入乡村旅游实践。参照浙江"艺术乡建"模式，尝试推广更多的文化、科技、体育、时尚等多领域下乡实践。

2. 以新思想、新模式培养人才

通过顶层设计指导、培训引领等方式，帮助乡村从业人员走出资源依赖，着力开发高附加值、高收益的乡村文化和旅游产品与服务。

（1）文旅融合、文化挖掘相关培训。通过短视频等互联网社交渠道，引导村民、旅游创业者提高思想文化水平，了解本地特色文化，学习外地文化挖掘、文旅融合的经营模式。鼓励线下专家授课、乡际人才交流、外乡实地调研等活动，打开乡村人才实地体验的窗口。

（2）现代旅游经营培训。选择旅游领域成功业者、行业专家等对旅游从业者、村民进行现代旅游经营培训。组织民宿建造、安全防护、科学运营标准等方面的培训，开展乡村民宿创意设计、场景搭建、活动组织等经验交流。组织乡村特色文创、乡村文化馆、科技馆等文化空间建设交流活动，探索现代生活与乡村文化空间的有机融合模式。加强餐饮、购物、休闲娱乐等公共服务领域的安全卫生、价格监管、公共服务、综合管理培训，提升乡村旅游服务质量。

（3）"互联网＋旅游"商业运营培训。定期组织电商培训，带领村民深入了解短视频、直播、微商等互联网工具，学习互联网营销模式、物流配送模式，借力短视频等平台流量优势，让乡村好物走出去。

3. 以行业规范指导互联网运营

（1）加强短视频内容规范和引导。政府主管部门加强对乡村文旅相关短视频内容创作的方向引导和准则规范。明确不能触碰的违规内容和底线，保证短视频内容合法合规运营。加强国家战略、文化和旅游"十四五"规划等顶层设计宣贯，引导乡村文化和旅游内容输出方向。

（2）优化短视频传播推广机制。探索对短视频平台推荐算法、流量投放的标准研究和行业规范，包括对综合账号权重、用户标签设定、内容原创度、质量评级等计算设定。帮助乡村旅游人才更多地了解和合理运用短视频平台的推荐机制，在鼓励人才做好内容研发、保障内容质量的基础上用好推荐规则，扩大乡村旅游目的地传播效应。

（3）短视频运营服务的持续效应评估有待完善。目前短视频运营考核指标主要集中在运营期内的视频发布量、播放量、评论量、转发量等指标。现行考核指标相对短期，且平台热度主要通过运营服务期内的流量倾斜、内容集中发布、活动举办来集中实现。短视频运营服务期满后，没有了平台流量扶持和大力推荐置顶，乡村旅游热度是否能延续，乡村是否还会持续输出优质内容有待验证。未来，旅游市场需要立足更长期的视角，完善短视频营销效果考核机制，合理评估短视频营销的持续效应。

三、学术价值、应用价值及社会影响和效益

（一）学术价值和应用价值

本课题根据短视频平台发力旅游领域引发的社会关注与乡村旅游人才的供需现状，从理论角度分析短视频运营模式影响乡村旅游发展、乡村旅游人才培养的路径，分析短视频平台在吸引人才、培养人才方面的贡献与不足。一方面进行了短视频平台助力乡村旅游发展的机制研究，另一方面针对乡村旅游人才发展现状提出可落地、可推广的培养路线，服务产业发展。

（二）社会影响和效益

本课题可为国内乡村旅游人才培养和目的地创新营销提供创新思路和方法，助力乡村旅游高质量发展和乡村振兴。此外，基于短视频平台在乡村文化和旅游市场的大数据分析，还可为相关部门的决策提供数据支撑。

后冬奥时期我国滑雪场空间布局优化路径研究

负 责 人：张　竞
依托单位：北华大学
起止时间：2022 年 4—10 月

一、研究的目的和意义

（一）研究目的

基于全国滑雪场名录，通过百度地图坐标拾取系统爬取滑雪场 POI 数据，采用标准差椭圆、平均最邻近指数、核密度分析以及热点分析等方法分析滑雪场空间结构特征，并探索其影响因素，在此基础上分区域提出后奥运时代我国滑雪场空间分布优化路径，进而促进我国冰雪体育旅游高质量发展。

（二）研究意义

伴随着北京 2022 冬奥会的成功举办，我国滑雪运动产业进入发展黄金期，后冬奥时代冰雪运动产业将迎来带来新的机遇与发展。近年，我国滑雪旅游产业发展水平不断提高，滑雪场空间布局由局部空间集聚状态向全国各地扩散，但是仍存在滑雪场空间布局不合理、滑雪产业发展不均衡、冰雪资源过度开发等诸多问题。我国滑雪场空间布局的优化研究，将协调整合我国各区域，发挥自身优势，促进我国后冬奥时期滑雪旅游高质量发展。

二、主要内容、重要观点、对策建议

（一）主要内容

1. 我国滑雪场空间结构分析

本课题从整体数量、空间分布、空间核密度、热点分析四个角度深入分析我国滑雪场分布特征。我国滑雪场总体数量特征：滑雪场数量整体呈现出"北多南少"的分布特征，滑雪场集聚区域的大致方向为东北方向，覆盖东北、华北地区滑雪旅游发展的核心区域。我国滑雪场空间分布特征：东北、西北、华北地区滑雪场数量多，空间集聚程度高，华南地区滑雪场数量少，均匀分布特征较显著，整体呈现"北聚南散"的空间结构特征。我国滑雪场空间核密度：我国滑雪场空间分布核密度区别较大，总体呈现"东密西疏，北密南疏"的空间分布特征。我国滑雪场热点分析：滑雪场用户评价数与滑雪场用户记录数分布特点趋势存在一定差异，黑龙江及新疆地区滑雪场用户记录数热点分布特征的显著程度较滑雪场用户评价数热点分布特征弱，这表明该地区滑雪场用户评价较多，滑雪场发展质量相对较高。滑雪场用户记录数冷点区域特征不显著，滑雪场用户评价数冷点分布在河北、河南、山东部分地区。

2. 我国滑雪场空间结构影响因素分析

本课题将滑雪场的发展作为因变量，并采用各滑雪场用户记录数作为衡量指标，运用地理加权回归模型，从自然环境、服务水平、社会经济、交通条件四个方面选取 10 个指标，对影响滑雪场分布的因素进行探索。自然条件主要考虑地区温度，并采用地区全年 0℃以下天数作为其衡量指标；服务水平主要从滑雪场自身建设与地区旅游服务基础两个方面衡量，其中滑雪场自身建设情况通过滑雪软件中各滑雪场用户评价数指标进行衡量，地区旅游服务基础则采用旅游人数、第三产业总值作为衡量指标；社会经济主要采用财政收入、常住人口、居民可支配收入及常住人口城镇化率作为衡量指标；交通条件主要通过公路里程与高速里程指标衡量。

3. 我国滑雪场空间布局优化路径

目前我国滑雪场空间布局是由局部空间集聚状态向全国各地扩散，整体呈现出"北多南少"的分布特征。受自然环境、社会经济、交通条件以及服务水平等因素的影响，我国滑雪旅游资源尚未得到充分发展，滑雪旅游资源优势未能转换为经济优势，滑雪场空间差异性显著。国内滑雪场空间分布核密度区别较大，总体呈现"东密西疏，北密南疏"的空间分布特征。其中较多大型滑雪度假区集聚在东北、华北地区，而南方地区滑雪场数量相对较少，规模较小，大型滑雪场空间集聚明显，分布不均衡的问题极为突出。总体而言，我国大多数滑雪场属于中小型滑雪场，存在滑雪场空间布局不合理、分布不均衡、同质化严重以及产业收益较低等诸多现实问题，在一定程度上限制了我国滑雪旅游产业的发展。未来，我国滑雪场空间布局的优化要立足于自然环境、社会经济、服务水平以及交通条件，以提高优势区域现有滑雪场规模为基础，发挥冬奥会引领作用，带动其他地区协同发展。

根据区域滑雪场空间分布特征，将我国滑雪旅游划分为四个区域，东北地区、西北地区、华北地区和南方地区。东北、西北地区冰雪资源丰富，其滑雪场大多属于资源驱动型；以京津冀为主的华北地区受冬奥会的影响，滑雪旅游产业发展水平不断提高；南方地区降雪不足，冰雪资源匮乏，该区域滑雪场多依靠人工降雪，但消费需求大，其滑雪场多属于市场驱动型。四个区域滑雪场空间分布所受的制约因素也有所不同。东北地区滑雪资源丰富，气候条件适宜，但其经济水平、交通条件及服务水平在一定程度上限制了滑雪旅游产业的发展。华北地区经济水平高，交通便利，但受气候影响，每年发展滑雪旅游产业的时间较短。而西北地区气温低，降雪多，为滑雪场的发展提供了得天独厚的自然条件与优势，但相对落后的经济以及不发达的交通使滑雪旅游产业发展不能发挥优势。南方地区受气候条件限制，滑雪场数量较少，滑雪旅游产业大大落后于北方地区。根据各区域空间分布的制约因素不同，针对性提出优化策略。

（二）重要观点

我国滑雪场空间布局基于区域呈现不同特征：华南地区滑雪场呈现均匀分布，而东北、西北、华北、华东地区滑雪场空间凝聚分布特征显著，西南地区滑雪场也呈现凝聚分布，但其凝聚程度较弱。东北、西北、华北地区滑雪场数量多，空间凝聚程度高，华南地区滑雪场数量少，均匀分布特征较显著，整体呈现"北聚南散"的空间结构特征。我国滑雪场空间分布核密度区别较大，总体呈现"东密西疏，北密南疏"的空间分布特征。

东北地区应整体制定滑雪场空间布局战略规划，建设国际知名的滑雪旅游度假区；西北地区应结合区域民族特色建设特色滑雪旅游小镇，延伸滑雪旅游价值；华北地区应围绕北京和张家口地区，建设具有承办国际冰雪赛事能力的场馆，大力发展冰雪运动产业；南方地区应以室内滑雪场为主导，室外滑雪场作为补充。

（三）对策建议

后冬奥时代我国滑雪产业进入黄金发展期，在"冷资源"带来过热的市场驱动之下，亟待解决滑雪场空间分布不均衡的问题。基于我国滑雪场呈现"北聚南散""东密西疏，北密南疏"的空间分布特征。我国滑雪场空间布局的优化要立足于自然环境、社会经济、服务水平以及交通条件，以提高优势区域现有滑雪场规模为基础，发挥冬奥会引领作用，带动其他地区协同发展。根据区域滑雪场空间分布特征，将我国滑雪旅游划分为四个区域，东北地区、西北地区、华北地区和南方地区，以区域空间分布为优化路径，针对不同区域提出优化策略。

1. 东北地区雪场布局优化策略

以雪场高质量发展为主题，引导滑雪产业健康发展，加强滑雪场空间布局战略规划，加强雪场周边基础设施建设，重点打造国际知名的高端滑雪场，吸引更多国内外消费者。

（1）加强东北地区滑雪场空间布局战略规划。建议突破省域限制，制定东三省协同的滑雪场空间布局战略规划，整体把控东北地区滑雪场的数量和规模，规范滑雪场开办程序，加强滑雪场开设监管。对现有滑雪场进行评估，实施分级管理。重视旅游滑雪场基础设施建设，完善滑雪场旅游服务和接待设施。

（2）科技助力雪场智能化水平，打造国际知名的高端滑雪场。重点打造集休闲、观光、运动、娱乐、度假为一体的高端滑雪旅游度假区。提升雪场智慧化水平，探索创新大型雪场"一体化智慧运营"新模式。建设智能化的冰雪信息公共服务平台，面向冰雪爱好者、教练员、冰雪场馆、装备商家，实现冰雪公共信息、冰雪运动信息、冰雪旅游信息、冰雪产业信息于一体的智能化信息服务平台。打造国际知名的高端滑雪场，引导该区域滑雪产业健康发展，吸引更多国内外游客，带动周边旅游、经济的发展。

（3）塑造具有地域文化特色的冰雪主题，扩大知名度。

2. 西北地区雪场布局优化策略

西北地区要抓住"冬奥"的机遇，充分利用资源优势，扩大滑雪场数量及规模，塑造具有民族特色的滑雪旅游产业，提高影响力，以实现西北地区滑雪产业的可持续发展。

（1）雪场低密度区培养滑雪旅游市场，高密度区扩大雪场规模。在青海、甘肃西北部等滑雪场低密度区，应建设一批设施设备良好的滑雪场，加强对滑雪文化的宣传和教育，培养滑雪运动市场，推动滑雪运动的大众化，发掘地区的潜在客源。在新疆北部、陕西中部等滑雪场高密度区，应充分利用资源优势，整合资源，扩大雪场规模，建设中高型滑雪场，提高设施与服务水平，形成区域连片状的发展格局，提升区域滑雪产业的竞争力，带动其他区域滑雪产业的发展。

（2）打造具有民族特色的滑雪旅游小镇。结合区域民族特色建设融合特色文化旅游与滑雪旅游为一体的滑雪旅游小镇，打造集自然景观观赏、民族风情体验、地方特色美食服务、滑雪运动旅游等多种功能于一体，充分利用区域特色延伸滑雪旅游价值。

（3）加强区域协作，推动滑雪市场国际化。充分利用冰雪旅游发展政策，发挥丝绸之路经济带的国家战略重要作用，与更多沿线国家建立滑雪旅游合作，打造精品滑雪旅游线路，吸引中亚地区的国外游客，带动与中亚国家滑雪运动的合作，推动滑雪市场的国际化。

3. 华北地区雪场布局优化策略

华北地区要充分发挥冬奥会的引领作用，提升现有滑雪场规模，传播冬奥文化，承办高水平赛事。

（1）京津冀协同，建设高标准滑雪赛事场所。在北京—张家口区域建设一批规模较大、配套设施齐全、具有承办国际性冰雪赛事能力的大型滑雪场，持续升级滑雪场配置、完善滑雪场安全设备、升级雪道，吸引更多游客参与滑雪运动。积极引进各类冰雪体育竞技比赛，积累大量举办国际比赛的经验，打造区域滑雪赛事 IP，充分发挥冬奥会举办地优势，循环利用"赛事"资源，扩大滑雪产业的软实力及影响力，带动产业链升级。

（2）扩大内蒙古地区雪场规模，塑造民族特色冰雪文化主题。加大基础设施建设的投资，完善交通网络，开通相关旅游专列，解决交通不便的问题。

4. 南方地区雪场布局优化策略

南方地区受气候条件限制，室外滑雪场的数量较少，合理布局滑雪场，满足不同近域客源市场的滑雪旅游消费需求，弥补滑雪季或雪场运营期较短的现实瓶颈。

（1）加强南方一线城市建设室内滑雪场建设，室内滑雪场的选址与建设需要考量多方面因素，未来可以在上海、杭州、长沙等一线城市建设一批高质量的室内滑雪场。

（2）建设虚拟仿真滑雪训练中心。利用全息仿真技术构建虚拟训练环境，构建"多维"的"全仿真"模拟训练环境，突破"时间"与"空间"的限制，建设虚拟仿真滑雪训练中心，专业训练和休闲娱乐一体，实现全季运营。

（3）培养南方冰雪人才。目前南方区域冰雪人才短缺，应当让冰雪运动走进校园，从小培养学生参与冰雪运动，推进冰雪运动的普及，鼓励高校开设冰雪学院，不断输送冰雪人才；引进专业的滑雪教练员和滑雪场经营管理人员，提高教练员的专业能力以及执教能力；完善人才培训机制，推动南方地区滑雪产业快速发展。

三、学术价值、应用价值及社会影响和效益

当前我国滑雪场空间分布不均衡问题逐渐突显出来，本课题基于全国滑雪场名录，通过百度地图坐标拾取系统爬取滑雪场 POI 数据，采用标准差椭圆、平均最邻近指数、核密度分析以及热点分析等方法分析滑雪场空间结构特征，并探索其影响因素，在此基础上提出滑雪场空间结构优化路径。

本课题从整体数量角度、空间分布角度、空间核密度角度、热点分析角度深入分析了我国滑雪场分布特征。在此基础上，通过地加权回归分析得到服务水平、区域自然因素、地区社会经济及交通条件对滑雪场的影响作用。研究将我国雪场划分四个空间区域制定滑雪场空间分布结构优化路径，将协调整合我国各区域，发挥自身优势，促进我国后冬奥时期滑雪旅游高质量发展。

乡村振兴战略视角下文化和旅游公共服务融合发展成效评估及驱动机制研究

负 责 人：张新成
依托单位：山西财经大学
起止时间：2022 年 4—10 月

一、研究的目的和意义

（一）研究目的

总目标：

推进乡村文化和旅游公共服务深度融合，为实现中国美丽乡村建设和乡村振兴提供依据。

分目标：

（1）从主体性、目标、功能等角度，设计新形势下乡村文化和旅游公共服务融合体系；

（2）基于协同和整合的整体性治理理论，构建乡村文化和旅游公共服务融合评价体系；

（3）对比不同驱动力影响差异，识别乡村文化和旅游公共服务融合发展有效驱动机制；

（4）围绕服务融合的对象、主体、功能、空间提出乡村文化和旅游公共服务融合对策。

（二）研究意义

（1）可透视乡村文化和旅游公共服务融合发展体系，为制定乡村文化和旅游公共服务政策提供借鉴；

（2）可拓展文化旅游管理学科、农村经济学、公共服务管理等研究广度，进一步挖掘各自研究深度；

（3）可发现乡村文化和旅游公共服务融合体系及驱动机制，探寻高效的乡村地区公共服务驱动模式；

（4）可深化乡村振兴背景下农村供给侧改革本质的认识，为农村公共服务理论与实践提供有益补充。

二、主要内容、重要观点、对策建议

（一）主要内容

第一部分：梳理和述评文化和旅游公共服务融合发展的相关理论和研究成果

（1）梳理和阐述乡村公共文化服务和旅游公共服务融合发展的需求变化、内容体系、驱动机制、发展路径、评价方法及政策制定等，总结国内外乡村文化旅游公共服务融合相关研究成果；

（2）诠释乡村文化和旅游公共服务融合理论，运用公共产品、服务创新、整体治理、公共服务均等化等理论，结合国家现已颁发的文件和规划，界定和辨析新形势下乡村文化和旅游公共服务融合的内涵和外延、属性、供给主体和服务对象以及理论渊源等内容。

第二部分：构建乡村文化和旅游公共服务融合发展成效评价体系

（1）在坚持"宜融则融，能融尽融"思路，以持续提升乡村地区文化旅游公共服务供给能力、综合效益和服务质量为目标，从服务对象融合、服务主体融合、服务空间融合、服务功能融合等方面，构建了评价体系；

（2）借助健康距离模型进一步解析文化和旅游公共服务融合发展失配度现状，以更为全面科学地探究乡村文化和旅游公共服务融合发展水平。

第三部分：探析乡村文化和旅游公共服务融合发展驱动机制

（1）将客源地游客的乡村文化和旅游公共服务需求纳入乡村目的地公共服务供给

平台进行研究，厘清文旅需求影响下的乡村文化和旅游公共服务融合发展的"内生"和"外在"因素；

（2）内驱力而言，人力规模是基础力，物力资源是吸引力，财力扶持是支撑力，技术进步是保障力；

（3）外驱力而言，消费市场是需求力，政策制度是调控力，产业融合是催生力，经济发展是拉动力。

第四部分：提出乡村文化和旅游公共服务融合发展培育路径与政策建议

（1）在理论和实证分析基础上，从主体因素、内部因素、外部因素三个层面，发现了市场供给主导的内生力组合路径、市场需求主导的源动力组合路径、政策扶持主导的调控力组合路径、发展环境主导的支撑力组合路径。

（2）提出了"供""需"对接，提升服务对象融合。"内""外"发力，强化服务主体融合。"软""硬"兼施，优化服务功能融合。"有""优"协同，推进服务空间融合的对策建议。

（二）重要观点

（1）融合什么。经过多年发展，乡村文化和旅游在服务对象、服务主体、服务空间、服务功能等方面存在诸多交叉融合。其中，对象融合强调建立健全文化旅游消费市场需求反馈机制，促进供需有效对接，包括需求融合和供给融合，服务主体融合包括人的融合和组织融合，功能融合表现在实现服务设施和休闲体验的融合发展，服务空间的融合包括资源融合和区域融合，伴随着文旅资源在空间上融合，城乡空间融合也促进了文化和旅游公共服务融合发展。

（2）成效如何。全国乡村文化和旅游公共服务融合子系统演化可划分为两大阶段，第一阶段为尝试融合时期，第二阶段为局部融合时期，先后经历了从"点状融合"到"链式融合"演进，基本完成了"覆盖乡村"的"增量发展"任务。子系统中，服务功能融合水平最高，服务主体融合水平最低，未来上升潜力较大。

（3）怎样融合。总结了四条发展组合路径。路径一：市场供给主导的内生力组合路径，表明拥有充足的要素投入，并且各个发展要素多元协同前提下，能够有效促进乡村文化和旅游公共服务融合发展。路径二：市场需求主导的源动力组合路径，表明伴随着群众对文化和旅游公共服务融合发展的需求呈现出多元化、个性化特点，积极培育文化旅游市场主体，拓宽文化旅游服务供给渠道，离不开产业融合和经济发展提供有效支撑。路径三：政策扶持主导的调控力组合路径。表明政府作为乡村公共服务建设的主体，在文化和旅游公共服务融合上，仍旧处于主导地位，通过财力扶持、政策出台等红利措施，提升乡村文化和旅游公共服务融合水平。路径四：发展环境主导的支撑力组合路径。该路径中技术进步发挥了首要支撑作用，依托于数字化、智能化、电商平台等，能够为旅游者和社区居民提供更精准的服务内容，从而有效释放融合发展潜力，进一步拓展了乡村文化和旅游公共服务融合发展的辐射力。

（三）对策建议

基于理论分析和实证探讨，本课题将重点从提升服务对象融合、强化服务主体融合、优化服务功能融合、推进服务空间融合提出对策建议。

1."供""需"对接，提升服务对象融合

（1）以需求侧为起点，提高乡村文旅服务融合供给力

①增强基层政府与群众互动。通过组织专家学者以及有关工作人员对当地居民和游客展开调研，根据群众的需求和偏好，对文旅公共服务设施进行功能完善，进一步拓展服务功能向内容多样的文旅公共服务转变。

②对居民和游客的需求进行动态化识别。可以利用云计算、模糊识别等技术，对居民和游客所产生的行为数据进行分析，挖掘出用户的现实需求和潜在需求，为文旅公共服务精准供给提供决策依据。

③构建以群众需求为中心的文化和旅游公共服务智慧平台。以群众需求为中心，整合本地公共文化机构的数字化资源、旅游信息资源以及文化特色活动等，合并原公共文化机构、旅游目的地自建的智慧平台，为群众提供一站式的文化和旅游公共服务。

（2）以供给侧为导向，提高乡村文旅服务融合驱动力

①在供给主体方面，要形成以政府为主导，社会团体、村集体为参与的多元供给主体。政府应发挥好宏观调控作用，明确责任，强化文旅公共服务保障，提高乡村地区的服务供给能力。社会力量可以通过营造乡村文化氛围，提升当地居民和游客体验，促进乡村文旅公共服务融合。

②在供给方式方面，推进乡村数字化建设，创新群众体验方式。软件和信息技术服务水平决定了乡村文旅公共服务的便利程度，可将现代化设备引入到乡村中来，推进乡村文旅公共服务进入"云时代"。

③在供给内容方面，深入挖掘地方特色，提供独具魅力的文旅公共服务以满足群众个性化需求。在文旅综合体建设时，选择凸显地域文化特色的设计方案，并与周边设施相协调，既能让群众享受到文旅公共服务权益，又能形成地方名片，为群众带来

独特的文旅公共服务体验。

2. "内""外"发力，强化服务主体融合

（1）以政府为主导，提高乡村文旅服务融合内驱力

①政府应该承担政策制定、监督指导等责任。具体出台更多有利于推动供给主体多元化的法律法规，引导其他社会组织或企业参与到文旅公共服务的供给中来。

②加大政府对于社会力量购买服务的力度。政府通过服务外包、招标采购等方式，将服务交予具备条件的企业或其他相关组织完成。在购买服务的过程中，政府应建立监督机制和考核评价体系，确保服务供给的质量以及效率。

（2）以多主体参与，提高乡村文旅服务融合外驱力

①厘清文旅公共服务领域中适合社会力量承担的部分，以进一步简政放权。还应简化社会组织、企业进行服务供给流程，提高行政审批效率。通过税收减免，财政补贴、设立基金等方式扶持参与文旅公共服务供给的投资主体。

②引入市场竞争机制。为企业搭建文旅公共服务交易平台。企业能够进行文旅公共服务项目展示，采购团也可根据自身需求参与项目和产品采购，从而提高为群众服务的效率。

③激励个人、村集体或民间社团组织参与到服务供给。提高群众参与公共文化活动的积极性，增强服务意识、旅游常识，打造"人人都是讲解员、人人都是宣传员、人人都是引导员"的"三员"模式。对于民间社团组织，引导它们开展符合乡村特性的公益性文化演出活动，推动旅游目的地形象的提升。

3. "软""硬"兼施，优化服务功能融合

（1）以补齐硬件短板，提高乡村文旅服务融合基础力

①加大对于乡村地区的资金投入，完善基础设施建设。政府需要用好税收优惠、奖励资金以及转移支付等手段，多措并举吸引社会资本参与到基础设施投资中来，并切实解决好供给主体在参与建设过程中所遇到的实际问题。

②应突出服务设施的小而精和综合性特点。相较城市目的地而言，乡村更加注重"一站式"服务，集文化、休闲、旅游于一体，要体现其综合性，保证场地虽小但能够提供的服务更加周到、全面，通过整合乡村文旅服务资源，为群众提供周到贴心和高效优质的服务。

（2）以优化软件弱项，提高乡村文旅服务融合催生力

①强化人才资源观念，从思想层面上能充分认识到加强乡村文旅服务人才队伍建设的重要性，将人才引进、人才培育、人才保障摆在更加突出的位置。

②广纳贤才，为乡村文旅公共服务融合发展注入新活力。政府可通过公开招募、组织推荐等方式，将肯干事、干实事的优秀青年纳入人才培养计划当中，夯实基层文旅人才队伍。

③分类培育，重视挖掘本土人才资源。加强工作人员的培训工作，丰富其文旅知识提高个人素养，使其能更好地适应"公共文化服务+"和"旅游公共服务+"发展模式。

4. "有""优"协同，推进服务空间融合

（1）以资源共享，增进乡村文旅服务融合吸引力

①因地制宜扩充基础设施功能，满足群众共享性需求。将基层综合性文化服务中心的融合作为首要任务，在原有服务内容的基础上增加旅游信息咨询、旅游投诉以及休闲服务等内容，使之发挥文化服务作用的同时也能拥有旅游服务功能，进而能同时满足当地居民与游客需求。

②将公共文化设施融入旅游服务体系。以旅游景点为核心，推动公共文化设施主动纳入旅游服务体系，满足游客文化需求，推动公共文化服务场馆"走出去"，将文化活动与节庆旅游、乡村旅游等相融。

③将民俗文化活动打造为游客体验项目。民俗文化活动作为激发乡村活力、提升文化品位的公共文化服务，也能成为促进文旅服务融合的重要抓手。在开展群众文化活动时，可以将民俗文化活动与景区服务相结合，以更具生活化的方式拉近与游客的距离，从而达到丰富居民生活、提升游客体验的双重效果。

（2）以城乡互联，提高乡村文旅服务融合聚合力

①协助乡村进行文旅公共服务设施建设。城市在设施建设上有着丰富经验，可以在外观设计、资源配备、空间布局等方面给予乡村一定的帮助，结合乡村地方特色，因地制宜建立标准，并辅之以科学合理的服务规范，从而为群众提供舒适的学习、休闲场地。

②协同推进文化下乡和文化进城，加强城乡间的交流互动。文化下乡应立足乡村实际，重视农民群体的文化诉求，推广"点单式""菜单式"等文化服务，使得文化下乡实践能精准对应群众需求。推进乡村文化进城，改变城市"单向输血"局面，打通非遗传承人、乡村艺术团入城市进行展演的渠道，扩大乡村文化的传播力和影响力。

③建立共享平台。探索"互联网+文旅公共服务"运行机制，利用信息化手段推动文化共享、远程医疗等延伸到村、户，实现城市优质资源下沉至乡村地区，提升乡村文旅公共服务供给质量。

三、学术价值、应用价值及社会影响和效益

（一）学术价值和应用价值

（1）可建立高质量的农村供给体系，改善农村环境，促进我国农村地区全面转型发展；

（2）可推动乡村文化和旅游公共服务融合发展的创新变革，提升居民幸福感和获得感；

（3）可为政府、企业等机构科学合理评价乡村文化和旅游公共服务融合成效提供支持；

（4）可为国家、地方政府、企业和个人积极参与乡村公共服务体系建设提供参考价值。

（二）社会影响和效益

探究乡村文化和旅游公共服务融合发展成效及驱动机制，是促进文化和旅游高质量发展的重要途径。面对共同富裕和乡村振兴的时代新使命，本课题紧扣"以人民为中心、共享、富裕、可持续"的新要点，结合人民群众对乡村文化和旅游业的多样化、高品质、特色化发展的新要求，通过乡村文化和旅游公共服务融合发展研究，有利于实现资源、内容、服务的共同开发、共建共享和协同并进，推动二者优势叠加、双生共赢。